A DIFÍCIL DEMOCRACIA

Boaventura de Sousa Santos

A DIFÍCIL DEMOCRACIA
Reinventar as esquerdas

© desta edição, Boitempo, 2016
© Boaventura de Sousa Santos, 2016

Direção editorial	Ivana Jinkings
Edição	Isabella Marcatti
Assistência editorial	Thaisa Burani
Preparação	Thais Rimkus
Revisão	Luzia Santos
Coordenação de produção	Livia Campos
Diagramação	Antonio Kehl
Capa	Bloco Gráfico

Equipe de apoio: Allan Jones / Ana Yumi Kajiki / Artur Renzo / Bibiana Leme / Eduardo Marques / Elaine Ramos / Giselle Porto / Ivam Oliveira / Kim Doria / Leonardo Fabri / Marlene Baptista / Maurício Barbosa / Renato Soares / Thaís Barros / Tulio Candiotto

CIP-BRASIL. CATALOGAÇÃO NA PUBLICAÇÃO
SINDICATO NACIONAL DOS EDITORES DE LIVROS, RJ

S233d

Santos, Boaventura de Sousa, 1940-
    A difícil democracia : reinventar as esquerdas / Boaventura de Sousa Santos. - 1. ed. - São Paulo : Boitempo, 2016.

    Inclui bibliografia
    ISBN 978-85-7559-509-1

    1. Sociologia. 2. Democracia. I. Título.

16-36074
                              CDD: 306
                              CDU: 316.7

É vedada a reprodução de qualquer parte deste livro sem a expressa autorização da editora.

1ª edição: outubro de 2016; 1ª reimpressão: janeiro de 2017
2ª reimpressão: novembro de 2017; 3ª reimpressão: março de 2019

BOITEMPO EDITORIAL

Jinkings Editores Associados Ltda.
Rua Pereira Leite, 373
05442-000 São Paulo SP
Tel.: (11) 3875-7250 / 3875-7285
editor@boitempoeditorial.com.br | www.boitempoeditorial.com.br
www.blogdaboitempo.com.br | www.facebook.com/boitempo
www.twitter.com/editoraboitempo | www.youtube.com/tvboitempo

SUMÁRIO

Prefácio 7

Introdução 13

Parte I – Revolução e transformação do Estado 23
   1. O Estado e a sociedade na semiperiferia do sistema mundial:
   a Revolução dos Cravos – Portugal, 1974 25

Parte II – As marcas do tempo..71
   2. Por que Cuba se transformou num problema difícil para a esquerda?............73
   3. Comentários com data 89

Parte III – Democratizar a democracia..117
   4. Politizar a política e democratizar a democracia 119
   5. Democracia, populismo e insurgência...159

Parte IV – Reinventar as esquerdas 171
   6. Cartas às esquerdas 173

Epílogo – Para ler em 2050: uma reflexão sobre a utopia ou sobre a
   sociologia das ausências das esquerdas 209

Bibliografia..213

Sobre o autor..219

PREFÁCIO

Para onde vai a democracia? Um pouco por toda a parte – dos Estados Unidos a Moçambique, da África do Sul à Tunísia, da Grécia ao Brasil, da Argentina à Índia –, essa pergunta é feita com cada vez mais insistência por grupos sociais cada vez mais amplos e diversos. Entre 2011 e 2013, o período das revoltas da indignação (movimentos *Occupy* nos Estados Unidos, indignados no sul da Europa, Primavera Árabe na Tunísia e no Egito, protestos de junho de 2013 no Brasil etc.) foi dominado, na maioria dos casos, pela reivindicação da "democracia real" ou da "democracia já", o que implicava que a democracia não existia ou, se existia, tinha sido sequestrada por forças antidemocráticas que a perverteram ou esvaziaram de conteúdo popular. Três anos depois, domina o desencanto, e na maioria dos casos as expectativas de renovação democrática resultaram em frustração, com a relativa e talvez precária exceção de Espanha e de Portugal. Como foi isso possível? Há futuro para a democracia num mundo dominado pelo capitalismo financeiro global, pelo colonialismo e pelo patriarcado nas relações sociais? Em caso afirmativo, a democracia do futuro romperá com o modelo democrático atualmente dominante? Este livro pretende apontar alguns caminhos de resposta. Muitas das análises e das propostas nele contidas inserem-se num longo debate que ocupou todo o século passado. Mas procuro, acima de tudo, formular respostas à luz da experiência concreta de países do sul da Europa e da América Latina, ou seja, países que, de acordo com a teoria proposta por Immanuel Wallerstein, ocupam uma posição semiperiférica no sistema mundial. Dado seu papel de intermediação entre as nações periféricas e aquelas centrais, os países semiperiféricos tendem a ser caracterizados por grande instabilidade política. E, de fato, ao longo do século XX, eles tiveram um percurso político particularmente turbulento, oscilando entre períodos de democracia mais ou menos restritiva e períodos de ditadura civil

8 A DIFÍCIL DEMOCRACIA

ou militar, os quais, nos casos português e espanhol, duraram quase metade do considerado século do triunfo da democracia.

Na Introdução deste livro, identifico algumas das linhas do debate sobre a democracia ao longo do século XX e na primeira década do século XXI. No texto, utilizo um pequeno trecho de um capítulo que redigi em colaboração com Leonardo Avritzer e que foi publicado em versão muito diferente[1]. Na primeira parte, intitulada "Revolução e transformação do Estado", analiso as vicissitudes da crise revolucionária que ocorreu em Portugal entre 1974 e 1975 no seguimento da Revolução dos Cravos, além de seu específico impacto na forma do Estado e na democracia que se seguiu à resolução da crise. No caso português, diferentemente do que houve na Espanha ou no Brasil, a transição da ditadura para a democracia ocorreu em um período curto, mas decisivo, de transformação revolucionária. O Capítulo 1 foi escrito em 1990 e reproduzo-o aqui sem alterações nem atualizações. Curiosamente, os acontecimentos mais recentes no Brasil deram a essa análise uma relevância surpreendente, sobretudo no que diz respeito ao papel do Estado e suas complexas interações com a sociedade. Obviamente, as genealogias do Estado brasileiro e do Estado português são muito distintas, mas o fato de os dois países serem semiperiféricos, um no contexto europeu e outro no contexto americano, sujeitos a pressões convergentes, mas diferenciadas, do centro do sistema (num caso, a União Europeia, no outro, os Estados Unidos), permite salientar diferenças e semelhanças que, por díspares vias, são todas significativas. No caso português, a então previsão de que o país não ascenderia ao centro do bloco europeu e apenas renegociaria sua posição semiperiférica sem sair dela se confirmou. Entre 2011 e 2015, os portugueses viveram amargamente a experiência de um violento programa de austeridade destinado precisamente a bloquear qualquer saída ascendente da posição semiperiférica[2]. Contudo, esse processo não ocorre sem contradições.

Nas eleições de 4 de outubro de 2015, a coligação dos partidos de direita (Partido Social-Democrata [PSD] e Centro Democrático Social [CDS]), que estava no poder desde 2011, obteve 38,5% dos votos, o que lhe não permitiu ter a maioria parlamentar. O Partido Socialista (PS), de centro-esquerda, obteve 32,3% dos votos e, numa ação sem precedentes na democracia portuguesa, dois partidos de esquerda – o Partido Comunista Português (PCP), que obtivera 8,3% dos votos, e o Bloco de Esquerda (BE), que obtivera 10,2% dos votos – decidiram dar apoio

---

[1] Boaventura de Sousa Santos (org.), *Democratizar a democracia: os caminhos da democracia participativa* (Rio de Janeiro, Civilização Brasileira, 2002).

[2] Analiso em detalhe este processo em *Portugal: ensaio contra a autoflagelação* (São Paulo, Cortez, 2011).

PREFÁCIO 9

parlamentar a um governo liderado pelo PS. O mérito dessa solução se baseou tanto na clarividência política das lideranças dos diferentes partidos envolvidos[3] como na pressão de suas bases para travar, na medida do possível, as políticas de austeridade (o mal chamado "ajustamento estrutural") que degradavam a qualidade de vida dos portugueses e destruíam a já frágil classe média nos últimos quatro anos. As negociações entre os três partidos foram surpreendentemente rápidas e estão se revelando, em certa medida, sólidas (escrevo em agosto de 2016). Assentaram-se nas seguintes ideias fundamentais: a luta prioritária é travar o caminho à direita reacionária ultraneoliberal que se vangloriara de executar medidas de austeridade além do que era exigido pela tutela externa da *troika* (Comissão Europeia, Banco Central Europeu e FMI); o Tribunal Constitucional chumbou vários orçamentos do governo de direita, havendo, assim, alguma legitimidade e algum espaço de manobra para propor soluções alternativas com respeito da Constituição e sem violar as regras europeias de disciplina orçamental; é importante aprender a lição da Grécia e evitar a confrontação direta com as instituições europeias, sobretudo tendo em mente que o PS, fiel membro europeísta da internacional socialista, poderá eventualmente contar com a simpatia de alguns partidos socialistas europeus importantes. Desde novembro de 2015, na Europa, Portugal tem o único governo de esquerda que governa à esquerda (ainda que muito moderada) com alguma credibilidade, o que não acontece com o Syriza, na Grécia, nem mesmo com François Hollande, na França.

Obviamente, não há nenhuma razão para muito otimismo no que diz respeito à sustentabilidade de uma solução governativa desse tipo no contexto europeu. Como tenho defendido, o neoliberalismo e a lógica disciplinar e antidemocrática do capital financeiro internacional entraram na Europa via instituições europeias e tratados europeus, não pela via direta dos governos nacionais nos quais havia

---

[3] O Partido Socialista é liderado por António Costa, que, enquanto prefeito de Lisboa, ensaiara anteriormente alianças com partidos de esquerda, não com os partidos de direita, como era habitual no PS. O PCP – que se apresentou às eleições sob a sigla CDU, Coligação Democrática Unitária, coligado com o pequeno partido ecológico "Os Verdes" – é liderado por Jerónimo de Sousa, integrante da velha guarda comunista que sentiu como poucos o perigo de deriva fascista que o país corria com mais quatro anos de governo de ultradireita neoliberal. O BE é liderado por Catarina Martins, jovem que tem hoje peso decisivo na condução da vida política portuguesa. O BE já nos habituara a líderes de grande qualidade, como Francisco Louçã ou Miguel Portas, prematuramente falecido. Hoje tem em sua liderança as três jovens políticas de esquerda mais brilhantes da Europa: Catarina Martins (42 anos), Marisa Matias (40 anos), eurodeputada que nas últimas eleições presidenciais obteve 10,1% dos votos, e Mariana Mortágua (30 anos), deputada no Parlamento português.

mais resistência política, com a exceção parcial da Inglaterra e de alguns países do Leste Europeu. As instituições europeias são hoje o principal agente de imposição da lógica neoliberal em contradição explícita com a tradição social-democrática que presidia o projeto europeu. Isso não quer dizer que a social-democracia tenha desaparecido totalmente. Significa apenas que, em poucos anos, deixou de ser um desígnio europeu e um fator de coesão europeia para passar a ser um privilégio dos poucos países que "merecem" ser social-democratas. Assim, a Alemanha, que é hoje o país dirigente da União Europeia, defende internamente as mesmas políticas social-democráticas que "proíbe" nos países do sul da Europa, seu protetorado informal. Não há projeto europeu; há tão somente uma inércia que é tanto mais ruinosa quanto menos se reconhece como ruína.

Os países centrais da Europa, incluindo os nórdicos, única periferia europeia que, desde o século XIV, acedeu ao centro, assumem que a melhor maneira de preservar para si as políticas de inclusão social típicas da social-democracia (educação e saúde públicas de qualidade, previdência social e transportes públicos, criação e sustentação de classes médias significativas etc.) reside em proibir que elas sejam adotadas nas periferias europeias. Essa lógica tem, aliás, uma longa duração histórica, pois, no passado (desde o fim da Segunda Guerra Mundial), a social-democracia europeia como um todo só foi possível devido à exploração violenta das colônias e das ex-colônias. A lógica internacional da Europa reproduz-se agora como lógica interna.

O domínio do neoliberalismo como lógica de governança europeia tem ainda outra dimensão política. A governança de tipo social-democrático está já hoje muito descaracterizada e minada pelo neoliberalismo, como bem mostra a política atual conduzida pelo governo socialista francês. Na medida em que é um privilégio dos países centrais, tal governança pode ser levada a cabo, com nuances, por governos de centro-esquerda ou de centro-direita. Nos países europeus periféricos, a governança social-democrática é uma ameaça fatal para a nova versão do "projeto europeu como ruína", e essa ameaça é tanto maior quanto mais os governos nacionais são de esquerda ou mesmo de centro-esquerda. No entendimento dessa jaula de ferro ideológica, ser europeísta e ser de esquerda é uma contradição. Isso significa que um governo de esquerda num país periférico europeu é, "por natureza", um elemento de perturbação, um obstáculo. Foi essa a lição que se pretendeu dar à Grécia governada por uma coligação política dominada por um partido de esquerda, o Syriza, e que apostava em combater o austeritarismo europeu. Nos últimos meses, a saga das sanções da Comissão Europeia a Portugal e à Espanha por um desvio mínimo da disciplina orçamental (0,2%, no caso português), sobretudo quando comparado com o de outros países (como a França), não tem outra interpretação credível senão a tentativa de neutralizar o governo de esquerda em Portugal e impedir que os espanhóis contemplem a possibilidade de ser governados por uma coligação semelhante à portuguesa, entre o Partido Socialista Espanhol (PSOE) e o partido Podemos em coligação com a Esquerda Unida. Apesar de afastada agora (agosto de 2016), a ameaça de sanções paira sobre a cabeça e o bem-estar dos portugueses enquanto eles teimarem em não seguir o rebanho da direita neoliberal que vai comendo o pasto da política em toda a Europa (e em todo o mundo).

Em face desses condicionalismos e enquanto prevalecer o "projeto europeu como ruína", Portugal isoladamente não pode superar o horizonte de possibilidades próprio de um país semiperiférico no contexto europeu. Mas dentro desse horizonte há possibilidades qualitativamente diferentes com impactos diferenciados no bem-estar dos portugueses. É na seleção dessas possibilidades que se distinguirá no futuro próximo um governo de esquerda de um governo de direita.

Na segunda parte deste livro, intitulada "As marcas do tempo", comento alguns dos acontecimentos que nos últimos seis anos me chamaram atenção por serem sintomáticos de desenvolvimentos que poderiam afetar, no futuro, positiva ou negativamente, as forças progressistas e o aprofundamento da democracia. No Capítulo 2, centro-me no caso de Cuba, dado o papel central que a revolução lá desempenhou no imaginário das esquerdas na segunda metade do século XX. A julgar pelos acontecimentos mais recentes, a Revolução Cubana tem seguido um caminho diferente do imaginado neste texto. Nesse sentido, pode-nos alertar contra os excessivos voluntarismos de que as esquerdas hoje tentam curar-se. Mas também nos pode advertir contra o perigo de a luta contra os excessos matar o voluntarismo sem o qual não existe pensamento nem prática de esquerda. O Capítulo 3 é um conjunto de breves reflexões sobre outros acontecimentos portadores de sinais do tempo.

Na terceira parte, intitulada "Democratizar a democracia", faço duas reflexões políticas sobre a democracia em geral (Capítulo 4) e outra especificamente sobre populismo (Capítulo 5). Apresento-as sob a forma de duas longas entrevistas inéditas em português. A primeira foi realizada por meu colega Antoni Aguiló[4]. A segunda foi feita por Gianfranco Ferraro e Francesco Biagi[5].

Finalmente, na quarta parte, intitulada "Reinventar as esquerdas", faço uma interpelação às esquerdas, sob a forma de treze cartas. Umas são inéditas em

---

[4] Publicada em espanhol na *Revista Internacional de Filosofía Política*, n. 35, out. 2010, p. 117-48.

[5] Publicada em italiano na revista *Il Ponte*, ano LXXII, n. 8-9, ago.-set. 2016, p. 212-22.

português, outras foram publicadas em versões diferentes. No Epílogo, proponho uma reflexão utópica sobre o desperdício da experiência social e política em nosso tempo, a que as esquerdas não estão imunes. As categorias e as teorias que teimamos em não questionar criam invisibilidades e ausências que amanhã nos podem bater à porta com tanta veemência que nem sequer terão que pedir licença para entrar.

INTRODUÇÃO

A história da democracia ao longo do século XX foi em boa parte contada por aqueles que tinham um interesse, não necessariamente democrático, em promover certo tipo de democracia, a liberal, e invisibilizar ou, quando impossível, demonizar outros tipos de democracia. Mesmo assim, houve períodos, sobretudo no início do século XX e no imediato pós-Segunda Guerra Mundial, em que os debates foram relativamente plurais, e a diversidade das aspirações democráticas, intensamente vivida. A partir do fim da década de 1980, o pluralismo e a diversidade foram desaparecendo, e o debate, ou o não debate, passou a centrar-se na democracia liberal, enquanto esta sub-repticiamente se transformava em algo bem distinto: a democracia neoliberal. Essa transformação será analisada nos capítulos deste livro.

Na primeira década do século atual, foram criadas na América Latina as condições políticas para repor o debate sobre o pluralismo e a diversidade democrática e, com isso, restabelecer na prática o princípio da demodiversidade, conceito fundamental em meu trabalho teórico sobre a democracia. As condições foram, obviamente, as dos governos de esquerda que, no bojo de fortes movimentos sociais, chegaram ao poder em países como a Venezuela, o Brasil, a Argentina, o Equador, a Bolívia e o Uruguai. Infelizmente, perante as urgências da governança e os tipos de regimes políticos em que elas se inseriram, o debate nunca teve lugar ou, quando teve, ficou muito aquém das expectativas. A segunda década do milênio está dominada, talvez como nunca, pelo monopólio de uma conceção de democracia de tão baixa intensidade que facilmente se confunde com a antidemocracia. Com cada vez mais infeliz convicção, vivemos em sociedades politicamente democráticas e socialmente fascistas, ideia que será desenvolvida adiante. Até quando o fascismo se mantém como regime social e não passa a fascismo político, essa é uma questão em aberto. Daí a pergunta que formulei no

14 A DIFÍCIL DEMOCRACIA

início do Prefácio: "Para onde vai a democracia?". Vejamos com mais detalhes os caminhos teóricos que nos trouxeram até aqui.

Quando, no final da década de 1990, perguntaram a Amartya Sen qual tinha sido o acontecimento mais importante do século XX, ele respondeu sem hesitação: a emergência da democracia[1]. Com uma visão mais pessimista do século XX, também Immanuel Wallerstein se perguntava no início da década passada como a democracia tinha passado de aspiração revolucionária no século XIX a slogan adotado universalmente, mas vazio de conteúdo no século XX[2]. Essas duas posições, apesar de muito divergentes, convergem na constatação de que a democracia assumiu um lugar central no campo político durante o século passado. Se continuará a ocupar essa posição neste século, essa é outra questão em aberto.

O século XX foi efetivamente um período de intensa disputa em torno da questão democrática. Essa disputa, travada no final de cada uma das guerras mundiais e ao longo da Guerra Fria, envolveu dois debates principais. Na primeira metade do século, o debate centrou-se em torno da desejabilidade da democracia[3]. Se, por um lado, tal impasse foi resolvido em favor da desejabilidade da democracia como forma de governo, por outro lado, a proposta que se tornou hegemônica no final das duas guerras mundiais implicou uma restrição das formas de participação e soberania ampliadas em favor de um consenso em torno de um procedimento eleitoral para a formação de governos[4]. Essa foi a forma hegemônica de prática da democracia no pós-guerra, em particular nos países que se tornaram democráticos após a segunda onda de democratização[5].

---

[1] Amartya Sen, "Democracy as a Universal Value", *Journal of Democracy*, v. 10, n. 3, 1999, p. 3.

[2] Immanuel Wallerstein, "Democracy, Capitalism and Transformation", em *Documenta 11*, Viena, 16 mar. 2001, p. 1.

[3] O debate teve início no século XIX, pois até então e por muitos séculos a democracia tinha sido considerada consensualmente perigosa e, por isso, indesejada. Seu perigo consistia em atribuir o poder de governar a quem estaria em piores condições para o fazer: a grande massa da população, iletrada, ignorante e social e politicamente inferior (Crawford Brough MacPherson, *The Real World of Democracy*, Nova York/Oxford, Oxford University Press, 1966). Ver também Max Weber, *Economy and Society* (Berkeley, University of California Press, [1919] 1978); Carl Schmitt, *The Crisis of Parliamentary Democracy* (Cambridge, MIT Press, 1926); Hans Kelsen, "Essência e valor da democracia", em *A democracia* (São Paulo, WMF Martins Fontes, [1929] 2000); Robert Michels, *Political Parties* (Glencoe, Free Press, 1949); e Joseph Schumpeter, *Capitalism, Socialism, and Democracy* (Nova York/Londres, Harper & Brothers, 1942).

[4] Joseph Schumpeter, *Capitalism, Socialism, and Democracy*, cit.

[5] A ideia das ondas de democratização deve-se a Samuel Huntington, *The Third Wave. Democratization in the Late Twentieth Century* (Oklahoma, University of Oklahoma Press, 1991).

Um segundo debate permeou a discussão em torno da democracia no pós--Segunda Guerra Mundial – trata-se do debate acerca das condições estruturais da democracia[6], que foi também sobre a compatibilidade ou a incompatibilidade entre a democracia e o capitalismo[7]. Barrington Moore inaugurou essa discussão nos anos 1960 por meio da introdução de uma tipologia que permitia indicar os países com propensão democrática e os países sem propensão democrática. Para Moore, um conjunto de condições estruturais explicaria o fato de relativamente poucas nações terem regimes democráticos no início da segunda metade do século XX: o papel do Estado no processo de modernização e sua relação com as classes agrárias, a relação entre os setores agrários e os setores urbanos e o nível de ruptura provocado pelo campesinato ao longo do processo de modernização[8]. O objetivo de Moore era explicar por que, na maior parte, os países não eram democráticos nem poderiam vir a sê-lo senão pela mudança das condições que neles prevaleciam.

Esse debate sobre os requisitos estruturais da democracia articulava-se com aquele sobre as virtualidades redistributivas da democracia. Tal discussão partia do pressuposto de que, na medida em que certos países venciam a batalha pela democracia, eles passavam a usufruir de uma propensão distributiva caracterizada pela chegada da social-democracia ao poder[9]. Haveria, portanto, uma tensão entre capitalismo e democracia, tensão essa que, uma vez resolvida a favor da democracia, colocaria limites à propriedade e implicaria ganhos distributivos para os setores sociais desfavorecidos. Os marxistas, por sua vez, entendiam que essa solução

---

A primeira onda teria ocorrido entre as primeiras décadas do século XIX e do século XX; a segunda onda, entre meados da década de 1940 e meados da década de 1960, com o fim do nazismo e a independência das colônias europeias; e a terceira onda, entre meados da década de 1970 e meados da década de 1990, com as transições democráticas no sul da Europa, na América Latina e na Europa do Leste.

[6] Barrington Moore, *Social Origins of Dictatorship and Democracy: Lord and Peasant in the Making of the Modern World* (Boston, Beacon, 1966); Guillermo O'Donnell, *Modernization and Bureaucratic-Authoritarianism. Studies in South American Politics* (Berkeley, Institute of International Studies/University of California, 1973); Adam Przeworski, *Capitalism and Social Democracy* (Cambridge/Nova York, Cambridge University Press, 1985).

[7] Esse debate, como quase todos os outros sobre a democracia, tinha sido antecipado por Rousseau, quando afirmou, em *O contrato social* (Mem Martins, Publicações Europa-América, [1762] 1989), que só poderia ser democrática a sociedade em que não houvesse ninguém tão pobre a ponto de se vender e ninguém rico o suficiente para comprar alguém. Ver também Ellen Meiksins Wood, *Democracy Against Capitalism* (Cambridge, Cambridge University Press, 1996).

[8] Barrington Moore, *Social Origins of Dictatorship and Democracy*, cit.

[9] Adam Przeworski, *Capitalism and Social Democracy*, cit.

exigia uma refundação da democracia, uma vez que nas sociedades capitalistas não era possível democratizar a relação fundamental em que se assentava a produção material – a relação entre o capital e o trabalho. Daí que, no âmbito desse debate, se discutissem modelos de democracia alternativos ao liberal: a democracia participativa, a democracia popular nos países do Leste Europeu, a democracia desenvolvimentista dos países recém-chegados à independência.

As concepções hegemônicas de democracia

A discussão democrática da última década do século XX mudou os termos do debate democrático do pós-guerra. A extensão do modelo hegemônico, liberal, para o sul da Europa ainda nos anos 1970 e, posteriormente, para a América Latina e o Leste Europeu[10] pareceu desatualizar as análises de Moore e de Przeworski. Tais estudos pareciam obsoletos com suas discussões sobre os impedimentos estruturais da democracia, na medida em que passamos a ter muitas dezenas de países em processo de democratização, países esses com enormes variações no papel do campesinato e em seus respectivos processos de urbanização. Amartya Sen é um dos que celebra a perda de credibilidade da ideia das condições estruturais quando afirma que a questão não é saber se dado país está preparado para a democracia, mas antes partir da ideia que qualquer país se prepara por meio da democracia[11]. Por outro lado, com o desmonte do Estado-Providência e com os cortes das políticas sociais a partir da década de 1980, também pareceram desconfirmadas as análises de autores como Przeworski acerca dos efeitos distributivos irreversíveis da democracia. Reabre-se, assim, a discussão sobre o significado estrutural da democracia, em particular para os chamados países em desenvolvimento – hoje, países do Sul Global.

À medida que o debate sobre o significado estrutural da democracia muda seus termos, outro assunto vem à tona: o problema da forma da democracia e de sua variação. Essa questão recebeu sua resposta mais influente na solução elitista proposta por Joseph Schumpeter, de acordo com a qual o problema da construção democrática em geral derivaria dos impasses enfrentados na construção da democracia na Europa do entreguerras. A partir dessa resposta, funda-se o que poderíamos chamar de "concepção hegemônica da democracia". Os principais elementos desta seriam

---

[10] Guillermo O'Donnell, Philippe C. Schmitter e Laurence Whitehead, *Transitions from Authoritarian Rule: Prospects for Democracy* (Baltimore, Johns Hopkins University Press, 1986).

[11] Amartya Sen, "Democracy as a Universal Value", cit., p. 4.

a tão apontada contradição entre mobilização e institucionalização[12]; a valorização positiva da apatia política[13], ideia muito salientada por Schumpeter, para quem o cidadão comum não tinha capacidade nem interesse político senão para escolher os líderes a quem incumbiria tomar as decisões[14]; a concentração do debate democrático na questão dos desenhos eleitorais das democracias[15]; o tratamento do pluralismo como forma de incorporação partidária e disputa entre as elites[16] e a solução minimalista para o problema da participação via discussão das escalas e da complexidade[17]. Todos esses elementos que poderiam ser apontados como constituintes de uma concepção hegemônica da democracia não enfrentariam adequadamente o problema da qualidade da democracia que voltou à superfície com a chamada "terceira onda da democratização". Quanto mais se insistia na fórmula clássica da democracia liberal, de baixa intensidade, menos se explicava o paradoxo de a extensão da democracia ter acarretado uma enorme degradação das práticas democráticas. Aliás, a expansão global da democracia liberal coincidiu com uma crise grave desta nos países centrais em que mais se tinha consolidado, crise dramatizada pelo movimento de Maio de 1968. Em termos de teoria democrática, a crise assentava em uma dupla patologia: a patologia da participação, sobretudo em vista do aumento dramático do abstencionismo – "para que participar se, qualquer que seja meu voto, nada muda?" –, e a patologia da representação, o fato de os cidadãos se considerarem cada vez menos representados por aqueles que elegeram – "depois de eleitos, os deputados não servem aos interesses de quem os elegeu com base nos programas que apresentaram ao eleitorado; servem a interesses pessoais ou de grupos sociais ou econômicos poderosos". As "patologias" eram, afinal, o resultado esperado pelas teorias democráticas liberais elitistas que dominaram o debate ao longo do século XX, uma vez que desencorajavam a mobilização social em prol da ampliação e do aprofundamento dos processos democráticos.

---

[12] Samuel P. Huntington, *Political Order in Changing Societies* (New Haven, Yale University Press, 1969); Gino Germani, *Política y sociedad en una época de transición. De la sociedad tradicional a la sociedad de masas* (Buenos Aires, Paidós, 1971).

[13] Anthony Downs, *An Economic Theory of Democracy* (Nova York, Harper, 1956).

[14] Joseph Schumpeter, *Capitalism, Socialism, and Democracy*, cit., p. 269.

[15] Arend Lijphart, *Democracies. Patterns of Majoritarian and Consensus Government in Twenty-One Countries* (New Haven, Yale University Press, 1984).

[16] Robert Alan Dahl, *A Preface to Democratic Theory* (Chicago, University of Chicago Press, 1956) e *Polyarchy: Participation and Opposition* (New Haven, Yale University Press, 1971).

[17] Norberto Bobbio, *O futuro da democracia* (São Paulo, Paz e Terra, 1986); Robert Alan Dahl, *Democracy and its Critics* (New Haven, Yale University Press, 1991).

As concepções contra-hegemônicas de democracia

Nas margens do discurso dominante sobre a democracia, estiveram sempre presentes, ao longo do século XX, concepções contra-hegemônicas de democracia. A diversidade destas é enorme, mas, em geral, as "semelhanças de família" que existem são as seguintes: a indeterminação dos resultados nos processos democráticos é o melhor antídoto do totalitarismo; os limites da representação política são ainda mais visíveis em sociedades socialmente muito desiguais e culturalmente muito diversas; se a representação resolve bem o problema da escala, resolve muito mal o da prestação de contas e o das identidades coletivas; assim, para certos grupos sociais (por exemplo, povos indígenas, populações afrodescendentes), a inclusão democrática pressupõe o questionamento da identidade que lhes foi atribuída externamente por um Estado colonial ou por um Estado autoritário e discriminatório; os limites da representação só são superáveis na medida em que a democracia representativa se articula com a democracia participativa; os movimentos sociais, pela intensidade que emprestam às reivindicações temáticas, têm sido fundamentais para renovar a agenda política e, desse modo, ampliar significativamente o campo do político[18], pelo que os partidos, os políticos e os movimentos sociais devem encontrar formas de articulação no respeito das respectivas autonomias[19]; a democracia não se reduz ao procedimentalismo, às igualdades formais, e aos direitos cívicos e políticos, pois por via deles nunca foi possível estender as potencialidades distributivas, tanto simbólicas como materiais, da democracia às classes populares que mais poderiam beneficiar-se delas; daí a necessidade de conceber a democracia como uma nova gramática social que rompa com o autoritarismo, o patrimonialismo, o monolitismo cultural, o não reconhecimento da diferença; tal gramática social implica um enorme investimento nos direitos econômicos, sociais e culturais.

Alguma vez formulei assim, em termos de direitos humanos, o metadireito que subjaz a uma concepção contra-hegemônica de democracia: temos o direito a ser iguais quando a diferença nos inferioriza; temos o direito a ser diferentes quando a

---

[18] Ver Sonia Alvarez, Evelina Dagnino e Arturo Escobar, *Cultures of Politics, Politics of Cultures: Re-Visioning Latin American Social Movements* (Boulder, Westview, 1998); Elizabeth Jelin e Eric Hershberg, *Constructing Democracy: Human Rights, Citizenship, and Society in Latin America* (Boulder, Westview, 1996); e Leonardo Avritzer, *Democracy and the Public Space in Latin America* (Princeton, Princeton University Press, 2002).

[19] A experiência do Fórum Social Mundial deu um ímpeto muito específico à valorização do papel político dos movimentos sociais. Ver Boaventura de Sousa Santos, *Fórum Social Mundial: manual de uso* (São Paulo, Cortez, 2005).

igualdade nos descaracteriza[20]. Nas sociedades contemporâneas estruturadas pelos três grandes tipos de dominação moderna – capitalismo, colonialismo e patriarcado –, a democracia contra-hegemônica deve ter uma intencionalidade anticapitalista, anticolonialista e antipatriarcal.

As transições democráticas da "terceira onda", sobretudo no sul da Europa e na América Latina, apesar de moldadas pelos princípios da democracia liberal, tiveram uma vocação contra-hegemônica que, no caso português, se plasmou na ideia de um regime democrático como via para o socialismo consagrada na Constituição de 1976. Em geral, os direitos econômicos e sociais adquiriram uma nova centralidade, bem como os mecanismos de participação, ainda que muitos deles nunca tenham sido regulamentados. A Constituição brasileira de 1988 é um bom exemplo disso. Iniciou-se, assim, um período de renovação democrática e também de muitas contradições que resultariam mais tarde em amargas frustrações. Entre os momentos mais luminosos desse período que se prolongou até ao fim da primeira década de 2000, saliento três, bastante distintos entre si, mas igualmente significativos. Todos eles apontaram para um novo experimentalismo democrático em sociedades muito desiguais e bem heterogêneas social e culturalmente. O primeiro foram as experiências de democracia participativa em nível local a partir da década de 1990, sobretudo no Brasil, mas também na Índia. Essas experiências, em especial na forma de orçamentos participativos, difundiram-se por toda a América Latina e, mais recentemente, pela Europa[21]. O segundo foi o fim do *apartheid* na África do Sul e a consagração constitucional (Constituição de 1996) de uma nova relação entre o princípio da igualdade e o princípio do reconhecimento da diferença[22]. O terceiro momento foram os processos constituintes

---

[20] Ver idem, "Por uma concepção multicultural de direitos humanos", *Revista Crítica de Ciências Sociais*, n. 48, 1997, p. 30.

[21] No início da década, dirigi um projeto internacional intitulado "Reinventar a emancipação social: para novos manifestos", em que, entre outros temas, analisei as experiências de democracia participativa na África do Sul, no Brasil, na Colômbia, na Índia, em Moçambique e em Portugal. Ver, de minha autoria, *Democracia e participação: o caso do orçamento participativo de Porto Alegre* (Porto, Afrontamento, 2002) e, organizado por mim, *Democratizar a democracia: os caminhos da democracia participativa* (Rio de Janeiro, Civilização Brasileira, 2002).

[22] Ver Heinz Klug, *Constituting Democracy: Law, Globalism and South Africa's Political Reconstruction* (Nova York/Cambridge, Cambridge University Press, 2000). De outra forma, a Colômbia, país atravessado pela violência e pela guerra civil, assumiu, no início da década de 1990, num raro momento de intensa negociação democrática (Constituição de 1991), um robusto reconhecimento da diversidade etnocultural do país. Esse reconhecimento deu origem a uma jurisprudência constitucional intercultural que serviria de modelo a outros

A DIFÍCIL DEMOCRACIA

na Bolívia e no Equador, que deram origem às constituições políticas mais desviantes da norma eurocêntrica do neoconstitucionalismo do pós-guerra, a Constituição do Equador de 2008 e a Constituição da Bolívia de 2009. Em ambas as constituições, misturam-se universos culturais eurocêntricos e indígenas, propõem-se formas avançadas de pluralismo econômico, social e cultural, desenham-se regimes de autonomia territorial e de participação sem precedentes no continente (o reconhecimento da plurinacionalidade como base material e política do reconhecimento da interculturalidade), defendem-se conceções não eurocêntricas de direitos humanos (o art. 71 da Constituição do Equador consagra os direitos da natureza) e, finalmente, atribui-se igual dignidade constitucional a diferentes tipos de democracia (o art. 95 da Constituição reconhece a democracia representativa, a participativa e a comunitária)[23].

Esses três momentos abriram caminho para um novo experimentalismo democrático que acabou por envolver a própria estrutura do Estado. Isso me levou a conceber o Estado como novíssimo movimento social[24] e, nos casos da Bolívia e do Equador, a falar de uma autêntica refundação do Estado moderno.

ONDE ESTAMOS E O QUE FAZER?

Nos últimos cinco anos, tenho dirigido outro projeto internacional, intitulado "Alice – Espelhos estranhos, lições imprevistas: definindo para a Europa um novo modo de partilhar as experiências o mundo"[25]. Nesse projeto, que inclui os países estudados no anterior (ver nota 21, p. 19) e, além deles, a Bolívia e o Equador, procuro identificar e analisar experiências econômicas, sociais e políticas que possam ampliar e aprofundar o reconhecimento da diversidade do mundo e, dessa forma, constituir aprendizagens globais. Ou seja, aprendizagens que uma Europa arrogante e colonialista, viciada em ensinar ao mundo e nunca em aprender com ele, deverá levar em conta. Trata-se de sinais de futuros emancipatórios pós-europeus, não de um futuro emancipatório eurocêntrico, o futuro que se foi constituindo no passado hegemônico dos últimos cinco séculos.

---

países do continente nas décadas seguintes. Ver Boaventura de Sousa Santos e Maurício García Villegas (orgs.), *El caleidoscopio de las justicias en Colombia* (Bogotá, Universidad de los Andes/Siglo del Hombre, 2001) (2. ed. 2004).

[23] Ver Boaventura de Sousa Santos, *Refundación del Estado en América Latina. Perspectivas desde una epistemología del Sur* (Bogotá, Siglo del Hombre, 2010).

[24] Idem, *Reinventar a democracia* (Lisboa, Gradiva, 1998), p. 59-74.

[25] O projeto está disponível em www.alice.ces.uc.pt; acesso em: 1º ago. 2016.

Entre as experiências-aprendizagens está, obviamente, o vasto experimentalismo democrático a que me referi. Esse projeto termina no final de 2016, mas já é evidente a frustração das elevadas expectativas que esse experimentalismo gerou. A esperança da nação arco-íris sonhada por Nelson Mandela tem sido traída perante as continuidades evidentes do antigo regime, tanto no domínio econômico como no cultural, situação que alguns dos investigadores que participam desse projeto chamam de "neo*apartheid*". A democracia participativa perdeu muito de seu impulso contra-hegemônico inicial, em muitas situações foi instrumentalizada, cooptada, deixou-se burocratizar, não se renovou em termos sociais nem em termos geracionais. No pior dos casos, conseguiu ter todos os defeitos da democracia representativa e nenhuma de suas virtudes. Por sua vez, as elevadas expectativas suscitadas pelos processos boliviano e equatoriano têm igualmente sido em parte frustradas, sobretudo no Equador, tendo em vista que o modelo de desenvolvimento econômico lá adotado, centrado na exploração intensiva dos recursos naturais, colidiu com os princípios da interculturalidade e da plurinacionalidade e por prevalecer sobre eles.

Entretanto, em muitos dos países estudados, a própria democracia representativa sofreu um enorme desgaste, devido a uma conjunção de fatores, todos eles convergindo na transformação da democracia liberal em democracia neoliberal, uma transformação sub-reptícia que teve lugar sem suspensão nem revisão das constituições vigentes. Essa transformação ocorreu por meio de dois processos convergentes. Por um lado, a prevalência crescente do capitalismo financeiro global corroeu a soberania dos Estados a ponto de transformar Estados soberanos em presas fáceis de especuladores financeiros e de suas guardas-avançadas, as agências de notação de crédito e o FMI. A concentração de riqueza e a degradação dos direitos econômicos e sociais estão fazendo com que o círculo da reciprocidade cidadã se estreite e cada vez mais cidadãos passem a viver na dependência de grupos sociais poderosos que têm direito de veto sobre seus modos e suas expectativas de vida, sejam eles filantropos, narcotraficantes, latifundiários industriais, empresas de megaprojetos e de mineração. A isso chamo "fascismo social", regime social que constitui o outro lado das democracias de baixa intensidade.

Por outro lado, enquanto a democracia liberal reconhece a existência de dois mercados, a democracia neoliberal reconhece apenas um. Para a democracia liberal, há dois mercados de valores: o mercado político da pluralidade de ideias e convicções políticas em que os valores não têm preço, precisamente porque são convicções ideológicas de que se alimenta a vida democrática; e o mercado econômico, que é o mercado dos valores que têm preço, o qual é precisamente determinado pelo mercado de bens e serviços. Esses dois mercados devem manter-se totalmente separados para que a democracia liberal funcione de acordo com seus princípios. Ao contrário, a democracia neoliberal dá total primazia ao mercado dos valores econômicos e, por isso, o mercado dos valores políticos tem de funcionar como se fosse um mercado de ativos econômicos. Ou seja, mesmo no domínio das ideologias e das convicções políticas, tudo se compra e tudo se vende. Daí a corrupção endêmica do sistema político, corrupção não só funcional, como necessária. A democracia, enquanto gramática social e acordo de convivência cidadã, desaparece para dar lugar à democracia instrumental, a democracia tolerada enquanto serve aos interesses de quem tem poder econômico e social para tanto.

Vivemos, pois, uma conjuntura perigosa, na qual foram desaparecendo ou sendo descaracterizados ao longo dos últimos cem anos os vários imaginários de emancipação social que as classes populares geraram com suas lutas contra a dominação capitalista, colonialista e patriarcal. O imaginário da revolução socialista foi dando lugar ao imaginário da social-democracia, e este, ao imaginário da democracia sem adjetivos e apenas com complementos de direitos humanos.

Isso nos leva a pensar que é preciso ter a coragem de avaliar com exigência crítica os processos e os conhecimentos que nos trouxeram até aqui e de enfrentar com serenidade a possibilidade de termos de começar tudo de novo. Este livro pretende ser um modesto contributo para isso.

PARTE I
Revolução e transformação do Estado

1
O Estado e a sociedade na semiperiferia do sistema mundial: a Revolução dos Cravos – Portugal, 1974*

INTRODUÇÃO

O período do pós-guerra deu origem a um mundo que, durante três décadas, parecia indiscutivelmente dividido em países desenvolvidos e países subdesenvolvidos. Com perspectivas diferentes e até antagônicas, as várias teorias sociais que então surgiram – modernização, desenvolvimento, imperialismo e dependência – tentaram explicar essa divisão e determinar os contatos, os obstáculos e as relações complementares ou contraditórias existentes entre os dois polos. Essa situação parece ter-se alterado drasticamente. Em primeiro lugar, surgiram países com desenvolvimentos intermédios muito diversificados. Embora para os defensores da teoria do sistema mundial essas entidades intermédias que constituem a semiperiferia sempre tenham existido, é atualmente reconhecido que, além de uma maior variedade, elas assumem uma importância crescente. A teoria social tem tentado caracterizá-las aplicando uma variada série de conceitos: países semi-industrializados, países recém-industrializados, centros atrasados, desenvolvimento dependente e semiperiferia. Em segundo lugar, as transformações internas dos países desenvolvidos criaram neles condições sociais semelhantes às que caracterizavam as nações menos desenvolvidas, por exemplo, economias paralelas, setores informais, ineficácia dos mecanismos democráticos, corrupção política, segmentação dos mercados de trabalho, degradação da qualidade de vida, violência urbana, acentuação de desigualdades

---

* Capítulo escrito em 1990 e reproduzido aqui sem alterações nem atualizações, como adverte o autor no Prefácio desta obra. (N. E.)

sociais e novas e mais vastas formas de exclusão e destituição social. Em outras palavras, o chamado "terceiro mundo interno"[1].

Essas transformações são tão flagrantes que alguns falam mesmo do aparecimento de uma nova economia política internacional de interdependência global, uma rede desorganizada e quase caótica de fluxos desterritorializados de capitais, serviços e pessoas num mundo sem centro, que se reproduz numa miríade de relações verticais e horizontais, instáveis e indeterminadas[2]. Como se verá a seguir, não partilho dessa ideia, mas a verdade é que essas tendências, que a sociologia comparada terá ainda de captar, assinalam algumas transformações importantes no sistema mundial. Por um lado, com os Estados Unidos obrigados a partilhar a hegemonia com a Europa e o Japão, o mundo tornou-se mais policêntrico, com várias regiões a gravitar à volta de diversos centros. Por outro lado, a periferia mundial fragmentou-se ainda mais, dando origem a formas de exclusão social mais cruéis e a um crescente número de países semiperiféricos intermédios muito diferenciados em termos de padrões nacionais de desenvolvimento, de acordo com a região do globo em que se localizam.

Convém ainda considerar a profunda intensidade que as interações globais recentemente adquiriram e que vai da transnacionalização dos sistemas de produção à difusão mundial de informação e imagens pelos meios de comunicação social e às deslocações maciças de pessoas como turistas, trabalhadores emigrantes ou refugiados. Daí que a realidade social pareça transformar-se tão ou mais rapidamente do que os fundamentos epistemológicos do conhecimento ou dos conhecimentos que sobre ela desenvolvemos. Com a intensificação da interdependência e da interação globais, as relações sociais parecem, de modo geral, cada vez mais desterritorializadas, ultrapassando as fronteiras até agora policiadas pelos costumes, o

---

[1] Dudley Seers ("Pour une nouvelle orientation des recherches sur le développement", *Economie et Humanisme*, 1977) e Albert Hirschman ("Confissões de um dissidente; a estratégia de desenvolvimento reconsiderada", *Pesquisa e Planejamento Econômico*, n. 13, 1983) foram provavelmente os primeiros a afirmar que a economia do desenvolvimento e a sociologia do desenvolvimento só eram defensáveis como disciplinas científicas se fossem aplicadas quer aos países desenvolvidos, quer aos países menos desenvolvidos. Conferir Augusto Mateus, "Economias semiperiféricas e desenvolvimento desigual na Europa (reflexões a partir do caso português)", *Economia e Socialismo*, n. 72-73, 1987, p. 45.

[2] Essa ideia também tem sido defendida no campo cultural. Recentemente, Arjun Appadurai afirmou que "a nova economia cultural global tem de ser encarada como uma ordem complexa, com justaposições e disjunções, que já não pode ser explicada pelos modelos tradicionais de centro e periferia" ("Disjuncture and Difference in the Global Cultural Economy", *Public Culture*, n. 2, v. 2, 1990, p. 6).

nacionalismo, a língua, a ideologia e, muitas vezes, por tudo isso. Nesse processo, o Estado-nação, cuja principal característica é, provavelmente, a territorialidade, converte-se numa unidade de interação relativamente obsoleta ou, pelo menos, relativamente descentrada. Por outro lado, e aparentemente em contradição com essa tendência, assiste-se a um desabrochar de novas identidades regionais e locais alicerçadas numa revalorização do direito às raízes (em contraposição com o direito à escolha). Esse localismo, simultaneamente novo e antigo, outrora considerado pré-moderno e hoje reclassificado como pós-moderno, é com frequência adotado por grupos de indivíduos "translocalizados", não podendo por isso ser explicado por um *genius loci* nem um sentido de lugar único. Contudo, baseia-se sempre na ideia de território, seja imaginário ou simbólico, seja real ou hiper-real[3]. A dialética estabelece-se, portanto, entre territorialização e desterritorialização.

As novas condições para uma investigação sociológica comparada que acabo de enunciar parecem ser especialmente evidentes nos países de desenvolvimento intermédio. Aí – quer se trate de Portugal, da Irlanda, da Espanha e da Grécia, quer se trate do México e do Brasil –, a excessiva tensão a que a dialética entre territorialização e desterritorialização está sujeita confere um cunho particularmente instável à combinação das características paradigmáticas. É isso, muito particularmente, o que acontece nos países intermédios da Europa, visto que sua composição social está a ser duplamente reconstruída: como países periféricos de uma das mais importantes regiões do sistema mundial (a periferia europeia) e como membros de pleno direito do centro dessa região (União Europeia). Entre todos esses países, Portugal talvez seja o exemplo mais elucidativo de uma complexa combinação de características sociais paradigmaticamente opostas, uma configuração feita e refeita no curto-circuito histórico dos últimos quinze anos, em que convergiram e se fundiram temporalidades sociais muito distintas: cinco séculos de expansão europeia, dois séculos de revoluções democráticas, um século de movimento socialista e quarenta anos de Estado-Providência. No início de 1974, Portugal era um dos países menos desenvolvidos da Europa e o mais antigo império colonial europeu. O regime autoritário de mais longa duração da Europa foi derrubado por uma revolução sem sangue, em 25 de abril desse mesmo ano, e, pouco depois, a maior mobilização popular desde sempre na Europa do pós-guerra fazia incluir o

---

[3] Essa reterritorialização ocorre, geralmente, num plano infraestatal, mas pode também ocorrer num plano supraestatal. Exemplo deste último caso é a Comunidade Econômica Europeia, que está a desterritorializar as relações sociais no plano do Estado nacional para as reterritorializar num plano supraestatal (pelo modo como afirma a identidade europeia e a defende em relação a terceiros, sejam eles outros blocos regionais, sejam simplesmente os refugiados).

socialismo, como meta, nos programas dos principais partidos políticos. Alguns meses depois, uma solução ambígua da crise revolucionária abriu um longo e tortuoso caminho para um Estado-Providência social-democrático, justamente na altura em que, nos países centrais da Europa ocidental e de todo o mundo, o Estado-Providência entrava numa fase de grande perturbação.

Todas essas razões fazem de Portugal um laboratório fascinante, embora muito complexo e com grandes dificuldades em termos de análise sociológica. Tendo presente a dialética entre territorialização e desterritorialização, a estrutura analítica que aqui desenvolverei conjuga a teoria do sistema mundial (que capta a dinâmica da desterritorialização) e a perspectiva da regulação (que capta a dinâmica da reterritorialização). Tentarei, assim, mostrar o seguinte:

1) Portugal é uma sociedade semiperiférica da região europeia do sistema mundial. Durante vários séculos, essa posição assentou-se no império colonial português. A partir de seu desmantelamento, em 1974, Portugal tem renegociado sua posição no sistema mundial. Tudo indica que essa posição semiperiférica será mantida, desta vez devido à integração na UE e às relações econômicas e sociais privilegiadas com a África lusófona.

2) Depois de eliminado o regime de acumulação e de regulação social do Estado corporativo, nenhum outro regime de acumulação ou de regulação social se estabilizou nem criou rotinas de produção e de reprodução. Portugal tem, assim, passado por um processo de transição com ritmos diferentes conforme as áreas de prática social.

3) Essa transição é patente em importantes contradições, disjunções e discrepâncias. Duas merecem especial atenção: a discrepância entre produção capitalista e reprodução social ou, em outras palavras, entre o padrão de produção e o padrão de consumo; a discrepância entre as formas institucionais do modo de regulação fordista e a regulação fática, competitiva, predominantemente não fordista, da relação salarial.

4) A diferenciação e a heterogeneidade social e cultural decorrentes das condições referidas têm sido reguladas pelo Estado. A posição central do Estado na regulação social durante os últimos quinze anos justifica que se dê alguma prioridade analítica aos aspectos sociopolíticos. Pela regulação estatal a que têm estado sujeitas, essas heterogeneidades e essas discrepâncias têm-se inscrito na matriz institucional do Estado, dando origem a um fenômeno que traduzirei pelos conceitos de "Estado paralelo" e "Estado heterogêneo".

5) Como não foi possível institucionalizar uma regulação fordista da relação salarial, tampouco foi possível institucionalizar um Estado-Providência. Nesse

aspecto, o Estado português é um *semi*-Estado-Providência ou *quasi*-Estado--Providência. No entanto, o déficit da providência estatal é parcialmente coberto por uma sociedade-providência forte. Esta, embora com origem em relações sociais e universos simbólicos vulgarmente chamados pré-modernos, tem semelhanças com aquela sociedade-providência que Rosanvallon, Lipietz, Aglietta e Brender[4], entre outros, têm tentado ressuscitar e a que alguns chamariam sociedade-providência pós-moderna.

6) Os antigos e os recentes equilíbrios de uma estrutura social e política tão complexa como essa estão a ser abalados, recombinados, reinventados por meio do processo de integração na UE. Nessa fase, a centralidade da atuação do Estado na regulação social deveu-se, em grande medida, ao papel que ele protagonizou nas negociações que conduziram à adesão. O Estado regula a dialética da identidade e da diferença entre Portugal e os países centrais europeus, assumindo uma forma política a que chamo "Estado-como-imaginação-do-centro". A autonomia interna do Estado que, durante grande parte do período autoritário, assentou-se num modo de desenvolvimento (ou antes, de subdesenvolvimento) autárcico, hipernacionalista e isolacionista, baseia-se agora no processo de integração na UE e, por isso, num contexto de constante redução da soberania nacional.

7) O futuro da UE é uma questão a resolver. No plano político, é ainda muito cedo até mesmo para tentar esboçar a configuração política do futuro euro-Estado. No plano econômico, a atual prioridade concedida à criação do mercado interno não garante que ele venha a ser também um mercado unificado. No plano social, a pouca importância atribuída, presentemente, à chamada dimensão social leva a supor que a Europa irá se desenvolver, por muito tempo, a duas velocidades. O período de transição da sociedade portuguesa justapõe-se, assim, ao período de transição da própria Europa. Qualquer previsão é, portanto, duplamente arriscada. Contudo, sem esquecer essa precaução, eu ousaria talvez afirmar que, no caso de Portugal, é provável que um novo modo de regulação semiperiférico pouco a pouco se configure e se estabilize.

---

[4]   Pierre Rosanvallon, *La crise de l'État-providence* (Paris, Seuil, 1981) e "Beyond the Welfare State", *Politics and Society*, n. 16, v. 4, 1988; Alain Lipietz, *Choisir l'audace. Une alternative pour le XXIe siècle* (Paris, La Découverte, 1989); Michel Aglietta e Anton Brender, *Les métamorphoses de la société salariale* (Paris, Calmann-Levy, 1984).

A SEMIPERIFERIA NA INTERSECÇÃO DO HIPERLOCAL E DO TRANSNACIONAL: A CONJUGAÇÃO DA TEORIA DO SISTEMA MUNDIAL COM A PERSPECTIVA DA REGULAÇÃO

Se passarmos em revista o conhecimento que, nos últimos quarenta anos, as ciências sociais acumularam sobre os países centrais, desenvolvidos, ou do Primeiro Mundo, e os países periféricos, menos desenvolvidos, ou do Terceiro Mundo, verificamos que esse conhecimento não fornece um quadro analítico adequado à sociedade portuguesa. Se em certos aspectos a sociedade portuguesa tem características semelhantes às geralmente atribuídas aos países centrais, em outros parece mais próxima das características do Terceiro Mundo.

Em termos de indicadores socioeconômicos, Portugal ocupa uma posição intermédia no sistema mundial. Embora pouco preciso, o PNB *per capita* é um desses indicadores. Num estudo efetuado por Arrighi e Drangel[5] sobre a evolução mundial do PNB *per capita* nos últimos cinquenta anos, Portugal ocupa uma sólida posição intermédia. Outro indicador mais elucidativo é o grau de homogeneidade entre a estrutura setorial da produção (agricultura, indústria e serviços) e a estrutura do emprego. Com base nele, a comparação entre vários países, no período de 1960 a 1983, feita por Augusto Mateus[6], é reveladora da situação intermédia da sociedade portuguesa[7].

Segundo a teoria do sistema mundial, a existência de sociedades com graus intermédios de desenvolvimento é uma característica relacional, estrutural e permanente do sistema mundial[8]. A primeira formulação do conceito de semiperiferia na obra de Wallerstein intitulada *O sistema mundial moderno*[9] é bastante esclarecedora a esse respeito. Tempos depois, esse autor sublinhou o conteúdo

---

[5] Giovanni Arrighi e Jessica Drangel, "The Stratification of the World-Economy. An Exploration of the Semiperipheral Zone", *Review*, n. 10, v. 1, 1986.

[6] Augusto Mateus, "Economias semiperiféricas e desenvolvimento desigual na Europa (reflexões a partir do caso português)", cit., p. 54.

[7] Os números indicam também a longevidade dessa situação em países como Portugal, Espanha e Irlanda. Assim, os valores obtidos em 1983 para os países recentemente industrializados, como o Brasil (38) e a Coreia do Sul (40), correspondem *grosso modo* aos valores obtidos em 1960 para os países europeus: Irlanda (28), Portugal (38) e Espanha (42) (idem).

[8] Conferir Carlos Fortuna, "O desenvolvimento por um fio: Portugal colonial, os têxteis de algodão e a economia-mundo", em Boaventura de Sousa Santos (org.), *Portugal: um retrato singular* (Porto, Afrontamento, 1993).

[9] Immanuel Wallerstein, *The Modern World-System* (Nova York, Academic, 1974) [ed. port.: *O sistema mundial moderno*, Porto, Afrontamento, 1990].

político da semiperiferia. Os países semiperiféricos, devido exatamente ao caráter intermédio, desempenham uma função de intermediação entre o centro e a periferia do sistema mundial e, um pouco como as classes médias nas sociedades nacionais, contribuem para atenuar os conflitos e as tensões entre o centro e a periferia. Nas próprias palavras de Wallerstein: "Em momentos de expansão da economia-mundo, os Estados [semiperiféricos] ligam-se, como satélites, a determinada potência central e servem, até certo ponto, de correias de transmissão e de agentes políticos de um poder imperial"[10].

Nos últimos anos, o intenso estudo a que os países semiperiféricos foram submetidos levou ao apuramento do conceito de semiperiferia. Com base na investigação efetuada no Centro Fernand Braudel, Carlos Fortuna conclui que os Estados semiperiféricos se caracterizam por uma rede de atividades produtivas com um relativo equilíbrio entre as produções do centro e as da periferia, que lhes confere uma especial capacidade de manobra institucional e política dentro do sistema interestatal[11]. Mas, como sublinha William Martin, "reconhecer a persistência da semiperiferia levanta muitos mais problemas do que aqueles que resolve"; a seguir, ele aponta as dúvidas que considera mais importantes:

> Se os Estados semiperiféricos estão a meio caminho entre as redes centrais e as redes periféricas, como é que se atinge e se mantém essa posição, perante forças tão fortemente polarizadas como as da economia-mundo? Se a semiperiferia é mais do que um simples problema estatístico de índices de desenvolvimento, como é que essa zona funcionou, ao longo dos anos, como parte de um mundo capitalista em desenvolvimento? Como e por que razão a semiperiferia, pelo menos no século XX, funcionou como terreno preferencial de movimentos sociais, sindicais, nacionalistas e antissistêmicos?[12]

Não cabe aqui examinar em pormenor o conceito de semiperiferia, menos ainda o de sistema mundial, do qual ele é parte integrante. Limitar-me-ei a salientar dois aspectos. O primeiro refere-se à regionalização da situação semiperiférica. De acordo com a teoria do sistema mundial, uma das características estruturais da economia-mundo capitalista é a concorrência entre os países do centro. Daí resulta uma divisão do sistema mundial em regiões, em zonas de influência, formadas por

---

[10] Idem, *The Politics of the World-Economy* (Cambridge, Cambridge University Press, 1984), p. 7.

[11] Carlos Fortuna, "Desenvolvimento e sociologia histórica: acerca da teoria do sistema mundial capitalista e da semiperiferia", *Sociologia, Problemas e Práticas*, 1987, n. 3, p. 180.

[12] William Martin, "Introduction: the Challenge of the Semiperiphery, em *Semiperipheral States in the World Economy*, Nova York, Greenwood, n. 3, 1990. p. 4.

um conjunto de nações com fortes laços econômicos, sociais, políticos e culturais, no centro das quais está um ou mais do que um deles (atualmente Estados Unidos, Japão, Europa ocidental). Em meu entender, embora o tipo de intermediação em geral desempenhado pelas sociedades intermédias seja definido globalmente no próprio sistema mundial, as intermediações específicas são determinadas pela região do sistema mundial a que essa sociedade pertence e dependem, em grande parte, da trajetória histórica dessa região e da de cada uma das sociedades nacionais que a compõem.

A função de intermediação implica que determinado país atue como periférico em relação a um país central e como central em relação à periferia. Por exemplo, a partir do século XVIII, Portugal funcionou como correia de transmissão no sistema mundial, atuando como centro para suas colônias e como periferia para a Inglaterra. Para dar só um exemplo, a hipertrofia do turismo e da emigração em Portugal constitui um sinal inequívoco da função periférica do país em relação aos padrões de produção e de consumo dos países centrais europeus[13]. Por outro lado, com a integração na UE, Portugal poderá desempenhar uma nova função central em relação às ex-colônias africanas. Em ambos os casos, porém, as funções de intermediação são específicas da história da Europa e são parte integrante do desenvolvimento social de Portugal enquanto país europeu.

O outro aspecto que pretendo salientar refere-se à caracterização das sociedades semiperiféricas simultaneamente intermédias, em termos de graus de desenvolvimento, e intermediárias, em termos das funções que desempenham no sistema mundial. Essas duas características estão, evidentemente, inter-relacionadas, já que a função de intermediação pressupõe um nível intermédio de desenvolvimento que, por sua vez, se reproduz, pelo menos em parte, por meio da função de intermediação. Mas não só ambas são conceitualmente autônomas, como seria errado aceitar que existe entre elas uma relação linear e automática. A natureza intermédia de determinada sociedade traduz-se em características sociais específicas dessa sociedade e, em certo sentido, únicas. Essa natureza resulta do desenvolvimento histórico nacional e da multiplicidade de formas que seus contatos com processos socioeconômicos de dimensão mundial assumiram e faz com que ela esteja profundamente inscrita nas estruturas e nas práticas sociais e culturais. Em outras palavras, o caráter intermédio é uma qualidade, não apenas uma quantidade, representa a dimensão territorializada das interações globais em que determinado país está

---

[13] Augusto Mateus, "Economias semiperiféricas e desenvolvimento desigual na Europa (reflexões a partir do caso português)", cit, p. 55.

envolvido. A função de intermediação pode também constituir um fenômeno de longa duração, mas tem uma lógica de desenvolvimento diferente.

O fato de a economia mundial capitalista estar politicamente organizada num sistema interestatal submete a função de intermediação a descontinuidades políticas que podem resultar em períodos mais ou menos longos de disjunções, discrepâncias e hiatos entre as estruturas intermédias e as funções de intermediação. Quando, em 1974-1975, o império português praticamente chegou ao fim, a função de intermediação que Portugal desempenhava, com base em suas colônias, também acabou. Contudo, as estruturas e os processos intermédios não desapareceram. A materialidade e a qualidade dessas estruturas e desses processos estavam profundamente inscritas na sociedade portuguesa, e seus complexos modos de reprodução social ultrapassavam a posse das colônias.

Essas estruturas e esses processos, autonomamente ativos, apropriam, reconstroem e também limitam eventuais oportunidades de novas funções de intermediação. Justamente porque Portugal atravessa uma fase de renegociação de sua posição no sistema mundial, penso que é analiticamente mais fecundo centrar nossa atenção na natureza específica de seu carácter de sociedade intermédia.

Para isso, teremos de recorrer a um enquadramento teórico centrado na especificidade dos fenômenos e dos acontecimentos nacionais, que os analise segundo uma perspectiva global que abarque o econômico e o social, o político e o cultural, e o faça tanto de um ponto de vista histórico como de um ponto de vista sincrônico. A complementaridade pretendida entre uma teoria desse tipo e a teoria do sistema mundial só será possível se ambas partilharem determinadas preocupações teóricas e até metateóricas. Creio que é o caso da teoria da regulação, ainda que, em rigor, não se trate verdadeiramente de uma teoria, mas antes de uma orientação analítica de caráter geral que tem dado origem a várias teorias. Genericamente, quer a teoria do sistema mundial, quer a teoria da regulação partilham não só um passado marxista, mas também a necessidade de eliminar as características economicistas e mecanicistas que dele herdaram. Ambas se centram nas relações sociais do desenvolvimento capitalista, especialmente nas relações de troca e nas relações salariais. Ambas são, por natureza, globalizantes. E ambas privilegiam a análise da consolidação e da transformação da coesão social ao longo da história: a perspectiva da regulação privilegia a coesão social dos diferentes Estados-nação; o sistema mundial, a coesão social da economia mundial capitalista.

Pode-se dizer que, em termos teóricos, a perspectiva da regulação é muito vaga. A versão que aqui se adotou é, a meu ver, a mais adequada para captar a dinâmica do desenvolvimento social português nos últimos quinze anos. É opinião quase unânime que uma das fraquezas da perspectiva da regulação é a ausência de uma teoria do Estado que explique suas múltiplas e decisivas funções no processo de criação e desenvolvimento dos modos de regulação social[14]. Do lado da teoria do sistema mundial e na linha das primeiras afirmações de Immanuel Wallerstein, tem sido acentuado nos últimos tempos que essas funções são particularmente decisivas nas sociedades semiperiféricas[15]. Neste capítulo, abordarei essa questão, analisando a centralidade específica da regulação do Estado, num período de transição entre modos de regulação social, numa formação social semiperiférica da região europeia do sistema mundial. Além disso, analisarei ainda os moldes em que o processo de regulação social transitória se inscreve na matriz institucional do Estado, identificando as diferentes formas políticas parcelares que, em conjunto, constituem a totalidade fragmentada do Estado na transição de um modo de regulação social para outro.

A CRISE DO MODO DE REGULAÇÃO SOCIAL: PADRÕES DE PRODUÇÃO E PADRÕES DE CONSUMO NUM PERÍODO DE TRANSIÇÃO

Pode ter sido coincidência, mas é interessante notar que a queda do regime fascista em Portugal ocorreu numa altura em que os países centrais entravam num período de crise do modo de regulação que, segundo Aglietta, Boyer e outros, fora o modo de regulação dominante sobretudo depois da Segunda Guerra Mundial[16]. Esse modo de regulação social caracterizava-se, muito genericamente, por uma acumulação intensiva de capital, uma indexação dos salários à produtividade e um acesso generalizado das classes trabalhadoras ao consumo: era o modo de regulação fordista. Não seria, portanto, de admirar que a crise se repercutisse numa sociedade dependente que mantinha fortes relações econômicas com os países mais fortemente afetados, os centrais da Europa ocidental. Soma-se a isso o fato de que a revolução de 25 de abril de 1974 criou fatores autônomos de crise na sociedade portuguesa, provocando uma crise geral que tocou todos os setores da atividade social e abalou estruturas e práticas bem enraizadas na história recente do país. Houve, portanto, uma crise interna que ocorreu no seio de uma crise

---

[14] Robert Boyer, *La théorie de la régulation. Une analyse critique* (Paris, La Découverte, 1986), p. 52; Bob Jessop, "Regulation Theories in Retrospect and Prospect", *Economy and Society*, n. 19, 1990, p. 196.

[15] William Martin, "Introduction", cit., p. 7.

[16] Michel Aglietta, *Régulation et crises du capitalisme* (Paris, Calmann-Levy, 1976) e Robert Boyer, *La théorie de la régulation*, cit.

internacional, o que é, sem dúvida, fator fundamental para compreender algumas características da sociedade portuguesa dos últimos quinze anos.

A crise revolucionária (1974-1975)

Nesta seção, apresento, muito resumidamente, algumas hipóteses de trabalho – e apenas com o objetivo de contextualizar as análises que se seguem nas seções seguintes.

É muito provável que os historiadores do futuro neguem o caráter de verdadeira revolução dos acontecimentos que tiveram lugar em 1974-1975, tal como se passou com a revolução alemã de novembro de 1918[17]. Não cabe aqui fazer uma análise desses acontecimentos. Limitar-me-ei a respigar os traços desse período que me parecem imprescindíveis para compreender a primeira das quatro formas de Estado que analisarei neste capítulo: o Estado paralelo.

A revolução portuguesa começou com um golpe militar conduzido por um grupo de jovens oficiais, democratas e antifascistas, desejosos de pôr fim à guerra colonial. O projeto político que o programa do Movimento das Forças Armadas (MFA) propunha ao país era claro, apesar do caráter genérico: eliminação imediata das características fascistas do aparelho de Estado; eleições para uma Assembleia Constituinte que reimplantaria a democracia parlamentar, o pluralismo político e a autonomia das organizações sindicais; uma política econômica antimonopolista tendo em vista uma mais justa distribuição da riqueza. Sobre a questão colonial, o programa era bastante ambíguo: reclamava estabilidade política para um amplo espaço português. Essa ambiguidade era consequência inevitável do fato de os jovens oficiais terem se visto forçados a pactuar com o general Spínola, que, além de Costa Gomes, fora o único general a desentender-se com os governantes da última fase do regime, o período de Marcelo Caetano. Nessa altura, era vital estabelecer compromissos – não só para reduzir ao mínimo as possibilidades de resistência de alguma unidade militar leal ao antigo regime, mas também para evitar qualquer tentativa de declaração unilateral de independência por parte das populações brancas das colônias, particularmente de Angola.

Os interesses do capital monopolista encontraram indiscutivelmente em Spínola seu representante, enquanto os jovens oficiais do MFA tiveram, desde o início, um espantoso apoio popular dos trabalhadores e da pequena burguesia. Foi essa mobilização popular (por todo o país surgiram greves políticas e econômicas) que levou à derrota de Spínola, bem como à neutralização dos membros do MFA mais à direita e à radicalização de seus membros mais à esquerda. Esse

---

[17] Pierre Broué, *Révolution en Allemagne (1917-1923)* (Paris, Minuit, 1971).

fato e a inabalável recusa, por parte dos principais movimentos africanos de libertação, de qualquer solução semelhante à proposta por Spínola para o problema colonial estiveram na base daquele que podia ter sido o mais notável processo de descolonização dos tempos modernos – uma descolonização praticamente sem características neocolonialistas.

As transformações qualitativas do processo político surgiram depois de março de 1975, o verdadeiro início da crise revolucionária: nacionalização maciça da indústria, nacionalização total dos bancos e das seguradoras, ocupação, seguida de expropriação de terras no Alentejo, ocupação de casas nas grandes cidades, comissões de trabalhadores, autogestão de fábricas e empresas comerciais abandonadas pelos proprietários, criação de cooperativas nos setores comercial, industrial e agrícola, comissões de moradores, clínicas do povo, dinamização cultural nas regiões mais atrasadas do país. Nenhuma dessas medidas, por si só, constituía uma ameaça para a sociedade capitalista ou para a natureza classista do poder de Estado. Em conjunto, porém – e contando ainda com a dinâmica interna da mobilização dos trabalhadores e da iniciativa popular, a paralisação geral do aparelho de Estado e os crescentes conflitos no seio das Forças Armadas –, essas medidas originaram, em meu entender, uma crise revolucionária. Mas nunca, em momento nenhum, se esteve perante uma situação de dualidade de poder suscetível de ser considerada uma "confrontação total" de "duas ditaduras"[18]. Embora a análise desse fato esteja ainda por fazer, parece-me que uma das explicações mais plausíveis reside na própria natureza dos acontecimentos que estiveram na origem da crise revolucionária. Tudo começou com uma revolta militar, ou seja, uma revolta do topo, do próprio aparelho de Estado. O objetivo era destruir o Estado fascista, mas, no fundo, só foram destruídas suas características mais explicitamente fascistas: a polícia política, os tribunais políticos, as prisões políticas, o sistema de partido único e as milícias paramilitares fascistas. Fora isso, o aparelho do Estado, com seus cinquenta anos de ideologia, recrutamento, formação e comportamento autoritários, manteve-se quase intacto. Apesar de a pressão política mais radical ter exigido algumas purgas na administração pública, elas foram escassas, por vezes oportunistas e, em alguns setores fundamentais do aparelho de Estado, como a administração da justiça, praticamente inexistente. De qualquer forma, essas purgas – os *saneamentos* – tiveram sempre um caráter individual, nunca atingindo as estruturas do poder do

---

[18] Vladimir Ilitch Ulianov Lenin, *Selected Works in Three Volumes* (Moscou, Progress, 1960), v. 2, p. 50; Leon Trotski, *The Basic Writings of Trotsky* (Nova York, Schocken, [1963] 1976), p. 101.

Estado. Em relação aos dois setores repressivos do aparelho do Estado – a polícia (PSP e GNR) e as Forças Armadas –, a situação foi ainda mais significativa. Como a polícia não ofereceu resistência aos jovens oficiais do MFA, não foi necessário desmantelá-la nem sequer reestruturá-la, tendo-se substituído apenas as chefias. As Forças Armadas, porém, foram violentamente abaladas. Mas justamente porque a revolta nasceu em suas fileiras e o processo político se manteve sob a alçada militar, as Forças Armadas sentiram-se globalmente relegitimadas e adiaram uma reestruturação interna profunda.

Em suma, o aparelho do Estado, depois de expurgado de suas características marcadamente fascistas, não sucumbiu, apenas sofreu uma paralisia geral. Dado que os acontecimentos políticos tiveram início no próprio aparelho do Estado, em seu seio, foi "relativamente fácil" paralisar o poder do Estado. No âmbito da teoria do poder dual, portanto, pode-se dizer que não houve "dominação burguesa", mas pelas mesmas razões tampouco pode-se falar em "dominação proletária". Nesse contexto, cabe talvez fazer uma breve referência ao papel desempenhado pelos partidos socialista e comunista. Após ter granjeado uma influência assinalável no aparelho do Estado e nas Forças Armadas, depois de 1975, o Partido Comunista (PCP), a única organização política à altura de merecer essa designação, olhava com desconfiança a mobilização espontânea e as organizações criativas da classe operária, tanto na produção como no consumo. Com o argumento falacioso de que o inimigo tinha já sido destruído com a nacionalização do capital monopolista e de que o setor do MFA então no poder, desde que apoiado, protegeria os interesses do proletariado, o PCP sempre defendeu que as estratégias políticas deviam ser ditadas pelo aparelho do Estado e rejeitou, como aventureirista, a ideia da legalidade revolucionária e do poder popular. O Partido Socialista (PS), de criação recente e composição heterogênea, procurou contrariar a influência dos comunistas no aparelho de Estado e recusou, por considerá-la autoritária, qualquer forma política que não fosse a democracia parlamentar. Apoiado pela burguesia, pela pequena burguesia e pelos trabalhadores descontentes com a política de poder e a arrogância dos comunistas, o PS logo seria o partido da oposição, por excelência. Tal como na Alemanha em 1918, os socialistas tornaram-se o principal partido de uma ampla coligação de forças políticas.

Pode-se dizer que o mesmo processo que rapidamente conseguira a suspensão ou a neutralização da "ordem burguesa" tinha também simultaneamente impedido que a "ordem proletária" emergisse em seu próprio nome. Tratou-se mais de uma dualidade de impotências do que de dualidade de poderes, uma situação que se resolveria a favor da "ordem burguesa" em novembro de 1975. Uma das principais características da revolução portuguesa é provar que o Estado capitalista pode ser afetado por uma paralisia geral durante um longo período, sem, no entanto, desaparecer. Pelo contrário, mantém-se intacto como um Estado de reserva, pronto a ser reativado se e logo que a relação de forças estiver a seu favor.

O fim da crise revolucionária e a instauração do primeiro governo constitucional democrático depois de quase cinquenta anos não puseram termo à crise social, embora tenham alterado sua essência. Em termos de regulação social, pode-se dizer que a crise começou antes de 1974 (em 1969, senão antes) e que continuou de 1976 até hoje. A análise da crise que a seguir apresento incide, sobretudo, em três fatores estratégicos: acumulação de capital, relação salarial e atuação do Estado.

Da crise revolucionária à emergência do Estado paralelo

A regulação social das relações de troca e das relações salariais é um processo complexo constituído, essencialmente, por três elementos estruturais: o direito (normalização estatal), o contrato (normalização contratual) e os valores partilhados (normalização cultural)[19]. Aquilo que caracteriza um regime autoritário é a hipertrofia da normalização estatal e a ambição desta de tutelar as outras formas de normalização. Em Portugal, o fato de o capital monopolista, sobretudo depois de 1969, pretender negociar diretamente com os representantes dos trabalhadores demonstra o crescente conflito entre a normalização estatal e a normalização contratual na última fase do Estado Novo. Em relação à normalização cultural, os movimentos estudantis de 1962 e 1969, a emigração, a guerra colonial e as greves nos últimos anos do regime provaram que a apologia fascista da família pobre, mas feliz, unida e trabalhadora, com gostos simples e sem ambições de ascensão social, uma ideologia imbuída de mitologia rural e de misticismo religioso, já não tinha nenhum poder normalizador.

Quando a revolução de 1974 derrubou o Estado Novo e sua estrutura institucional, criaram-se condições para o aparecimento de novas instituições e de novas práticas sociais compatíveis com as transformações previsíveis do regime de acumulação. A queda do Estado Novo acarretou, de fato, a luta pela escolha de novas instituições de regulação social, mas, contrariamente ao que acontecera nos países centrais, essa luta, típica de uma crise de regulação social, surgiu num contexto de lutas políticas e sociais muito mais amplas. A questão não era apenas a institucionalização de uma nova relação salarial ou de novas relações de troca;

---

[19] Robert Boyer, *La théorie de la régulation*, cit., p. 55; Michel Aglietta e Anton Brender, *Les métamorphoses de la société salariale*, cit., p. 77.

o que importava era, sobretudo, a construção de uma nova formação política, de um moderno Estado democrático. Foi por isso que, desde o início, travou-se uma luta pelo controle do Estado e, nessas circunstâncias, pouca atenção se podia dispensar à normalização contratual. Além do mais, depois de quase cinquenta anos de autoritarismo, nem o capital nem o trabalho tinham qualquer experiência de organização autônoma e de negociação. À semelhança do que acontecera nos países centrais, seria preciso um Estado democrático forte, socialmente empenhado e eficiente para promover, apoiar e até criar organizações de interesses e estabelecer as regras de negociação entre elas. Mas porque em Portugal, naquele momento, o Estado era, ele próprio, objeto da luta política mais encaniçada, não tinha condições para desempenhar essa função.

Assim, paralelamente à intensificação dos conflitos sociais, assistiu-se ao enfraquecimento, à fragmentação e à paralisia crescente do Estado. Tudo isso, porém, em vez de impedir, favoreceu a promulgação de importante legislação no domínio laboral e social sob a forte pressão dos movimentos operários, cada vez mais radicalizados, e das múltiplas formas de mobilização popular. Essa legislação seguiu o modelo utilizado nas sociais-democracias ocidentais, chegando às vezes a ultrapassá-lo. A defesa dos interesses dos trabalhadores assumiu variadíssimas formas: reconhecimento da autonomia das organizações sindicais, direito à greve, proibição do *lock-out*, benefícios sociais ou salários indiretos, estabilidade de emprego, salário mínimo, contratação coletiva, restrições aos despedimentos. O efeito dessa legislação iria rapidamente refletir no peso relativo do rendimento salarial no rendimento nacional: enquanto em 1973 os salários e os vencimentos representavam 43,7% do PNB, em 1974 passaram a representar 48,9% e, em 1975, 57,6%.

A radicalização do movimento sindical remeteu para a defensiva o capital no sentido mais amplo, não apenas em seus setores mais antiquados. O principal objetivo da luta política era o controle do Estado, e as forças sociais e políticas interessadas no relançamento do capital tentaram várias vezes obter esse controle para, assim, suster a radicalização crescente do movimento popular. Essas tentativas, consecutivamente sem sucesso, geraram novas ofensivas populares que, por sua vez, alimentaram os setores mais radicais do MFA. A fase mais espetacular desse processo foi a nacionalização do capital monopolista (indústria, banca e seguros) e a ocupação dos grandes latifúndios pelos trabalhadores agrícolas e os rendeiros. Houve nesse momento uma transformação qualitativa da crise. Em termos de regulação social, passou-se de mera crise do modo de regulação para uma crise do regime de acumulação.

As nacionalizações ressaltaram o fato de que as leis e as instituições criadas durante a crise revolucionária, embora em termos formais fossem muito semelhantes às do modo de regulação fordista dos países centrais, tinham uma base material muito diferente e até contraditória com a destas últimas. Em vez de garantir e estabilizar uma acumulação intensiva do capital monopolista, essas leis e essas instituições eram parte integrante de um movimento social e político que desmantelara o capital monopolista, provocara fugas maciças de capitais para o Brasil, a África do Sul ou outros locais e desorganizara a produção, quer nas indústrias nacionalizadas, quer nas que tinham se convertido em cooperativas ou em empresas em autogestão depois de abandonadas pelos antigos proprietários. O capital privado que se manteve a produzir viu seus lucros diminuírem drasticamente em consequência do aumento dos salários. De modo geral pouco propenso a investir na inovação tecnológica e assustado com a instabilidade social generalizada, esse setor do capital não conseguiu compensar a subida dos custos de mão de obra com aumentos de produtividade, e a taxa de produtividade diminuiu drasticamente durante a crise revolucionária. O desajustamento entre, por um lado, o enquadramento jurídico e institucional e, por outro, a prática social não podia ser mais flagrante, um desajustamento tão amplo e profundo que, embora em graus e formas diferentes, continua a ser ainda hoje, em meu entender, um fator estrutural do desenvolvimento social e político da sociedade portuguesa.

Com o fim da crise revolucionária, em 25 de novembro de 1975 – afastamento das facções de extrema esquerda do MFA, refreamento da vertigem insurrecional do PCP e crescente desmobilização popular –, tornou-se evidente que o objetivo político da construção de um Estado socialista fora substituído pelo da criação de um Estado democrático segundo o modelo europeu ocidental e, em última análise, pelo da restauração da ordem capitalista. Mas a solução da crise representou um compromisso complexo entre as diferentes facções militares e entre elas e os partidos políticos. A ambiguidade dessa solução política reproduziria, embora em outros moldes, a discrepância, iniciada durante a crise revolucionária, entre o enquadramento jurídico-institucional e a prática social.

Em abril de 1976, a Assembleia Constituinte aprovou a nova Constituição da República. Com um estilo muito programático, a Constituição, além de confirmar todos os direitos políticos, cívicos, sociais e culturais de qualquer democracia avançada, determinava que a forma política do Estado fosse uma democracia representativa, conjugada com algumas características de democracia direta ou participativa, sob a fiscalização constitucional do Conselho da Revolução. Prescrevia ainda a irreversibilidade das nacionalizações e da reforma agrária, além de estabelecer, como objetivo final do desenvolvimento político nacional, a construção do socialismo, entendido não numa versão moderada, social-democrática, mas antes numa versão maximalista: a construção de uma sociedade sem classes e sem exploração do homem pelo homem.

Com uma Constituição desse tipo, a distância entre o quadro institucional e as práticas sociais e políticas tinha de ser forçosamente enorme. De fato, à Constituição faltava o Estado que quisesse e pudesse cumprir seu programa. Tornou-se evidente, logo com o primeiro governo constitucional, que, em termos políticos concretos, o objetivo do Estado era restabelecer a acumulação de capital e construir uma social-democracia de tipo europeu. Nisso reside a primeira característica, de caráter constitucional, daquilo a que chamo "Estado paralelo": um Estado constitucional preocupado com a construção de uma democracia capitalista moderna quando sua Constituição previa uma sociedade socialista sem classes. Essa característica do Estado paralelo durou até 1989, altura em que a segunda revisão constitucional eliminou os últimos vestígios do programa socialista.

Mas as características mais importantes do Estado paralelo surgiram – e continuam a surgir, em outro plano, não constitucional. A restauração do regime de acumulação e sua consolidação num novo modo de regulação social não eram tarefas fáceis. O aumento espetacular dos rendimentos salariais teve um efeito fatal na balança comercial. O consumo de bens duráveis, sobretudo equipamento doméstico, pelas classes trabalhadoras – característica da relação salarial fordista nos países centrais do pós-guerra – só foi acessível à classe operária portuguesa com a revolução de 1974. Nos anos seguintes, o consumo de aparelhos de televisão e de máquinas de lavar roupa, em Portugal, apresentou a taxa de crescimento mais rápida de toda a Europa. As importações multiplicaram-se e, com elas, cresceu a dívida externa. Em 1978, assinou-se o primeiro programa de estabilização com o FMI, que impunha a habitual receita: restrições ao consumo interno e promoção das exportações.

Essa política acarretava a desvalorização da mão de obra portuguesa, já de si depauperada pela inflação e pela desvalorização do escudo, a degradação e a flexibilização da relação salarial. A legislação e as instituições laborais, produto do período entre 1974 e 1977, constituíam, porém, um forte obstáculo. Ao contrário de outras leis e instituições dessa altura, que, por sua natureza, relacionavam-se especificamente com o caráter de exceção das condições sociais da crise revolucionária (por exemplo, a lei da ocupação de casas desabitadas), a legislação e as instituições que regulavam a relação salarial eram semelhantes às dos países centrais da Europa ocidental que passaram a constituir o modelo a seguir e, por vezes, até mais avançadas. Rejeitar essas leis implicava desacreditar o discurso político dominante e o próprio Estado. Além disso, qualquer tentativa de rejeição teria de confrontar-se com a reação imediata dos sindicatos, para os quais essas leis e essas instituições representavam uma importante conquista de que dificilmente abririam mão. Embora na defensiva, o movimento sindical, sob a direção agressiva do PCP, tinha ainda muita força.

Apesar de as leis e as instituições fordistas se manterem em vigor, faltava-lhes a necessária base material econômica. Perante o fosso entre a regulação institucional e a acumulação, e na impossibilidade de alterar a lei, o Estado começou por adotar, informalmente, uma política de distanciamento em relação às próprias leis e instituições, não aplicando as leis ou fazendo isso apenas de modo extremamente seletivo, não punindo as violações da lei e chegando a fomentá-las, adiando a entrada em vigor de medidas já criadas por lei, cortando os orçamentos de instituições em funcionamento e permitindo que outras fossem cooptadas por grupos sociais cujas atividades deviam controlar etc. etc.

Certa discrepância entre a lei escrita e sua aplicação, entre a *law in books* e a *law in action*, é uma característica do Estado moderno, abundantemente demonstrada pela sociologia do direito. O que é específico do caso português é o alto grau, a natureza e a difusão dessa discrepância nos organismos do Estado, os quais passaram a atuar, a partir de então, autonomamente como micro-Estados dotados de uma concepção própria do grau de aplicação da lei recomendável em sua esfera de ação. Esse fenômeno é, precisamente, aquilo a que chamo "Estado paralelo": um Estado formal que existe paralelamente a um Estado informal; um Estado centralizado que endossa as atitudes contraditórias dos múltiplos micro--Estados existentes em seu seio; um Estado oficial maximalista que coexiste, lado a lado, com um Estado não oficial minimalista[20].

Em consequência do Estado paralelo, o capital privado, relativamente liberto da rígida regulação institucional da relação salarial, de maneira gradual restabeleceu as condições de acumulação. Se, em 1976, o rendimento salarial representava 56,6% do rendimento nacional, em 1978 essa porcentagem baixara para 44% e, em 1983, para 42,3%. O Estado paralelo tornou possíveis formas de exploração típicas da fase de acumulação primitiva, num país com leis e instituições fordistas. Em janeiro de 1986, cerca de 120 mil operários de 874 empresas e fábricas com

---

[20] Conferir Fernando Ruivo, "Estado e poder relacional: a intervenção informal dos governos locais em Portugal", e Rui Namorado, "As relações entre as cooperativas e o Estado em Portugal: do Estado paralelo ao Estado heterogéneo", ambos em Boaventura de Sousa Santos (org.), *Portugal*, cit.

salários em atraso – em alguns casos havia meses – continuavam a trabalhar com receio do desemprego. De acordo com os sindicatos, os patrões deviam aos trabalhadores mais de 2,5 milhões de contos. No norte do país, onde se concentrara a maior parte do setor de exportação, a utilização ilegal de mão de obra infantil e a contratação de mão de obra (sobretudo feminina) com salários abaixo do mínimo eram (e são ainda) práticas frequentes. Passou também a ser vulgar que os empresários, além de não pagar suas prestações à Segurança Social, retivessem os descontos feitos pelos trabalhadores[21].

O Estado paralelo é uma forma de Estado muito ambígua, pois um de seus modos de intervenção mais ativos é justamente o absentismo do Estado. Um dos entrevistados afirmou, por exemplo, que, se no norte do país os tribunais do trabalho tivessem funcionado eficazmente no fim dos anos 1970 e no princípio dos anos 1980, no sentido de repor a legalidade contra as violações das leis laborais, muitas das empresas que alimentaram o espetacular crescimento das exportações teriam falido, com consequências drásticas em termos de emprego e de balança comercial. O Estado paralelo é, portanto, a configuração política de uma disjunção ou de uma discrepância no modo de regulação social, nos termos da qual às leis e às instituições do modo de regulação fordista não corresponde, na prática, uma relação salarial fordista. É também uma forma política muito instável porque depende de circunstâncias que não podem reproduzir-se de maneira estável. Ela resulta de uma situação política em que, por um lado, o capital é demasiado fraco para impor a recusa de uma legislação fordista, mas forte o bastante para evitar que ela seja efetivamente posta em prática, e, por outro, os trabalhadores são suficientemente fortes para impedir a rejeição dessas leis, mas demasiado fracos para impor sua aplicação.

Além disso, há também razões de Estado, propriamente ditas, contra o Estado paralelo. Com um padrão de atuação semelhante ao de um Estado periférico, ou do Terceiro Mundo, o Estado paralelo viu aumentar os riscos de sua deslegitimação com a entrada de Portugal na UE. De fato, 1986 marca o início do declínio do Estado paralelo, um declínio que, embora lento, se acelerou nos últimos anos devido à estabilidade do governo, aos primeiros efeitos significativos da integração na UE, à segunda revisão constitucional em 1989 e, finalmente, ao tipo de relações de troca e de relações salariais que acabaram por se impor e que a seguir analisaremos.

---

[21] Mais inacreditável ainda foi o hábito então criado de não entregar aos sindicatos as cotas que os trabalhadores sindicalizados pagam por meio de desconto automático nos salários.

A DIFÍCIL TRANSIÇÃO PARA UM NOVO MODO DE REGULAÇÃO SOCIAL: O ESTADO HETEROGÊNEO

O declínio do Estado paralelo enquanto orientação estratégica de longo alcance proporcionou o aparecimento de outra orientação estratégica, a que chamarei "Estado heterogêneo". Essa estratégia inclui um conjunto de medidas tendentes a reduzir a distância e a discrepância entre o quadro institucional e as relações socioeconômicas, atuando a partir destas últimas, por meio de iniciativas do Estado que pressupõem uma participação ativa das organizações e das forças sociais. O objetivo é desenvolver certa conexão, uma regulação social estável, entre relações de produção e relações de troca extremamente heterogêneas e entre mercados de trabalho profundamente segmentados e descontínuos. A identificação do Estado heterogêneo exige uma análise mais atenta da estrutura social e dos atores sociais nos últimos vinte anos.

Como já afirmei, tanto o Estado Novo autoritário como a crise revolucionária de 1974-1975, embora por razões muito diferentes, caracterizaram-se pela hipertrofia da normalização do Estado em detrimento da normalização contratual. Enquanto no primeiro período foi o trabalho que não teve autonomia para se organizar e negociar, no segundo foi o capital. Pretendo agora mostrar que após a crise revolucionária ocorreu uma profunda evolução social e política tendente a criar, ou a incentivar, a criação de atores sociais capazes de aceitar e de reproduzir um modo de regulação social semiperiférico, em cujos termos a regulação institucional e a prática socioeconômica se conjuguem num plano mais realista, embora menos brilhante que o anunciado pela legislação fordista. Esse processo, que envolve as principais forças e os principais atores sociais, tem sido regulado pelo Estado, que nele tem alimentado sua centralidade ao longo de todo esse período.

O Estado heterogêneo e a construção dos atores sociais

A primeira estratégia do Estado heterogêneo diz respeito à normalização contratual. A normalização contratual pressupõe a existência de atores sociais organizados, dispostos a dialogar e a aceitar um pacto social. Acontece que a história portuguesa moderna, em termos quer de desenvolvimento político, quer de estrutura social, não tem estimulado o aparecimento de atores sociais com esse perfil. Nem o trabalho nem o capital têm uma tradição de organização autônoma e de negociação. Daí que o projeto de normalização contratual no período pós-revolucionário tenha começado quase a partir do zero.

No que diz respeito ao capital, a burguesia portuguesa sempre foi muito heterogênea. De um lado, um pequeno grupo de empresários modernos com uma estrutura de lucros baseada na inovação tecnológica, em ganhos de produtividade, salários elevados e ligações ao capital transnacional, um setor que foi dramaticamente afetado pelas nacionalizações de 1975. Do outro lado, uma miríade de pequenos empresários com uma estrutura de lucros assentada em salários baixos, investindo em setores tradicionais cada vez menos competitivos, dependentes do protecionismo do Estado, com uma mentalidade rentista e um comportamento típico de uma posição de classe contraditória entre a burguesia e a pequena burguesia. Devido a essa polarização e ainda à composição interna altamente diversificada desses dois setores, a conjugação de interesses teria de ser sobremaneira difícil, e a realização de acordos centralizados entre o capital e o trabalho, muitíssimo improvável. Depois da crise revolucionária, as novas organizações do capital – com escasso número de associados e dominadas por setores habituados ao protecionismo do Estado e à repressão autoritária dos interesses dos trabalhadores – adotaram uma atitude de revanchismo contra a revolução, contra o "caos" que ela criara e contra a nova legislação laboral e social, exigindo o pagamento de indenizações aos antigos proprietários das indústrias nacionalizadas.

No que diz respeito aos trabalhadores, a estrutura social portuguesa é ainda mais heterogênea. De um lado, um setor de proletariado urbano, com certo grau de sindicalização e universos culturais proletários, a trabalhar nos serviços e nas indústrias nacionalizadas ou de capital estrangeiro. Do outro lado, a grande maioria da classe operária, a trabalhar em pequenas empresas privadas fora dos grandes centros urbanos ou em zonas rurais, pluriativa, detentora de pequenas explorações agrícolas, com universos culturais pequeno-burgueses ou camponeses e com um rendimento familiar proveniente de várias fontes. Nas zonas de crescimento industrial mais rápido, quase 40% dos operários vivem em famílias que têm uma atividade agrícola, sendo, por isso, semiproletários ou agricultores em tempo parcial. Logo depois da revolução, as organizações sindicais herdaram a adesão maciça da época da revolução, mas, na prática, continuaram a ser dominadas pelo setor urbano e controladas pelo PCP. A Confederação Geral dos Trabalhadores (CGTP), embora já na defensiva, continuou a manter um discurso muito agressivo dominado pelo ressentimento nascido do fracasso da revolução e da "traição" do PS. Com esse estado de espírito, a inclinação para negociar com o capital era quase nula.

Nessas circunstâncias, os obstáculos à normalização contratual eram enormes. O déficit social não era apenas de associações de classe, mas sobretudo de práticas de contratualização. Minha hipótese de trabalho é que o Estado desempenhou um papel fundamental na redução desse déficit, um papel tão fundamental que, paradoxalmente, um dos principais aspectos da normalização estatal foi, de fato, o desenvolvimento da normalização contratual. O intuito foi promover o aparecimento de novos parceiros sociais (mesmo que por meio da reconversão dos antigos) interessados no diálogo e na concertação social, cuja representatividade e a legitimidade fossem produto do êxito obtido no diálogo e na concertação. Esse diálogo e essa concertação deviam processar-se nos termos estabelecidos pelo Estado e sob sua supervisão, uma condição que os parceiros sociais tinham também de aceitar.

Em relação às organizações do capital, o Estado foi fundamental na regulação social de suas exigências. Por um lado, legitimou e até subscreveu e amplificou as que tinham viabilidade política, estavam viradas para o futuro e se baseavam em imperativos econômicos e tecnológicos simultaneamente aceitos pelos empresários e pela burocracia do Estado. Por outro lado, contornou, banalizou ou neutralizou as reivindicações politicamente inviáveis e retrógradas, ditadas pelo despeito e pelo revanchismo contra a revolução ou que pretendiam ignorar que ela tivesse existido (por exemplo, as reivindicações relacionadas às indenizações pelas nacionalizações). A intervenção estatal nesse domínio consistiu, por exemplo, em incentivar a criação de organizações ou desenvolver as já existentes, conceder auxílio financeiro e institucional às suas iniciativas, utilizar os meios de comunicação social para difundir mensagens do capital, criar organismos oficiais com forte peso das organizações do capital, recrutar membros do governo na classe empresarial e seus representantes.

No que diz respeito ao trabalho, a estratégia foi sobretudo a de tentar isolar a confederação sindical comunista, a CGTP, recusando dialogar com ela, utilizando continuamente um discurso hostil contra o discurso e a prática da confederação, minimizando suas vitórias e empolando suas derrotas, incentivando os sindicatos a abandonar a confederação e, sobretudo, encorajando a criação de outra confederação, com um novo estilo e uma nova prática sindical democrática com base no diálogo, na negociação e na concertação. Nesse aspecto, o PS, que esteve no governo logo no período pós-revolucionário, teve um papel fundamental. Considerando-se um partido da classe operária e tendo liderado, durante a revolução, a luta contra a posição defendida pelos comunistas sobre a unicidade sindical (ilegalidade da existência de mais do que uma central sindical), o PS decidiu que outra confederação controlada por ele, ou pelo menos sintonizada com seu programa político, era uma exigência da reconstrução democrática da economia e da sociedade, tal como, de resto, acontecera em outros países europeus (França, Itália e Espanha). Em 1978, foi criada a União Geral dos Trabalhadores (UGT). Constituída, na maioria, por sindicatos do setor de serviços, tinha uma liderança muito decidida, com um agressivo discurso anticomunista, que prometia um novo ativismo sindical autônomo e democrático. Desde sua criação, o governo não escondeu a preferência em negociar com a UGT, tentando sempre, a propósito ou não, contrastar a ideologia e a prática das duas centrais sindicais.

Não bastava, porém, criar atores sociais interessados no diálogo social; era ainda necessário criar as instituições em que esse diálogo pudesse ser levado a cabo de modo recorrente e com visibilidade política. Seguindo o exemplo europeu, criou-se, em 1984, o Conselho Permanente da Concertação Social. Com amplas funções consultivas nos domínios econômico, financeiro e monetário, esse conselho era composto por seis representantes do governo, seis representantes dos sindicatos (três de cada confederação) e seis representantes do capital industrial, comercial e agrícola. No início, a CGTP recusou-se a integrá-lo e, só depois de 1987, aceitou fazer parte.

A criação social dos atores sociais e da normalização contratual foi um processo muito ambíguo. Ao mesmo tempo que eram reconhecidas como atores sociais nacionais, as organizações sindicais perderam força e influência na ação cotidiana de defesa dos interesses dos trabalhadores nos locais de trabalho. Formas várias de arrogância patronal, muitas vezes devedoras da cultura empresarial do pré-25 de abril, se insinuaram de novo, à medida que o Estado paralelo permitiu a precarização informal da relação salarial. Por exemplo, muitos empresários sentiram-se suficientemente fortes para proibir a entrada de delegados sindicais nas fábricas. E, apesar do aumento de produtividade, os salários reais diminuíam. Se tomarmos 1972 como base (100), em 1982 a produtividade média subira para 145,8, enquanto o custo dos salários reais caiu para 75,2. O alarmante decréscimo de sindicalizados, sobretudo a partir de meados da década de 1980, reflete, entre outras coisas, a fraca atuação dos sindicatos no período anterior.

Esse fenômeno exige uma análise mais profunda do processo de acumulação e das relações salariais e, por conseguinte, do papel do Estado na criação das condições estruturais da acumulação e no padrão de especialização produtiva.

O Estado heterogêneo e a emergência de um novo regime de acumulação

Um aspecto importante da intervenção do Estado nesse domínio foi a criação e a consolidação de um novo setor de capital monopolista destinado a substituir o setor monopolista destruído pela revolução. Convém aqui distinguir entre capital agrário, industrial e financeiro. A extinção da reforma agrária, que começara em 1977, foi concluída poucos anos depois, e a esmagadora maioria das terras foi devolvida aos proprietários anteriores ou a seus descendentes. A reconstituição da burguesia agrária foi muito mais simples, em termos sociais e políticos, do que a do capital monopolista industrial e financeiro. Entre muitas razões, destaco as seguintes. Em primeiro lugar, a reforma agrária ocupou uma relativa pequena percentagem (segundo alguns, 18%) da área de cultivo do país. Em segundo lugar, as cooperativas e as unidades coletivas de produção criadas no rescaldo da ocupação dos latifúndios foram, na grande maioria dos casos, dominadas pelo PCP e sofreram, por arrastamento, o isolamento social e político a que esse partido ficou progressivamente sujeito. Em terceiro lugar, o próprio PCP admitiu a certa altura – na prática política, não no discurso político – "deixar cair" a reforma agrária para consolidar posições no setor industrial, o que se compreende sociologicamente caso se tenha em mente que o proletariado rural sempre fora um reduzido setor da força de trabalho, muito pouco organizado e também muito pouco influente na CGTP, onde o operariado industrial sempre dominou.

Inversamente, a reconstituição do capital industrial e financeiro foi, de longe, um processo econômico e político muito mais complexo que a reconstituição do capital agrário. Entre muitas razões, destaco as seguintes: em primeiro lugar, ao contrário do que se passou com a reforma agrária, as indústrias, os bancos e as seguradoras passaram a constituir parte do chamado setor empresarial do Estado e, com isso, tornaram-se uma fonte de reprodução do próprio Estado, criando fundos e novas oportunidades para o exercício do clientelismo e do populismo do Estado. Em segundo lugar, as nacionalizações foram defendidas pelas duas centrais sindicais e, durante muito tempo, pelo próprio PS. Em terceiro lugar, perante as novas condições da economia-mundo e os novos moldes de acumulação capitalista internacional, o setor monopolista a reconstruir teria de integrar grupos com uma cultura empresarial voltada para o futuro, sem atitudes revanchistas e com ligações mais profundas com o capital transnacional. O setor empresarial do Estado, ao mesmo tempo que absorveu os quadros técnicos saídos das grandes empresas – ilibando-os de imediato do labéu do envolvimento com o grande capital do antigo regime –, funcionou como "centro de formação profissional" de novos quadros preparados para mais tarde servir indistintamente ao setor público ou ao setor privado e passar de um para o outro sem nenhum sobressalto funcional. Em quarto lugar, o setor empresarial do Estado incorporou alguns setores produtivos já desvalorizados internacionalmente ou prestes a entrar em crise com o então recente primeiro choque do petróleo (a construção naval) e tornou possível transferir para o Orçamento Geral do Estado as perdas de produtividade e de rentabilidade e os custos da reconversão. Finalmente, em quinto lugar, as privatizações teriam de ser planeadas e preparadas de modo a aliviar as finanças do Estado. A partir de 1986, altura em que o Partido Social-Democrata (PSD) formou governo, as privatizações passaram a ser um dos objetivos centrais do programa do governo. Depois de complexas negociações com o PS, em 1989 foram eliminados os obstáculos constitucionais às privatizações, estando estas ainda a decorrer.

A consolidação por parte do Estado português do novo setor monopolista industrial e financeiro, paralelo ao setor empresarial do Estado e com capacidade para mais tarde absorvê-lo, pode ser considerada, à primeira vista, uma estratégia típica de países centrais, ou seja, uma estratégia para promover um setor moderno de acumulação intensiva interessado em melhorar o padrão nacional de especialização produtiva e de integração internacional, um setor para o qual a relação salarial seja fator de realização do capital (consumo generalizado), não apenas de valorização do capital (custos de produção). Em suma, um setor que, no caso português, promova uma conjugação mais perfeita entre a relação salarial real e a regulação fordista formalmente em prática.

Na realidade, porém, durante os últimos quinze anos, o setor nacionalizado foi o único em que essa conjugação teve realização significativa, já que, por razões óbvias, o Estado-administração tendeu a negar ao Estado-empresa as facilidades ilegais que o Estado paralelo concedeu ao capital privado. Fora dele, o padrão de acumulação e regulação característico dos países centrais foi postergado em favor de padrões de acumulação e regulação característicos da periferia, novos ou já conhecidos. A coexistência de padrões contraditórios, apoiados em antigos e em novos fatores estruturais, tornou a estrutura econômica portuguesa muito heterogênea e descontínua em termos de lógica e de organizações de produção, em termos de relações salariais e mercados de trabalho e em termos de relações de troca. Essa talvez seja a característica fundamental da economia portuguesa, e a principal função do Estado tem sido a de disciplinar essas heterogeneidades e essas descontinuidades, promovendo a articulação entre elas e procurando que os conflitos delas resultantes se mantenham em níveis social e politicamente toleráveis e manejáveis.

Depois de 1978, ano do primeiro programa de estabilização imposto pelo FMI, a política econômica pôs de lado todos os objetivos estruturais e concentrou-se na conjuntura. A partir daí, as políticas nacionais preocuparam-se sobretudo com o controle da dívida externa e da dívida pública, com o controle da inflação e a promoção das exportações. Nessa época, a taxa média de crescimento das exportações foi superior à taxa de crescimento anual do PNB e muito superior à taxa média de crescimento das importações. Devido à importância que os baixos custos salariais representavam, o setor de exportação que mais se beneficiou com essas políticas foi o setor tradicional dos têxteis, confecções e calçados, um setor de trabalho-intensivo. Seu crescimento foi mais rápido do que o de qualquer outro, mas o baixo suporte tecnológico e sua desvalorização em termos de mercado internacional conduziram a uma degradação da posição do sistema produtivo nacional no contexto internacional. Entre 1973 e 1980, esse valor diminuiu 3,4%. Na Espanha, aumentou 2,3% e, como termo de comparação, na Coreia do Sul aumentou 10%[22].

Em termos de qualidade da relação salarial, esse setor, juntamente com o da construção civil, ocupa a base da pirâmide. Os dois constituem a maioria do emprego, e neles vigoram as piores relações salariais: salários baixos e sujeitos a ciclos de salários em atraso, elevadas taxas de contratos a prazo, trabalho clandestino, semiproletariado profundamente ligado à pequena agricultura e à vida rural, elevadas taxas de mão de obra infantil e mão de obra feminina geralmente com salários inferiores aos da masculina, baixa formação profissional e limitadas possibilidades de promoção.

Numa análise pormenorizada dos mercados de trabalho, Maria João Rodrigues identificou onze subsistemas de emprego e os classificou segundo a qualidade relativa da relação salarial[23]. No topo da lista está a produção de bens intermédios e de equipamento, que é dominada pelas empresas públicas (as que estão agora a ser privatizadas ou já foram), e na base está o já referido setor de bens de exportação e de bens de grande consumo. Em cada categoria há uma enorme diferenciação não só intersetorial, mas intrasetorial. Isso provoca, além de uma segmentação do mercado de trabalho, uma acentuada descontinuidade[24]. Essas descontinuidades reproduziram-se recentemente em várias formas e de diversas maneiras. Citarei apenas algumas que, aliás, também surgiram em outros países, sobretudo nos do sul da Europa.

Em primeiro lugar, o *trabalho clandestino*. Em nítido crescimento e assumindo diversas feições, umas mais manifestamente ilegais do que outras, seu papel na consolidação de um novo modo de regulação social é objeto de debate. Embora seja difícil avaliar seu peso no sistema de emprego, foi, contudo, possível calcular a porcentagem de trabalhadores não registados em diversos setores: 51% na construção civil, 20% na confecção e 59% na pesca.

Em segundo lugar, a *subcontratação*. Trata-se de um tipo de relações entre empresas também muito generalizado e em crescimento, cujos diferentes aspectos

---

[22] José Reis, *Os espaços da indústria: a regulação económica e o desenvolvimento local numa sociedade semiperiférica* (Porto, Afrontamento, 1992), p. 155.

[23] Maria João Rodrigues, *O sistema de emprego em Portugal: crise e mutações* (Lisboa, Dom Quixote, 1988), p. 248.

[24] Ibidem, p. 259.

devem-se distinguir, a bem de uma correta análise comparativa. Maria Manuel Leitão Marques estudou em grande pormenor os padrões da subcontratação nacional e internacional, comparando-os depois com os de outros países europeus. Concluiu que os padrões portugueses têm um caráter híbrido, com nítida predominância de traços periféricos[25].

Em terceiro lugar, a crescente *feminização da mão de obra*. Nesse aspecto, as transformações das duas últimas décadas foram enormes. Em 1960, os homens representavam 81% da força de trabalho; em 1981, 65%; e, em 1991, 56%. Entre 1970 e 1981, a categoria estatística de doméstica diminuiu de 74,4% para 41,3%. Essa transformação foi concomitante com outras igualmente espetaculares: a súbita queda da taxa de fecundidade – uma das transições demográficas mais rápidas de todos os tempos na Europa – e uma acelerada taxa de crescimento de equipamento doméstico. Contudo, as mulheres são as maiores vítimas da heterogeneização dos mercados de trabalho, visto que geralmente estão empregadas nos setores em que as relações salariais são mais degradadas.

Em quarto lugar, o crescente número de *empresas de recursos humanos*, ou seja, de agências que fornecem trabalhadores com as características pretendidas pelos clientes para desempenhar temporariamente determinadas tarefas. Os contratos de trabalho a que dão azo são, muitas vezes, uma nova forma de escapar à rigidez das leis e das instituições fordistas.

Finalmente, o aumento do *trabalho por conta própria*. Em 1984, essa taxa de proletarização atingia 82% na UE e 67% em Portugal. Dois fenômenos convergentes explicam esse fato: um é a forte presença da pequena agricultura, a que adiante me referirei, e o outro é o aumento do trabalho por conta própria. Este, no período entre 1974 e 1981, aumentou 36%, enquanto o trabalho assalariado aumentou apenas 12%. Na grande maioria dos casos, o trabalho por conta própria é falsamente independente, sendo apenas legalmente definido como tal para escapar à legislação laboral e, sobretudo, aos pagamentos à segurança social.

Todas essas características levam a concluir que o regime de acumulação que se impôs nos últimos vinte anos privilegia a quantidade de trabalho (relativamente baixa taxa de desemprego) em detrimento da qualidade (persistentemente muito distante da média europeia). Em consequência disso, as leis e as instituições fordistas apenas de forma muito seletiva vigoram e coexistem com a regulação neoliberal da relação salarial, predominantemente competitiva. Aos progressos espetaculares que

---

[25] Maria Manuel L. Marques, *Subcontratação e autonomia empresarial: um estudo sobre o caso português* (Porto, Afrontamento, 1992), p. 175 e seg.

a relação salarial logrou no período revolucionário e nos dois anos subsequentes, seguiram-se recuos igualmente espetaculares do valor social real do trabalho.

De acordo com a teoria da regulação, as transformações do modo de regulação podem começar por qualquer de seus elementos constitutivos. Admite-se ainda que a regulação da relação salarial seja relativamente independente das transformações do regime de acumulação. O caso português demonstra que essa autonomia pode, por vezes, ser mesmo muito relativa. Perante o peso dos fatores políticos na configuração da relação salarial, as condições gerais de sua autonomia em certo momento podem muito bem transformar-se, no momento seguinte, em condições gerais de sua dependência. De fato, em Portugal, o Estado criou em determinado momento a autonomia da relação salarial e, no momento seguinte, sua dependência. Fê-lo por meio do Estado paralelo e do Estado heterogêneo. O Estado heterogêneo, ao contrário do Estado paralelo, não se baseia nem no direito, nem na violação do direito e é mais positivo do que negativo – atua por meio de decisões administrativas, objetivos econômicos, mecanismos monetários e financeiros, incentivos fiscais, taxas de câmbio, subsídios, formação profissional, ameaças públicas contra os atores sociais mais agressivos, controle das greves do setor público, criação de mitos de desenvolvimento por intermédio dos meios de comunicação social etc. etc. Utilizando todos esses instrumentos, o Estado assumiu um papel primordial na regulação social, mesmo que aparentemente não tivesse uma política econômica ou, tendo, fosse incapaz de aplicá-la. Em minha opinião, a fragmentação e a aparente incongruência das medidas econômicas foram fundamentais para regular a heterogeneidade e as descontinuidades das relações salariais e do próprio processo de acumulação. Embora, em teoria, os períodos de transição exijam que as políticas estruturais se sobreponham às políticas conjunturais, não é menos verdade que, em certas circunstâncias, uma intervenção estrutural do Estado pode ser feita por meio de uma intervenção conjuntural. A conjugação de intervenções conjunturais aparentemente contraditórias, muito fragmentadas e descontínuas, acaba por criar uma estrutura nova. O centralismo da regulação social pode, assim, conjugar-se com incapacidade, que, por sua vez, pode ser uma pura e simples incapacidade real ou uma incapacidade intencionalmente criada. Uma das características mais flagrantes do discurso oficial do Estado português é ser antiestatal. Durante todo o período, o Estado tem sido considerado pelos próprios agentes um mau gestor e um produtor ainda pior, residindo aí a principal razão para reforçar a sociedade civil e a privatização da economia. Esse discurso masoquista não é, porém, autoinculpador, porque o Estado concreto, que assim discorre, sabe distanciar-se do Estado abstrato, a verdadeira (portanto, irreal) *bête noire*. Dado que o Estado se vê também obrigado a intervir para não ter de intervir (por exemplo, a desregulamentação é sempre, em si mesma, uma forma de regulamentação), o discurso anti-Estado acaba por ter o efeito contrário e, assim, a centralidade do Estado reproduz-se pelo discurso da marginalidade do Estado[26].

A regulação social da heterogeneidade e da descontinuidade não determina por si só um Estado heterogêneo. O caráter heterogêneo do Estado português reside no fato de a heterogeneidade e a descontinuidade da estrutura social terem se reproduzido na matriz política e administrativa do Estado por meio dos diferentes modos de regulação social que foram ensaiados e da rapidez com que se sucederam uns aos outros nos últimos quinze anos. Durante esse curto período, o Estado português corporativo passou por uma transição para o socialismo, uma regulação fordista, um Estado-Providência e, ainda, por uma regulação neoliberal. Visto que as diferentes tentativas de regulação se traduziram em leis, instituições, serviços administrativos e ideologias (ainda que umas mais do que outras) e porque estes criam a própria fricção e têm a própria inércia, a estrutura do Estado apresenta, em determinado momento, uma composição geológica com diversas camadas, diferentemente sedimentadas, umas antigas, outras recentes, cada qual com sua lógica própria e a respectiva orientação estratégica. É nisso que consiste o Estado heterogêneo.

A DEFASAGEM ENTRE A PRODUÇÃO CAPITALISTA E A REPRODUÇÃO SOCIAL: O PAPEL DA PEQUENA AGRICULTURA

O quadro da sociedade portuguesa até aqui apresentado contempla principalmente as relações salariais e as relações de troca e a regulação de umas e outras protagonizadas pelo Estado. Como quadro parcial que é, não capta outros aspectos igualmente relevantes para a compreensão da sociedade. Apesar de heterogênea em termos de acumulação e de relações salariais, a sociedade portuguesa apresenta traços que apontam para uma significativa coesão social quando avaliada, por exemplo, à luz da taxa de criminalidade ou da taxa de conflitualidade social. Embora periférica, se considerarmos os principais índices do recente desenvolvimento econômico, a sociedade portuguesa apresenta outras características em que predomina o

---

[26] Esse fenômeno não é, obviamente, específico do Estado português. Um pouco por toda a parte, o discurso estatal antiestatal e antirregulamentador coexiste com o aumento constante do número de páginas dos diários oficiais. Conferir, por último, Marc Galanter, "Direito em abundância: a actividade legislativa no Atlântico Norte", *Revista Crítica de Ciências Sociais*, n. 36, 1993.

modelo dos países centrais, por exemplo, nas práticas familiares e nos padrões de consumo. Ainda distante dos níveis europeus em termos quantitativos, o consumo em Portugal está cada vez mais próximo deles em termos qualitativos. Os dois bens estruturantes e de grande consumo da classe operária no modo de regulação fordista, a casa e o automóvel, têm constituído, cada vez mais, as prioridades dos projetos e planos de despesas das famílias dos trabalhadores. O consumo de equipamento doméstico, como já afirmei, aumentou também espetacularmente nos vinte anos posteriores à Revolução.

Essas características ilustram o fato intrigante de, em Portugal, a crise social ter sido sempre menos grave do que a econômica. Passarei a analisar a questão do consumo. Uma das características centrais da sociedade portuguesa é a discrepância, ou a descoincidência, entre a produção capitalista e a reprodução social ou entre o padrão dominante de produção e o padrão dominante de consumo: o padrão de produção capitalista encontra-se menos desenvolvido do que o padrão de consumo, estando, por isso, este último mais próximo dos padrões dos países centrais do que o primeiro. Isso resulta de uma relação salário/rendimento muito particular, na qual os rendimentos não salariais desempenham um importante papel na composição do rendimento do agregado familiar dos trabalhadores, um fenômeno que direta ou indiretamente se relaciona com a presença da pequena agricultura. Essa característica parece ser comum aos países semiperiféricos da região europeia, mas em Portugal assume um aspecto muito especial[27].

Se compararmos Portugal e a então República Federal Alemã em termos de produto e de consumo, em paridades de poder de compra, os números são elucidativos: em relação ao produto, 2.480 (Portugal) e 13.240 (RFA); para o consumo privado, 2.846 (Portugal) e 6.175 (RFA). Em outras palavras, o PNB *per capita* subestima em 2,4 vezes o nível de vida médio[28]. Para explicar essa distorção, é necessário analisar o rendimento do agregado familiar e sua composição. Entre 1973 e 1983, o montante global dos rendimentos salariais, dos rendimentos das empresas – ou seja, as principais fontes de rendimento numa sociedade capitalista –, teve um decréscimo de 20,1% (de 85,1% para 65%). Por outro lado, o peso dos juros de depósitos a prazo aumentou de 3,1% para 19,4%, o que demonstra que o rentismo é uma dimensão importante da reprodução das famílias portuguesas. Os pagamentos da segurança social e as transferências correntes aumentaram de

---

[27] José Reis, *Os espaços da indústria*, cit.; Pedro Hespanha, *Com os pés na terra: práticas fundiárias da população rural portuguesa* (Porto, Afrontamento, 1994).

[28] Augusto Mateus, "Economias semiperiféricas e desenvolvimento desigual na Europa (reflexões a partir do caso português)", cit., p. 57.

4,1% para 12,1%. As transferências particulares do estrangeiro, essencialmente constituídas por remessas de emigrantes, mantiveram, com leves oscilações, a taxa de 11%. Se não incluirmos os lucros das empresas na composição do rendimento autônomo (propriedade e atividade empresarial), este passa a ser constituído sobretudo por rendimentos provenientes da pequena agricultura: durante todo o período em análise, a média nacional rondou os 25% do rendimento do agregado familiar. Nesse aspecto, as diferenças regionais são impressionantes, mas mais impressionante ainda é o fato de a região que na última década apresentou o crescimento industrial mais elevado se aproximar da média nacional. Isso demonstra o peso dos rendimentos não capitalistas na reprodução social dos trabalhadores portugueses e a complementaridade específica entre agricultura e indústria. Mais de um terço das famílias portuguesas têm ligação econômica com a agricultura, o que demonstra a incidência de situações de dupla pertença de classe e de situações contraditórias de classe. É curioso notar que, nas regiões com crescimento industrial muito dinâmico, essa ligação com a agricultura atinge valores entre 18% e 69%[29].

A pequena agricultura, sem dúvida componente estruturante do processo de industrialização, é, porém, bastante ambígua em termos sociais. Por um lado, tem funcionado como um importante mecanismo de compensação em períodos de crise; por outro, tem aliviado a pressão sobre os salários, contribuindo, assim, para a degradação da especialização industrial. Mas a força da pequena agricultura estende-se muito além das atividades produtivas e influencia, por exemplo, os universos simbólicos, os padrões de voto, a atividade sindical, as formas de sociabilidade. Este último aspecto será analisado resumidamente a seguir, na seção sobre o bem-estar social.

---

[29] É, assim, evidente que o modelo português de agricultura difere muito do da Europa do pós-guerra. Como observou José Reis, este se caracterizou por um súbito e constante êxodo dos campos para os diferentes ramos da indústria que ofereciam salários elevados, processo que teve como consequências a diminuição da população rural ativa e do número de explorações agrícolas, um aumento da dimensão média das explorações agrícolas, a mecanização da agricultura familiar por meio de crédito e a intensificação da produção e do comércio. O modelo português, pelo contrário, caracterizou-se por um menor abandono da agricultura e, em todo o caso, sem êxodo rural, migrações pendulares, semiproletarização, ruralização da indústria, persistência do autoconsumo ou da produção mercantil simples, um constante número elevado de explorações agrícolas de pequena dimensão ao longo dos últimos trinta anos e baixos salários industriais (José Reis, "Modos de industrialização, força de trabalho e pequena agricultura: para uma análise da articulação entre a acumulação e a reprodução", *Revista Crítica de Ciências Sociais*, n. 15-17, 1985). Ver também Pedro Hespanha, *Com os pés na terra*, cit.

A descoincidência entre o padrão de produção e o padrão de consumo significa, portanto, que a heterogeneidade da sociedade portuguesa não se limita às descontinuidades do mercado de trabalho. Decorre também da coexistência e da articulação de diferentes modos de produção: produção capitalista privada, produção empresarial do Estado, produção cooperativa, produção para autoconsumo e produção mercantil simples. A heterogeneidade do Estado é o modo estatal de gerir essas formas de heterogeneidade.

Um Estado-Providência fraco numa sociedade-providência forte

Como já indiquei, a complexa combinação de heterogeneidade social e de coesão social da sociedade portuguesa é também muito importante para entender os padrões de bem-estar social.

Tenho defendido que o Estado português não é um Estado-Providência no sentido próprio do termo, embora em certos aspectos se aproxime dessa forma política, e que o déficit da atuação do Estado português enquanto Estado-Providência é parcialmente compensado pela atuação de uma sociedade suficientemente rica em relações de comunidade, interconhecimento e entreajuda, um fenômeno a que chamo "sociedade-providência".

O Estado-Providência é a forma política dominante nos países centrais na fase de "capitalismo organizado", constituindo, por isso, parte integrante do modo de regulação fordista. Baseia-se em quatro elementos estruturais: um pacto entre o capital e o trabalho sob a égide do Estado, com o objetivo fundamental de compatibilizar capitalismo e democracia; uma relação constante, mesmo que tensa, entre acumulação e legitimação; um elevado nível de despesas em investimentos e consumos sociais; e uma estrutura administrativa consciente de que os direitos sociais são direitos dos cidadãos, não produtos de benevolência estatal.

À luz desses atributos, o Estado português fica muito aquém de um Estado-Providência; é um *semi-Estado-Providência* e, em algumas das dimensões mais deficientes ou degradadas, pode mesmo considerar-se um *lumpen-Estado-Providência*. Pelos motivos que já apontei, não chegou a estabelecer-se nenhum pacto social, e a hipertrofia da normalização estatal em detrimento da normalização contratual e cultural é tão evidente nas políticas sociais como nas relações salariais. Durante a crise revolucionária e nos dois anos subsequentes, houve uma tentativa de criação de um Estado-Providência avançado, não só em termos da extensão da cobertura de riscos e da qualidade dos serviços, mas também em termos de participação democrática de grupos de cidadãos na organização desses serviços. Nesse período, as despesas sociais tiveram um aumento espetacular. Por exemplo, no domínio da saúde, passaram de 1,9% do PNB em 1971-1973 para 2,9% em 1973-1976. Como é sabido, esse período, que se caracterizou por um excesso de tarefas de legitimação relativamente às de acumulação, foi seguido por outro, em que essas prioridades se inverteram. Como consequência, nos anos seguintes, as despesas sociais cresceram a uma taxa muito mais lenta, tendo até estagnado em alguns casos. Atualmente, encontram-se muito aquém dos valores médios europeus.

Como seria de esperar de uma sociedade intermédia, o Estado português aproxima-se do Estado-Providência dos países europeus mais em uns aspectos do que em outros. Os Estados-Providência europeus são muito diferentes entre si, sendo habitual distinguir o modelo continental e o modelo escandinavo e anglo-saxônico[30]. O Estado português parece assemelhar-se mais ao segundo. Em termos gerais, está formalmente mais próximo dele relativamente à variedade de serviços, às formas de fornecê-los e aos mecanismos que os financiam, mas substantivamente muito distante, quer quanto à extensão, quer quanto à qualidade dos serviços, ou seja, em relação aos dois aspetos que, com a variedade, determinam diretamente a qualidade do consumo de bem-estar.

Contudo, talvez o que mais inequivocamente distinga o Estado português de um Estado-Providência seja o fato de a administração pública ainda não ter interiorizado inteiramente a segurança social como um direito, continuando em alguns aspetos a considerar que se trata de um favor concedido pelo Estado, tal e qual se pensava durante o regime autoritário do Estado Novo. É que a revolução de 25 de abril, apesar de ter inflacionado a administração pública, em termos de pessoal, em mais de 100%, deixou intacta a lógica administrativa, pelo que a ideologia autoritária da administração do Estado Novo se pôde reproduzir como peixe na água na nova administração do Estado democrático. No campo dos serviços sociais, esse autoritarismo traduz-se num comportamento discricionário e clientelista. Os cidadãos são atendidos conforme conseguem ou não mover em seu proveito influências, conhecimentos e favores recíprocos. De certo modo, são duplamente clientes do Estado: do Estado que fornece os serviços e dos funcionários do Estado que os prestam.

A degradação da providência estatal é paralela à degradação da relação salarial já analisada. No campo do bem-estar social, as medidas adotadas para diminuir o conteúdo do papel social do Estado foram muito semelhantes às adotadas nos países

---

[30] Jens Alber, "Continuities and Changes in the Idea of the Welfare State", *Politics and Society*, n. 16, v. 4, 1988, p. 452.

Revolução e transformação do Estado

centrais a seguir à crise do Estado-Providência. Foi como se Portugal estivesse a passar por uma crise do Estado-Providência, mesmo sem nunca o ter tido. O trabalho de investigação que realizei com a colaboração de Pedro Hespanha sobre os serviços de saúde permite-nos observar o verdadeiro alcance dessas medidas, aliás também adotadas em outros domínios sociais[31]. O Serviço Nacional de Saúde (SNS), criado no final dos anos 1970, assentava-se num conceito de saúde avançado – saúde enquanto saúde da comunidade – e seguia de perto o modelo inglês. Como serviço praticamente universal que pretendia ser, dava total prioridade à medicina pública e aos serviços de saúde públicos, sendo por isso violentamente atacado pela Ordem dos Médicos. Em parte devido a essa oposição, e também em parte devido às mudanças de governo no início dos anos 1980, o SNS nunca foi totalmente posto em prática, e o que dele chegou a funcionar não tardou a ser alvo de severas críticas.

Essas medidas, além dos cortes orçamentais que levaram à degradação dos serviços – a qual, por sua vez, levou as famílias com mais rendimentos a recorrer ao setor privado e a absorver os custos de saúde no orçamento familiar –, incluíram outras medidas, como novas orientações administrativas que limitaram o acesso, aumentando, assim, a seletividade de um serviço outrora universal, e várias formas de coparticipação nas despesas (taxas moderadoras), transferindo, desse modo, para as famílias parte dos custos. Além de tudo isso, sobressaiu-se uma estratégia de privatização gradual do SNS em que o Estado passou a ser menos um produtor de bem-estar e de proteção social para se transformar numa entidade financiadora do bem-estar produzido pela iniciativa privada, quer no âmbito do mercado, quer no âmbito da solidariedade social[32]. Em 1975, o setor privado representava apenas 2,8% do total do investimento na saúde, mas, em 1980, representava já 17,2%, porcentagem que continuou a aumentar nos anos seguintes. A produção dos cuidados de saúde foi parcialmente transferida do Estado para o setor privado. Em 1990, mais de 30% das despesas de saúde eram pagamentos ao setor privado. Essa transferência segue um padrão característico: transferem-se para o setor privado os serviços lucrativos, os de grande intensidade de capital com elevado conteúdo tecnológico e curto tempo de hospitalização – por exemplo,

---

[31] Boaventura de Sousa Santos, *O Estado e a sociedade em Portugal (1974-1988)* (Porto, Afrontamento, 1990), p. 193.

[32] António Correia Campos, Luciano Patrão e Rogério de Carvalho, "A privatização de um sistema público: o caso das tecnologias de diagnóstico e terapêutica em Portugal", *VI Jornadas de Economia de la Salud*, Valência, 1986; Graça Carapinheiro e Margarida Pinto, "Políticas de saúde num país em mudança: Portugal nos anos 70 e 80", *Sociologia, Problemas e Práticas*, 1987.

meios de diagnóstico de alta tecnologia, diálise e cirurgia facultativa –, enquanto o Estado reserva para si os serviços menos produtivos, com grande intensidade de mão de obra e com longo tempo de hospitalização. Esse modelo levou àquilo a que chamarei, parafraseando O'Connor[33], o "complexo socioindustrial".

A transferência de serviços públicos para o setor privado assumiu ainda outra forma. Ao longo da década de 1980, o Estado apoiou, financiou, promoveu e até criou instituições sem fins lucrativos que, por meio de contratos com o Estado, forneciam serviços sociais anteriormente a cargo deste, sobretudo no campo de assistência a pessoas com deficiência e à terceira idade. Essas instituições filantrópicas, com grandes tradições em Portugal, que fornecem serviços sob a supervisão do Estado, funcionam praticamente como instituições semipúblicas. Apesar de serem instituições privadas, a presença do Estado, quer na regulação, quer no financiamento, é tão forte que lhes tenho chamado de "sociedade civil secundária" para frisar que por meio delas o Estado reproduz a si próprio em instituições não estatais. Esse processo tem, de certo modo, semelhanças com o papel desempenhado pelo Estado na promoção de atores sociais no domínio das relações salariais, embora no caso da sociedade civil secundária as instituições dependam muito mais do Estado e devam funcionar como instituições semipúblicas.

Ao diminuir a qualidade e aumentar a seletividade, o Estado limitou o alcance da providência estatal. Por meio do sistema de comparticipações, os serviços prestados foram remercadorizados. Por meio da privatização, o Estado criou novas áreas de acumulação de capital, mercados cativos ou protegidos, dos quais ele é, às vezes, o único consumidor. À semelhança do que aconteceu com as nacionalizações, no domínio da acumulação, também a degradação do setor social do Estado tem sido campo de lutas sociais e políticas. Pelo fato de os beneficiários da providência estatal constituírem um vasto segmento da população socialmente identificável, é provável que os defensores do setor providencial do Estado tenham mais êxito político do que os defensores das nacionalizações.

A degradação da qualidade da providência estatal guarda algumas semelhanças com a que tem acontecido nos Estados-Providência europeus nos últimos dez anos. Mas sua importância social e política é, contudo, diferente, já que o limiar ou o ponto de partida do processo de degradação é mais baixo em Portugal do que na Europa desenvolvida. Contudo, em Portugal, o déficit da providência estatal não se manifesta em formas de ruptura social ou política tão graves quanto seria de esperar, levando em conta as proporções que atinge. Em minha opinião, isso se

---

[33] James O'Connor, *The Fiscal Crisis of the State* (Nova York, St. Martin's, 1973).

deve ao fato de esse déficit providencial do Estado ser compensado, pelo menos em parte, pela providência socialmente produzida. Em outras palavras, em Portugal, um Estado-Providência fraco coexiste com uma sociedade-providência forte.

Entendo por sociedade-providência as redes de relações de interconhecimento, de reconhecimento mútuo e de entreajuda baseadas em laços de parentesco e de vizinhança, por meio das quais pequenos grupos sociais trocam bens e serviços numa base não mercantil e com uma lógica de reciprocidade semelhante à da relação de dom estudada por Marcel Mauss[34]. Essas redes variam em formalismo, extensão, alcance, duração e estabilidade. Em Portugal, devido ao peso da pequena agricultura e ao fato de as famílias de trabalhadores residirem muitas vezes em meios rurais e em pequenos centros urbanos, as formas da sociedade-providência são dominadas por padrões de sociabilidade, hábitos de classe, mapas cognitivos e universos simbólicos que geralmente constituem atributos da vida rural. Contudo, ao contrário do que normalmente se supõe, essas redes não são exclusivas das zonas rurais, pois existem também nos meios urbanos. Aliás, envolvem muitas vezes laços complexos entre famílias e comunidades, por um lado, e famílias e comunidades urbanas, por outro.

A sociedade-providência é uma forma de capital social. Sua realização e sua valorização têm maior importância estratégica para grupos sociais e famílias cujos percursos de vida são mais diretamente afetados pela falta de providência do Estado. A título de exemplo, em 1981, 71% dos desempregados declararam que a família era sua principal fonte de rendimento e de subsistência, o que indiscutivelmente demonstra não só o déficit de providência estatal (baixos subsídios de desemprego), como também a importância da providência societal, no caso, de âmbito familiar.

A sociedade-providência engloba um vasto leque de atividades, nem sempre fáceis de identificar. Socorrendo-me da investigação sobre os serviços de saúde referidos, dou dois exemplos elucidativos.

Nos dois hospitais centrais de Lisboa, mais de 10 mil pessoas visitam amigos ou familiares aos fins de semana, e esses números não diminuem significativamente nos hospitais centrais de outras grandes cidades. Durante a semana, embora os valores sejam mais baixos, são mesmo assim elevados e inéditos em qualquer parte da Europa. O isolamento social dos doentes hospitalizados é um grave problema dos Estados-Providência e, na Europa, o papel do serviço social profissional nos hospitais é um assunto controverso. Em Portugal, a sociedade-providência proporciona aos hospitais um serviço social-voluntário informal e, acrescentaria eu, com uma qualidade muito superior.

---

[34] Marcel Mauss, *Essai sur le don* (Paris, PUF, 1950).

Outro exemplo é o da medicina popular ou tradicional praticada na sociedade-providência, que inclui um vasto conjunto de bens e serviços: autoterapia tradicional, troca gratuita de bens e serviços naturais e sobrenaturais, como assistência domiciliária aos doentes, fornecimento de ervas medicinais e preparação de chás, troca de produtos farmacêuticos, peregrinações a Fátima ou outros santuários em agradecimento por curas miraculosas, trocas monetárias como esmolas e ofertas votivas, preparação e comercialização de determinados bens e serviços, como ervas e unguentos, serviços pagos de parteiras, curandeiros, videntes e bruxas. Esses bens e esses serviços são fornecidos por especialistas, por exemplo, santos ou parteiras, ou pelos próprios vizinhos e parentes.

A medicina popular ou tradicional tem uma concepção da saúde do corpo e do espírito muito diversa da medicina alopática perfilha[35] e oferece seus produtos e seus serviços por meio de relações sociais também diferentes. Em suma, a medicina popular constitui um modo específico de produção de saúde. A meu ver, os serviços de saúde, em Portugal, resultam de uma combinação de três modos distintos de produção de serviços médicos e de saúde: medicina pública, medicina privada capitalista e medicina popular. As relações entre Estado-Providência e sociedade-providência articulam-se na dinâmica dessa conjugação. A heterogeneidade decorrente do funcionamento de um conjunto de lógicas de bem-estar diferentes, e às vezes contraditórias, é regulada pelo Estado, tanto por suas ações regulamentadoras como por suas omissões regulamentadoras. No domínio social, o Estado heterogêneo apresenta-se como um *semi*-Estado-Providência que conta com a sociedade-providência para compensar suas deficiências, reduzindo, assim, a crise de legitimação que estas poderiam desencadear. Alguns sociólogos dos países centrais da Comunidade Europeia têm proposto o conceito de sociedade-providência no âmbito da discussão sobre a crise do Estado-Providência e as possíveis soluções. É nesse sentido que Rosanvallon fala da necessidade de "uma forma mais descentralizada e mais diversificada de produção de bem-estar social que, em vários aspectos, se assemelhe à flexibilidade que caracterizava a família" e sugere a re-expansão da política social, baseada quer em "grupos incentivados pelos poderes públicos, mas de organização privada (como as instituições de beneficência), quer na própria família tradicional"[36]. Na mesma linha, Lipietz desenvolve a

---

[35] María José Ferros Hespanha, "O corpo, a doença e o médico. Representação e práticas sociais numa aldeia", *Revista Crítica de Ciências Sociais*, n. 23, 1987.

[36] Pierre Rosanvallon, "Beyond the Welfare State", *Politics and Society*, n. 16, v. 4, 1988, p. 539.

ideia de um terceiro setor, um setor de utilidade pública independente do Estado e do setor capitalista privado[37].

O debate sobre esse tema abre novas perspectivas e confere renovado interesse à investigação sobre a sociedade-providência portuguesa. Até aqui, a investigação realizada tinha-se inclinado para considerar a sociedade-providência um vestígio ou um resíduo pré-moderno. No entanto, à luz da discussão sobre novas combinações do Estado-Providência e da sociedade-providência, o que até agora podia ser considerado resíduo pré-moderno tem sido gradualmente recodificado como característica pós-moderna. A sociedade-providência portuguesa é provavelmente pré-pós-moderna. Há, evidentemente, diferenças entre a sociedade-providência portuguesa e a que agora é proposta nos países centrais, mas há também semelhanças flagrantes. O mais importante é que o caso português, como se de um laboratório social se tratasse, ilustra e, de certo modo, antecipa algumas das possibilidades e das deficiências, dos efeitos secundários ou dos efeitos perversos que podem resultar dessa nova tendência para a conjugação da sociedade-providência com o Estado-Providência. A propósito do Estado-Providência, tem-se afirmado que ele acentua demais a igualdade em detrimento da segurança, que desenvolve a cidadania, mas aumenta a burocracia, que transforma os cidadãos em clientes e reforça a dependência e o controle social e ainda que, se no setor do bem-estar eliminou o fetichismo da mercadoria, foi apenas para substituir pelo fetichismo do Estado.

A investigação sobre a sociedade-providência portuguesa permite tecer alguns comentários sobre essas questões. Em primeiro lugar, há que considerar que os serviços oferecidos pela sociedade-providência não são os mesmos que o Estado fornece. Isso é patente no trabalho social das visitas hospitalares ou na concepção do corpo e da saúde de acordo com a medicina popular. Em segundo lugar, a sociedade-providência é avessa à igualdade ou, pelo menos, não distingue tão bem quanto o Estado-Providência entre desigualdades legítimas e ilegítimas. Em terceiro lugar, a sociedade-providência é hostil à cidadania e aos direitos porque as relações sociais de bem-estar são concretas, multiformes e baseadas na reciprocidade complexa de sequências de atos unilaterais de boa vontade. Em quarto lugar, a sociedade-providência também cria dependências e formas de controle social que, podendo ser mais flexíveis e negociáveis, são, porém, mais flagrantes. Em quinto lugar, a sociedade-providência tem tendência a criar rigidez espacial. E, *last but not least*, os custos mais pesados do bem-estar social proporcionado pela sociedade-providência recaem, inevitavelmente, enquanto os hábitos familiares

---

[37] Alain Lipietz, *Choisir l'audace*, cit., p. 108.

dominantes não se alterarem, nas mulheres. Tendo em vista essas características, o âmbito da discussão sobre as possíveis combinações do Estado-Providência com a sociedade-providência deve ser substancialmente alargado. Em termos analíticos e políticos, é fundamental distinguir entre combinações regressivas e combinações progressivas. Entre combinações que captam a solidariedade para mercantilizá-la ou mesmo para maximizar seu potencial conservador paternalista e até autoritário e as combinações que expandem a solidariedade a comunidades mais vastas e democratizam seus pressupostos.

O ESTADO-COMO-IMAGINAÇÃO-DO-CENTRO E A INTEGRAÇÃO NA UE

A dialética da territorialização e da desterritorialização do sistema mundial está patente na análise da sociedade portuguesa enquanto sociedade-providência forte, coexistente e complementar a um Estado-Providência fraco, e nas perspectivas de análise agora abertas pelas novas alternativas de solução para a crise do Estado--Providência. Em outras palavras, o que está em causa são os desafios que as experiências nacionais, cada vez mais penetradas por experiências transnacionais, têm de enfrentar.

Tenho afirmado que a sociedade portuguesa é uma formação social muito complexa, com um padrão de coesão social e de desenvolvimento que pressupõe uma reprodução de equilíbrios instáveis entre processos sociais, econômicos, políticos e culturais altamente heterogêneos, muitos dos quais estão presentes em toda a história do país. Nessas circunstâncias, é lícito perguntar que efeitos a integração na UE irá provocar nesses equilíbrios, sem esquecer que, de acordo com os objetivos oficialmente proclamados, se trata de uma integração econômica, política e social.

Uma das características mais relevantes do processo de integração de Portugal na UE foi a prioridade inicial concedida aos aspectos políticos. Quando, no final da década de 1970, o PS adotou a frase "A Europa conosco", o objetivo era que a entrada na UE levasse Portugal a construir e consolidar uma sociedade democrática estável, uma sociedade como as da Europa ocidental. Os "excessos" da crise revolucionária estavam ainda vivos, e a posição leninista, ou até estalinista, do PCP era ainda tida como um potencial perigo. A integração na UE contribuiria decisivamente para eliminar esses elementos antidemocráticos e para consolidar a jovem democracia.

A prioridade do aspecto político, que, como frisei, foi uma constante geral desse período, juntamente com o déficit corporativo também já mencionado, reforçou a centralidade e a autonomia do Estado nas negociações para a integração de Portugal na UE. A negociação foi um processo complicado, e os efeitos sociais de muitas das medidas acordadas só agora se estão a fazer sentir. O Estado conduziu as conversações quase sem consultar as organizações dos diferentes grupos de interesses sociais. Várias sondagens – não só à generalidade da população, mas aos próprios empresários – revelaram um desconhecimento quase total das consequências econômicas, políticas e sociais da adesão à UE.

A autonomia do Estado tem uma dimensão política, uma dimensão econômica e uma dimensão simbólica. Em relação à dimensão política, essa autonomia foi justificada em nome do interesse nacional que compete ao Estado defender. Contraditoriamente, a autonomia do Estado na defesa dos interesses nacionais ocorre durante um processo que leva a uma considerável redução da capacidade de autonomia do Estado para controlar os mecanismos do desenvolvimento nacional. O aumento da autonomia interna do Estado corre, assim, paralelo à diminuição de sua autonomia externa. No plano institucional, a dimensão política da autonomia do Estado reside, em grande medida, na harmonização institucional e legislativa exigida pela integração. Nos últimos anos, a produção institucional e legislativa do Estado tem sido dominada pela preocupação da harmonização, um objetivo que também serviu para justificar a revogação de algumas inovações legislativas e institucionais do período de 1974 a 1977 ou para deslegitimar as reivindicações sociais e políticas alegadamente contrárias ao objetivo da harmonização. O reverso da autonomia política do Estado é o fosso criado entre os atores sociais nacionais e locais e os desafios da integração na UE.

A dimensão econômica da autonomia do Estado se baseia essencialmente na gestão dos avultados fundos estruturais que a UE injetou na economia portuguesa como parte do programa de transição para adaptações estruturais e para a harmonização. O Estado, que assumiu o controle total da atribuição desses fundos estruturais, tem tido uma atuação muito peculiar, completamente divorciada de qualquer estratégia de desenvolvimento econômico estrutural e à mercê de pressões de grupos de interesses e de clientelismos partidários. Isso tem dado origem a certo populismo de Estado, o qual não envolve o cidadão comum, mas antes empresas, grupos econômicos e autarquias que procuram uma ligação direta com a burocracia estatal em vez de recorrer à intermediação política institucionalizada.

Durante o período de transição, os benefícios decorrentes da integração têm sido mais visíveis do que os custos. Os fundos estruturais, quando a corrupção não impediu sua correta aplicação, contribuíram para melhorar as condições gerais de acumulação, por exemplo, por meio da construção de infraestruturas e da formação profissional, e criaram emprego. Até agora, portanto, o Estado pôde converter em

O ESTADO E A SOCIEDADE NA SEMIPERIFERIA DO SISTEMA MUNDIAL 65

legitimação política a autonomia de que desfrutou no processo de adesão. Tudo leva a crer que esse ciclo virtuoso não poderá reproduzir-se por muito mais tempo.

As dimensões política e econômica da autonomia do Estado no contexto da integração europeia alimentaram a dimensão simbólica dessa autonomia. É, porém, por essa dimensão muito complexa que o Estado regula, sobretudo com discursos e atos simbólicos, a dialética da distância e da proximidade, da diferença e da identidade, entre Portugal e a Europa. A regulação consiste em criar um universo imaginário onde Portugal se transforma num país europeu igual aos outros, sendo seu menor grau de desenvolvimento considerado simples característica transitória que cabe ao Estado gerir e atenuar gradual e irreversivelmente na qualidade de guardião dos interesses nacionais. Essa construção simbólica é um recurso estratégico na sequência plausível das outras dimensões da autonomia do Estado – tanto que, a meu ver, determina a forma política dominante do Estado no contexto da integração europeia, uma forma política a que chamarei "Estado--como-imaginação-do-centro".

O Estado-como-imaginação-do-centro é uma forma política com produtividade variada. Em primeiro lugar, produz sinais inteligíveis e credíveis de uma melhor vida futura, tornando transitórias e, consequentemente, suportáveis as dificuldades e as carências atuais. Em segundo lugar, permite que o Estado tire partido de todos os benefícios decorrentes da integração, relegando eventuais custos para um futuro indeterminado. Em terceiro lugar, deslegitima qualquer especificidade do desenvolvimento nacional que não se enquadre nos atuais objetivos do Estado (por exemplo, o setor empresarial do Estado ou a pequena agricultura familiar), alegando que contrariam os padrões de desenvolvimento europeu, não sendo, por isso, politicamente defensáveis. Em quarto lugar, despolitiza o processo político interno, invocando a inevitabilidade técnica de determinadas medidas em nome das exigências da integração europeia.

Apesar dessa produtividade variada, o Estado-como-imaginação-do-centro tem um suporte material bem específico, designadamente as relações políticas e econômicas que Portugal tem desenvolvido com as antigas colônias africanas. À luz dessas relações, Portugal surge como país central, membro da UE que, efetivamente, está em concorrência com outros Estados-membros, nomeadamente com a França, a Espanha e a Itália. No plano simbólico, essas relações "deslocam" Portugal para o centro e, a partir dele, organizam as trocas políticas e econômicas. Num plano mais profundo, é possível adivinhar aqui a reconstituição, em novos moldes, do papel colonial de intermediação ou de correia de transmissão: Portugal como mediador entre o centro e a periferia. Essa reconstituição, que liga o período colonial ao período pós-colonial, é, em minha opinião, um ingrediente importante da autonomia do Estado no contexto de integração na UE. Diria até que, para a autonomia do Estado – que durante o período do fascismo assentou-se, em boa medida, no império colonial e que agora se baseia na integração europeia –, as relações com a África lusófona podem vir a ser no futuro um elemento importante. Tal como as outras formas políticas do Estado português, o Estado-como-imaginação-do--centro é uma entidade transitória que, de acordo com o desenvolvimento futuro da Europa, deixará de ser "centro" ou deixará de ser "imaginação". É difícil prever o perfil desse desenvolvimento, pelo que me limitarei, a seguir, a citar alguns dados e certas tendências que me parecem particularmente sugestivos.

O futuro da UE, sobretudo no aspecto político-social, continua a ser uma incógnita. Desde 1985, assistiu-se a uma nítida e decisiva revitalização da Comunidade Europeia, subordinada ao princípio de um desenvolvimento harmônico da comunidade em todos os aspectos: econômico, político e social. Na prática, porém, as políticas e as medidas concretamente aplicadas revelam uma nítida prioridade da dimensão econômica: a realização do mercado único. Além disso, embora o discurso político acentue o empenho na coesão econômica e social e, por conseguinte, na crescente homogeneização do espaço europeu, as políticas econômicas praticadas têm um forte traço neoliberal e revelam-se pouco sensíveis, senão hostis, ao objetivo da coesão social e da homogeneização social.

A prová-lo estão as intermináveis discussões e os sucessivos impasses no domínio da política social europeia[38]. Para além da determinação legal de igualdade de oportunidades, pouco mais se fez. Os encontros de Val Duchesse sobre o diálogo social foram um fracasso. Nos termos do Ato Único, todas as questões relacionadas com o mercado interno podem ser decididas por maioria de votos, mas as que se relacionam com a política social exigem unanimidade, exceto no que diz respeito a normas de segurança e higiene no trabalho. As transformações decorrentes dos acordos de Maastricht (1991) não são ainda avaliáveis.

A comissão tem reclamado uma política social mais dirigista, mas sem êxito. Aliás, a história da UE leva-nos a ser pessimistas quanto à possibilidade de concretização desse objetivo. Se observarmos a evolução do rendimento real (PNB *per capita* em paridades de poder de compra), entre 1960 e 1987, nos doze países atualmente membros da UE, chegamos a três conclusões[39]. A primeira é que o grupo formado

---

[38] Wolfgang Streeck, "The Social Dimension of the European Economy", *Meeting of the Andrew Shonfield Association*, Florença, 1989; Paul Teague, "Constitution or Regime? The Social Dimension to the 1992 Project", *British Journal of Industrial Relations*, n. 27, 1989.

[39] Augusto Mateus, "Economias semiperiféricas e desenvolvimento desigual na Europa (reflexões

pela maioria dos países centrais apresenta um nível próximo da média comunitária, apenas com leves oscilações: um aumento no caso da Alemanha e um decréscimo no caso do Reino Unido e da Holanda. A segunda é que o grupo constituído por Portugal, Grécia, Espanha e Irlanda apresenta um nível de rendimento real cerca de 26% a 46% inferior ao da média comunitária. A terceira é que essas disparidades se atenuam no subperíodo de expansão econômica (1970-1975) para voltarem a acentuar-se no período de crise e de reestruturação econômica (1975-1987). Mais revelador, porém, é o fato de apenas se terem manifestado possibilidades de homogeneização social na fase inicial da comunidade, ou seja, no período de 1958 a 1973, quando a UE incluía apenas seis países. Os posteriores alargamentos não deixam transparecer nenhuma dinâmica de homogeneização. Analisando a evolução da dispersão entre os níveis máximo e mínimo do rendimento nacional entre 1960 e 1987, obtêm-se resultados elucidativos.

UE 1960-1987 – Dispersão entre os níveis máximo e mínimo do rendimento nacional por grupos de Estados-membros

Europa dos:	1960	1973	1981	1985	1987
6	1,32				1,15
9		1,89			1,84
10			1,97		2,15
12				2,21	2,15

Fonte: Augusto Mateus, "1992", cit.

Exceto quanto ao último valor, provavelmente devido às transferências de fundos estruturais, os últimos dez anos não evidenciam sinais de homogeneização. Seriam obtidos resultados idênticos se, em vez de países, comparássemos regiões.

Conclui-se, assim, que a homogeneização, mesmo parcial, é uma meta muito difícil de atingir. Só poderá alcançar-se com políticas estruturais ousadas, de âmbito comunitário e de âmbito nacional, que conciliem a criação do mercado interno com a efetivação da coesão social e a construção de um novo Estado europeu. Até agora, nada disso se vislumbra. Por um lado, o grau de discrepância entre as políticas estruturais nacionais e as políticas estruturais comunitárias manifesta--se por meio de uma regressão nacionalista (caso da Grã-Bretanha e, em certa

---

a partir do caso português)", cit., e "'1992': A realização do mercado interno e os desafios da construção de um espaço social europeu", *Pensamiento Iberoamericano*, n. 15, 1989.

medida, de Portugal, que, menos coerentemente, oscila entre o hipernacionalismo e o hipereuropeísmo). Por outro lado, os países menos desenvolvidos, aqueles que mais necessitam de profundas políticas estruturais, são os que no contexto europeu menor capacidade têm para desenvolvê-las e pô-las em prática. O perigo, neste aspecto, pode residir no fato de a Europa tentar ser competitiva, no plano internacional, à custa de sua periferia.

Como afirma Aglietta[40], a Europa é o berço da proteção social, uma experiência social notável de economia mista que combina sabiamente a intervenção do Estado com uma ampla concertação social. Embora os antecedentes sejam recomendáveis, é alarmante verificar que não é coincidência que o discurso de coesão social europeia coexiste com a falência do Estado-Providência e o avolumar das desigualdades sociais nos vários Estados-membros.

Conclusão

A integração na UE, gradualmente, se tornou o principal fator estruturante do período de transição que a sociedade portuguesa vive desde 1974 – ou, melhor, desde 1969. Trata-se de uma dupla transição que se processa em dois planos – o nacional e o europeu –, que, dia a dia, se interpenetram mais. A sociedade portuguesa é altamente heterogênea, não só em termos econômicos e sociais, mas também em termos políticos e culturais. O cruzamento e a neutralização recíproca dessas várias heterogeneidades permitiram, até agora, que Portugal – um dos mais antigos Estados-nação da Europa e indiscutivelmente aquele que há mais tempo mantém inalteradas suas fronteiras, além de ser também o de maior homogeneidade étnica – conjugasse essas grandes heterogeneidade e diversidade com um elevado grau de coesão social. Esse complexo processo tem sido regulado pelo Estado, que inscreveu em sua matriz institucional essa transição e a própria heterogeneidade social que é objeto de sua regulação.

Para cada um dos domínios da vida da sociedade portuguesa, o Estado assumiu diferentes formas políticas parcelares: no domínio das relações de troca e das relações salariais, a forma de Estado paralelo, seguida da forma de Estado heterogêneo; no domínio do bem-estar social, a forma de semi-Estado-Providência; no domínio da integração europeia e dos valores que lhe são inerentes, a forma de Estado-como-imaginação-do-centro. Essas formas, todas elas transitórias, testemunham as tensões existentes entre uma orientação central e uma orientação

---

[40] Michel Aglietta, *Régulation et crises du capitalisme*, cit.

periférica, entre a promoção ou a despromoção internacional, entre a integração ou a exclusão social. Representam a maneira portuguesa de viver a transformação dinâmica do sistema mundial nos últimos vinte anos.

Essa transição ainda está longe do fim. No entanto, as diferentes formas políticas parcelares do Estado e sua evolução parecem apontar para um novo modo semiperiférico de regulação social.

PARTE II
As marcas do tempo

2
Por que Cuba se transformou num problema difícil para a esquerda?

Essa pergunta pode parecer estranha, e muitos pensarão que a formulação inversa talvez fizesse mais sentido: por que a esquerda se transformou num problema difícil para Cuba? De fato, o lugar da Revolução Cubana no pensamento e na prática de esquerda ao longo do século XX é incontornável. E isso tanto mais quanto o enfoque incidir menos na sociedade cubana, em si mesma, e mais no contributo de Cuba para as relações entre os povos, tantas foram as demonstrações de solidariedade internacionalista dadas pela Revolução Cubana nos últimos cinquenta anos. É possível que a Europa e a América do Norte fossem hoje o que são sem a Revolução Cubana, mas o mesmo não se pode dizer da América Latina, da África e da Ásia, ou seja, das regiões do planeta onde vivem cerca de 85% da população mundial. A solidariedade internacionalista protagonizada por Cuba estendeu-se, ao longo de cinco décadas, pelos mais diversos domínios: político, militar, social e humanitário.

O QUE É "ESQUERDA" E O QUE É "PROBLEMA DIFÍCIL"?

Apesar de tudo, penso que a pergunta a que procuro responder neste texto faz sentido. Mas, antes de tentar uma resposta, são necessárias várias precisões. Em primeiro lugar, a pergunta pode sugerir que foi apenas Cuba que evoluiu e se tornou problemática ao longo dos últimos cinquenta anos e que, pelo contrário, a esquerda que a interpela hoje é a mesma de cinquenta anos atrás. Nada mais falso. Tanto Cuba como a esquerda evoluíram muito nesse meio século, e são os desencontros de suas respectivas evoluções que criam o problema difícil. Se é verdade que Cuba procurou ativamente mudar o cenário internacional de modo a tornar mais justas as relações entre os povos, não é menos verdade que os condicionamentos externos hostis em que a Revolução Cubana foi forçada a evoluir impediram que o potencial de renovação da esquerda que a revolução detinha em 1959 se realizasse plenamente. Tal fato fez com que a esquerda mundial se renovasse nos últimos cinquenta anos, não com base no legado da Revolução Cubana, mas a partir de outros referentes. A solidariedade internacional cubana manteve, assim, uma vitalidade muito superior à solução interna do país.

Em segundo lugar, devo precisar o que entendo por "esquerda" e por "problema difícil". Esquerda é o conjunto de teorias e práticas transformadoras que, ao longo dos últimos 150 anos, resistiram à expansão do capitalismo e ao tipo de relações econômicas, sociais, políticas e culturais que ele gera e que assim procederam na crença da possibilidade de um futuro pós-capitalista, de uma sociedade alternativa, mais justa, porque orientada para a satisfação das necessidades reais das populações, e mais livre, porque centrada na realização das condições do efetivo exercício da liberdade. A essa sociedade alternativa foi dado o nome genérico de "socialismo". Defendo que para essa esquerda, cuja teoria e a prática evoluíram muito nos últimos cinquenta anos, Cuba é hoje um "problema difícil". Para a esquerda que eliminou de seu horizonte o socialismo ou o pós-capitalismo, Cuba não é sequer um problema. É um caso perdido. Dessa outra esquerda não me ocupo aqui.

Por "problema difícil" entendo aquele que se posiciona numa alternativa a duas posições polares a respeito do que questiona – no caso, Cuba. As duas posições rejeitadas pela ideia do problema difícil são: Cuba é uma solução sem problemas; Cuba é um problema sem solução. Declarar Cuba um "problema difícil" para a esquerda significa aceitar três ideias: 1) nas presentes condições internas, Cuba deixou de ser uma solução viável de esquerda; 2) os problemas que enfrenta, não sendo insuperáveis, são de difícil solução; 3) se os problemas forem resolvidos nos termos de um horizonte socialista, Cuba poderá voltar a ser um motor de renovação da esquerda, mas será então uma Cuba diferente, construindo um socialismo distinto do que fracassou no século XX e, desse modo, contribuindo para a urgente renovação da esquerda. Se não se renovar, a esquerda nunca entrará no século XXI.

A RESISTÊNCIA E A ALTERNATIVA

Feitas essas precisões, o "problema difícil" pode formular-se do seguinte modo: todos os processos revolucionários modernos são processos de ruptura que se assentam em dois pilares: a resistência e a alternativa. O equilíbrio entre eles é fundamental para eliminar o velho até onde é necessário e fazer florescer o novo até onde é possível. Devido às hostis condições externas em que o processo revolucionário cubano evoluiu – o embargo ilegal por parte dos Estados Unidos, a forçada solução soviética nos anos 1970 e o drástico ajustamento produzido pelo fim da União Soviética nos anos 1990 –, esse equilíbrio não foi possível. A resistência acabou por se sobrepor à alternativa. De tal modo, a alternativa não se pôde expressar segundo sua lógica própria (afirmação do novo) e, pelo contrário, submeteu-se à lógica da resistência (negação do velho).

Desse fato resultou que a alternativa ficou sempre refém de uma norma que lhe era estranha. Isto é, nunca se transformou numa verdadeira solução nova, consolidada, criadora de uma nova hegemonia e, por isso, capaz de desenvolvimento endógeno segundo uma lógica interna de renovação (novas alternativas dentro da alternativa). Em consequência, as rupturas com os passados sucessivos da revolução foram sempre menos endógenas que a ruptura com o passado pré--revolucionário. O caráter endógeno dessa última ruptura passou a justificar a ausência de rupturas endógenas com os passados mais recentes, mesmo quando consabidamente problemáticos.

Devido a esse relativo desequilíbrio entre resistência e alternativa, a alternativa esteve sempre à beira de estagnar, e sua estagnação pôde ser sempre disfarçada pela continuada e nobre vitalidade da resistência. Essa dominância da resistência acabou por lhe conferir um "excesso de diagnóstico": as necessidades da resistência puderam ser invocadas para diagnosticar a impossibilidade da alternativa. Mesmo quando fatalmente errada, tal invocação foi sempre credível.

O CARISMA REVOLUCIONÁRIO E O SISTEMA REFORMISTA

O segundo vetor do "problema difícil" consiste no modo especificamente cubano como se desenrolou a tensão entre revolução e reforma. Em qualquer processo revolucionário, o primeiro ato dos revolucionários depois do êxito da revolução é evitar que haja mais revoluções. Com esse ato, começa o reformismo dentro da revolução. Reside aqui a grande cumplicidade – tão invisível quanto decisiva – entre revolução e reformismo. No melhor dos casos, essa complementaridade é conseguida por uma dualidade – sempre mais aparente que real – entre o carisma do líder, que mantém viva a permanência da revolução, e o sistema político revolucionário, que vai assegurando a reprodução do reformismo. O líder carismático vê o sistema como um confinamento que lhe limita o impulso revolucionário e, nessa base, pressiona-o à mudança, enquanto o sistema vê o líder como um fermento de caos que torna provisórias todas as verdades burocráticas. Essa dualidade criativa foi, durante alguns anos, uma das características da Revolução Cubana.

Com o tempo, porém, a complementaridade virtuosa tende a transformar-se em bloqueio recíproco. Para o líder carismático, o sistema, que começa por ser uma limitação que lhe é exterior, passa a ser sua segunda natureza e, com isso, torna-se difícil distinguir entre as limitações criadas pelo sistema e as limitações do próprio líder. O sistema, por sua vez, sabe que o êxito do reformismo acabará por corroer o carisma do líder e autolimita-se para que isso não ocorra. A complementaridade transforma-se num jogo de autolimitações recíprocas. O risco é que, em vez de desenvolvimentos complementares, ocorram estagnações paralelas.

A relação entre carisma e sistema tende a ser instável ao longo do tempo, particularmente em momentos de transição[1]. O carisma, em si mesmo, não admite transições. Nenhum líder carismático tem um sucessor carismático. A transição só pode ocorrer na medida em que o sistema toma o lugar do carisma. Mas, para que isso ocorra, é preciso que o sistema seja suficientemente reformista para lidar com fontes de caos muito diferentes das que emergiam do líder. A situação é dilemática sempre e quando a força do líder carismático tenha objetivamente bloqueado o potencial reformista do sistema.

Esse vetor do "problema difícil" pode resumir-se assim: o futuro socialista de Cuba depende da força reformista do sistema revolucionário; no entanto, tal força é uma incógnita para um sistema que sempre fez defender sua força da força do líder carismático. Esse vetor da dificuldade do problema explica o discurso de Fidel na Universidade de Havana em 17 de novembro de 2005[2].

---

[1] Aurelio Alonso distingue dois processos de transição em curso: um deles diz respeito ao sentido da dinâmica de transformações no seio de "uma grande transição iniciada há quase meio século"; o outro diz respeito ao peso da subjetividade: a questão relativa à marca que ficará de Fidel no imaginário dos cubanos que sobrevivam ("Continuidad y transición: Cuba en el 2007", *Le Monde Diplomatique*, Bogotá, abr. 2007).

[2] Nas palavras lapidares de Fidel: "Este país pode destruir-se a si próprio; esta Revolução pode destruir-se, mas ninguém mais a pode destruir; nós, sim, nós podemos destruí-la, e seria culpa nossa". Comentando o discurso de Fidel, pergunta-se Aurelio Alonso: "Que admira que a preocupação primeira de Fidel gire à volta da reversibilidade do nosso próprio processo?". A resposta que dá Alonso é acutilante: "Fidel estima que a Revolução não pode ser destruída a partir do exterior, mas que pode destruir-se a si própria, apontando a corrupção como o mal que pode provocar sua destruição. Entendo que essa avaliação está correta, mas acho que Fidel não disse tudo. Pergunto-me, de resto, se o derrube do sistema soviético foi essencialmente uma consequência da corrupção, mesmo fazendo a corrupção parte da estrutura dos desvios. Em meu entender, a burocracia e a falta de democracia, a par da corrupção, podem fazer reverter o socialismo. Não falo de sistemas eleitorais, de confrontos pluripartidários, de lutas de campanha, de alternâncias no poder. Falo de democracia, da que não temos sido capazes de criar à face da terra, se bem que

As duas vertentes do "problema difícil" – desequilíbrio entre resistência e alternativa e entre carisma e sistema – estão intimamente relacionadas. A prevalência da resistência sobre a alternativa foi simultaneamente o produto e o produtor da prevalência do carisma sobre o sistema.

O QUE FAZER?

A discussão precedente mostra que Cuba é um "problema difícil" para aquela esquerda que, sem abandonar o horizonte do pós-capitalismo ou do socialismo, evoluiu muito nos últimos cinquenta anos. Das linhas principais dessa evolução, o povo cubano poderá retirar a solução do problema apesar da dificuldade deste. Ou seja, a Revolução Cubana, que tanto contribuiu para a renovação da esquerda, sobretudo na primeira década, poderá agora beneficiar da renovação da esquerda que ocorreu desde então. E, ao fazê-lo, voltará dialeticamente a assumir um papel ativo na renovação da esquerda. Resolver o problema difícil implica, assim, concretizar com êxito o seguinte movimento dialético: renovar Cuba renovando a esquerda; renovar a esquerda renovando Cuba.

PRINCIPAIS CAMINHOS DE RENOVAÇÃO DA ESQUERDA SOCIALISTA NOS ÚLTIMOS CINQUENTA ANOS

1) Nos últimos cinquenta anos, agravou-se uma disjunção entre teoria de esquerda e prática de esquerda, com consequências muito específicas para o marxismo. É que, enquanto a teoria de esquerda crítica (da qual o marxismo é herdeiro) foi desenvolvida a partir de meados do século XIX em cinco países do Norte Global (Alemanha, Inglaterra, Itália, França e Estados Unidos), e tendo em vista particularmente as realidades das sociedades dos países capitalistas desenvolvidos, a verdade é que as práticas de esquerda mais criativas ocorreram no Sul Global e foram protagonizadas por classes ou grupos sociais "invisíveis", ou semi-invisíveis, para a teoria crítica e até mesmo para o marxismo, como povos colonizados, povos indígenas, camponeses, mulheres, afrodescendentes etc.[3] Criou-se, assim, uma

---

todos pensemos saber o que ela é". ("Una mirada rápida al debate sobre el futuro de Cuba", *La Jiribilla*, maio 2006).

[3] Aliás, a criatividade teórica inicial da Revolução Cubana reside neste fato. Os drásticos condicionamentos externos a que a revolução foi sujeita acabaram por confiscar parte dessa criatividade. Por essa razão, Cuba foi forçada a acolher-se em uma concepção de marxismo subsidiária da realidade do bloco soviético, uma realidade pouco semelhante à cubana. No

disjunção entre teoria e prática que domina nossa condição teórico-política hoje: uma teoria semicega correndo paralela a uma prática semi-invisível[4]. A teoria semicega não sabe comandar, e a prática semi-invisível não sabe valorizar-se.

À medida que a teoria foi perdendo na prática seu papel de vanguarda – já que muito do que ocorria lhe escapava completamente[5] –, paulatinamente abandonou o estatuto de teoria de vanguarda e ganhou um estatuto completamente novo e inconcebível na tradição nortecêntrica da esquerda: o de teoria de retaguarda. De acordo com o sentido que lhe atribuo, a teoria da retaguarda significa duas coisas. Por um lado, é uma teoria que não dá orientação com base em princípios gerais, ou seja, leis gerais, porque supostamente se rege a totalidade histórica, mas antes com base numa análise constante, crítica e aberta das práticas de transformação social. Desse modo, a teoria de retaguarda deixa-se surpreender pelas práticas de transformação progressistas, acompanha-as, analisa-as, procura enriquecer-se com elas e busca nelas os critérios de aprofundamento e de generalização das lutas sociais mais progressistas. Por outro lado, uma teoria de retaguarda observa nessas práticas transformadoras tanto os processos e os atores coletivos mais avançados como os mais atrasados, mais tímidos e, porventura, prestes a desistir. Como diria o subcomandante Marcos, trata-se de uma teoria que acompanha aqueles que vão mais devagar, uma teoria que concebe os avanços e os recuos, os da frente e os

---

Congresso Internacional sobre "A obra de Karl Marx e os desafios do século XXI", realizado em Havana a 3 de maio de 2006, Ricardo Alarcón de Quesada afirmou: "A conversão da experiência soviética num paradigma para aqueles que, em outros lugares, travavam suas próprias batalhas anticapitalistas e o imperativo de defendê-la contra poderosos e inflamados inimigos resultaram na subordinação de uma grande parte do movimento revolucionário às políticas e aos interesses da União Soviética" (*Nature Society, and Thought*, v. 19, 2006, p. 20). Nesse contexto, é particularmente notável e será sempre motivo de orgulho para o povo cubano a decisão soberana de ajudar Angola em sua luta pela independência. O impulso internacionalista sobrepôs-se aos interesses geoestratégicos da União Soviética.

[4] No caso do marxismo, houve muita criatividade para adaptar a teoria a realidades não europeias que não haviam sido sistematicamente analisadas por Marx. Recorde-se, apenas, no que à América Latina diz respeito, o nome de Mariátegui. No entanto, durante muito tempo as ortodoxias políticas não permitiram transformar essa criatividade em ação política. Com efeito, os autores mais criativos foram perseguidos (como Mariátegui, acusado de populismo e romantismo, o que era gravíssimo nos anos 1930). Hoje, a situação é muito diferente, como demonstra o fato de outro grande renovador do pensamento marxista na América Latina, Álvaro Garcia Linera, ser vice-presidente da Bolívia.

[5] Ou seja, a supremacia da inteligência e da audácia política sobre a disciplina, que foi a marca da vanguarda, acabou sendo convertida em seu contrário: a supremacia da disciplina sobre a inteligência e a audácia como meio de ocultar ou controlar a novidade dos processos de transformação social não previstos pela teoria.

de trás, como parte de um processo dialético novo que não pressupõe a ideia de totalidade, que antes postula a ideia de diferentes processos de totalização, sempre inacabados e sempre em concorrência. De acordo com a lição de Gramsci, é esse o caminho para criar uma contra-hegemonia socialista ou, como no caso cubano, para manter e reforçar uma hegemonia socialista.

Para me limitar a um exemplo, os grandes invisíveis ou esquecidos da teoria crítica moderna, os povos indígenas da América Latina – ou, quando muito, visíveis enquanto camponeses – têm sido um dos grandes protagonistas das lutas progressistas das últimas décadas no continente. Da perspectiva da teoria convencional da vanguarda, toda essa inovação política e social teria interesse marginal, quando não irrelevante, perdendo-se, assim, a oportunidade de aprender com suas lutas, com suas concepções de economia e de bem-estar (*suma kawsay* dos quéchuas ou *suma qamaña dos* aimarás, o bom viver), hoje consignadas nas constituições do Equador e da Bolívia, com suas concepções de formas múltiplas de governo e de democracia – democracia representativa, participativa e comunitária, como está estabelecido na nova Constituição da Bolívia. A incapacidade de aprender com os novos agentes de transformação acaba por redundar na irrelevância da própria teoria.

2) O fim da teoria de vanguarda marca o fim de toda a organização política que se baseava nela, nomeadamente o partido de vanguarda. Hoje, os partidos moldados pela ideia da teoria da vanguarda não são nem de vanguarda nem de retaguarda (como a defini antes). São, de fato, partidos burocráticos que, estando na oposição, resistem vigorosamente ao *status quo*, não tendo, contudo, alternativa; e, estando no poder, resistem vigorosamente a propostas de alternativas. Em substituição ao partido de vanguarda, há que se criar um ou mais partidos de retaguarda que acompanhem o fermento de ativismo social que se gera quando os resultados da participação popular democrática são transparentes, mesmo para os que ainda não participam e, assim, são seduzidos a participar.

3) A outra grande inovação dos últimos cinquenta anos foi o modo como a esquerda e o movimento popular se apropriaram das concepções hegemônicas (liberais, capitalistas) de democracia e as transformaram em concepções contra-hegemônicas, participativas, deliberativas, comunitárias, radicais. Podemos resumir essa inovação afirmando que a esquerda decidiu finalmente levar a democracia a sério (o que a burguesia nunca fez, como bem notou Marx). Levar a democracia a sério significa não só a levar muito além dos limites da democracia liberal, mas também criar um conceito de democracia novo: a democracia como todo o processo de transformação de relações de poder desigual em relações de autoridade partilhada. Mesmo quando não anda associada à fraude, ao papel

decisivo do dinheiro nas campanhas eleitorais ou à manipulação da opinião pública pelo controle dos meios de comunicação social, a democracia liberal é de baixa intensidade, uma vez que se limita a criar uma ilha de relações democráticas num arquipélago de despotismos (econômicos, sociais, raciais, sexuais, religiosos) que controlam efetivamente a vida dos cidadãos e das comunidades. A democracia tem de existir, muito além do sistema político, no sistema econômico, nas relações familiares, raciais, sexuais, regionais, religiosas, de vizinhança, comunitárias. Socialismo é democracia sem fim.

Daqui decorre que a igualdade tem muitas dimensões e só pode ser plenamente realizada se, a par da igualdade, se lutar pelo reconhecimento das diferenças, ou seja, pela transformação das diferenças desiguais (que criam hierarquias sociais) em diferenças iguais (que celebram a diversidade social como forma de eliminar as hierarquias).

4) Nas sociedades capitalistas, são muitos os sistemas de relações desiguais de poder (opressão, dominação e exploração, racismo, sexismo, homofobia, xenofobia). Democratizar significa transformar relações desiguais de poder em relações de autoridade partilhada. As relações desiguais de poder atuam sempre em rede e, por isso, raramente um cidadão, uma classe ou um grupo são vítimas de uma delas apenas. Do mesmo modo, a luta contra elas tem de ser em rede, por meio de amplas alianças nas quais não é possível identificar um sujeito histórico privilegiado, homogêneo, definido *a priori* em termos de classe social. Daí a necessidade do pluralismo político e organizativo no marco dos limites constitucionais sufragados democraticamente pelo povo soberano. Na sociedade cubana, as relações desiguais de poder são diferentes das que existem nas sociedades capitalistas, mas existem (mesmo que sejam menos intensas), são igualmente múltiplas e igualmente atuam em rede. A luta contra elas, feitas as devidas adaptações, tem igualmente que pautar-se pelo pluralismo social, político e organizativo.

5) As novas concepções de democracia e de diversidade social cultural e política enquanto pilares da construção de um socialismo viável e autossustentado exigem que se repense radicalmente a centralidade monolítica do Estado, bem como a suposta homogeneidade da sociedade civil[6].

---

[6] Para uma apreciação muito lúcida da sociedade civil em Cuba, ver "Sociedad civil en Cuba: un problema de geometria? Entrevista con el sociólogo cubano Aurelio Alonso", *Enfoques*, n. 23, dez. 2008.

Possíveis pontos de partida para uma discussão sem outro objetivo que não o de contribuir para um futuro socialista viável em Cuba

1) Cuba é talvez o único país do mundo onde os condicionamentos externos não são um álibi para a incompetência ou a corrupção dos líderes. São um fato cruel e decisivo. Isso não implica que não haja capacidade de manobra, aliás, possivelmente ampliada em função da crise do neoliberalismo e das mudanças geoestratégicas previsíveis no curto prazo. Esse capital não pode ser desperdiçado por meio da recusa de analisar alternativas, ainda que disfarçadas por falsos heroísmos ou protagonismos da resistência. A partir de agora, não se pode correr o risco de a resistência dominar a alternativa. Se isso suceder, nem sequer haverá resistência.

2) O regime cubano levou ao limite a tensão possível entre legitimação ideológica e condições materiais de vida. Daqui em diante, as mudanças que contam são as que transformam as condições materiais de vida da esmagadora maioria da população. A partir daqui, a democracia de ratificação, a continuar a existir, só ratifica o ideológico na medida em que este tenha tradução material. Caso contrário, a ratificação não significa consentimento. Significa resignação.

3) A temporalidade de largo prazo da mudança civilizacional estará por algum tempo subordinada à temporalidade imediata das soluções urgentes.

4) Uma sociedade é capitalista não porque todas as relações econômicas e sociais são capitalistas, mas porque elas determinam o funcionamento de todas as outras relações econômicas e sociais existentes na sociedade. Inversamente, uma sociedade socialista não é socialista porque todas as relações sociais e econômicas são socialistas, mas porque elas determinam o funcionamento de todas as outras relações existentes na sociedade. Neste momento, em Cuba, há uma situação *sui generis*: por um lado, um socialismo formalmente monolítico que não encoraja a emergência de relações não capitalistas de tipo novo nem pode determinar criativamente as relações capitalistas, ainda que por vezes conviva com elas de maneira confortável e até o limite da corrupção oportunamente denunciada por Fidel; por outro, um capitalismo que, por ser selvagem e clandestino ou semiclandestino, é difícil de controlar. Nessa situação, não é propício o terreno para o desenvolvimento de outras relações econômicas e sociais de tipo cooperativo e comunitário, de que há muito a esperar. Nesse domínio, o povo cubano deverá ler e discutir com muita atenção os sistemas econômicos consignados na Constituição da Venezuela e nas constituições do Equador e da Bolívia, recentemente aprovadas, bem como as respectivas experiências de transformação. Não se trata de copiar soluções, mas, antes, de apreciar os caminhos da criatividade da esquerda latino-americana nas

últimas décadas. A importância dessa aprendizagem está implícita no reconhecimento de erros passados, manifestado de forma contundente por Fidel no já mencionado discurso feito na Universidade de Havana: "Uma conclusão a que cheguei ao cabo de muitos anos: entre os muitos erros que todos cometemos, o mais importante foi acreditar que alguém sabia de socialismo ou que alguém sabia como se constrói o socialismo".

5) Do ponto de vista dos cidadãos, a diferença entre um socialismo ineficaz e um capitalismo injusto pode ser menor do que parece. Uma relação de dominação (assentada num poder político desigual) pode ter no cotidiano das pessoas consequências estranhamente semelhantes às de uma relação de exploração (assentada na extração do mais-valor).

Um vasto e excitante campo de experimentação social e política a partir do qual Cuba pode voltar a contribuir para a renovação da esquerda mundial

1) *Democratizar a democracia.* Contra os teóricos liberais – para quem a democracia é a condição de tudo o resto –, tenho defendido que há condições para que a democracia seja praticada genuinamente. Atrevo-me a dizer que Cuba poderá ser a exceção à regra que defendo: acho que, em Cuba, a democracia radical, contra-hegemônica, não liberal, é a condição de tudo o resto. E por que razão? A crise da democracia liberal é hoje mais evidente do que nunca. É cada vez mais evidente que a democracia liberal não garante as condições de sua sobrevivência perante os múltiplos "fascismos sociais", que é como designo a conversão das desigualdades econômicas em desigualdades políticas não diretamente produzidas pelo sistema político do Estado capitalista, mas com sua cumplicidade. Por exemplo, quando se privatiza a água, a empresa proprietária passa a ter direito de veto sobre a vida das pessoas (quem não paga a conta fica sem água). Trata-se aqui de muito mais do que poder econômico ou de mercado. Apesar de evidente, essa crise sente dificuldade de abrir um espaço para a emergência de novos conceitos de política e democracia. Essa dificuldade tem duas causas. Por um lado, o domínio das relações capitalistas, cuja reprodução exige hoje a coexistência entre a democracia de baixa intensidade e os fascismos sociais. Por outro lado, a hegemonia da democracia liberal no imaginário social, muitas vezes por meio de recurso a supostas tradições ou memórias históricas que a legitimam. Em Cuba não está presente nenhuma dessas duas dificuldades. Nem dominam as relações capitalistas nem há uma tradição liberal minimamente credível. Assim, será

possível assumir a democracia radical como ponto de partida, sem ser necessário arrostar com tudo o que já está superado na experiência dominante da democracia nos últimos cinquenta anos.

2) *Da vanguarda à retaguarda.* Para que isso ocorra, para que o democrático não se reduza a mero inventário de logros e argumentações retóricas, antes se realize sistemicamente, deverá ser dado um passo importante: a conversão do partido de vanguarda em partido de retaguarda. Um partido menos de direção e mais de facilitação; um partido que promova a discussão de perguntas fortes para que no cotidiano das práticas sociais os cidadãos e as comunidades estejam mais bem capacitados para distinguir entre respostas fortes e respostas fracas. Um partido que aceite com naturalidade a existência de outras formas de organizações de interesses, com as quais procura ter uma relação de hegemonia, não uma relação de controle. Essa transformação é a mais complexa de todas e só pode ser realizada no âmbito da experimentação seguinte.

3) *Constitucionalismo transformador.* As transições em que há transformações importantes nas relações de poder passam, em geral, por processos constituintes. Nos últimos vinte anos, vários países da África e da América Latina viveram processos constituintes. Essa história mais recente permite-nos distinguir dois tipos de constitucionalismo: o constitucionalismo moderno propriamente dito e o constitucionalismo transformador. O moderno, que prevaleceu sem oposição até pouco tempo atrás, foi um constitucionalismo construído de cima para baixo, pelas elites políticas do momento, com o objetivo de construir Estados institucionalmente monolíticos e sociedades homogêneas, o que sempre envolveu a sobreposição de uma classe, uma cultura, uma raça, uma etnia, uma região em detrimento de outras. Ao contrário, o constitucionalismo transformador parte da iniciativa das classes populares, como uma forma de luta de classes, uma luta dos excluídos e seus aliados, visando a criar novos critérios de inclusão social que ponham fim à opressão classista, racial, étnica, cultural etc.

Tal democratização social e política implica a reinvenção ou a refundação do Estado moderno. Tal reinvenção ou refundação não pode deixar de ser experimental, e esse caráter aplica-se à própria Constituição. Ou seja, se possível, a nova Constituição transformadora deveria ter um horizonte limitado de validade – por exemplo, cinco anos –, ao fim do qual o processo constituinte seria reaberto para corrigir erros e introduzir aprendizagens. O limite da validade da nova Constituição tem a vantagem política – preciosa em períodos de transição – de não criar nem ganhadores nem perdedores definitivos. Cuba tem, neste momento, as condições ideais para renovar seu experimentalismo constitucional.

4) *Estado experimental.* Por caminhos distintos, tanto a crise terminal pela qual passa o neoliberalismo como a experiência recente dos Estados mais progressistas da América Latina revelam que estamos a caminho de uma nova centralidade do Estado, uma centralidade mais aberta à diversidade social (reconhecimento de interculturalidade, plurietnicidade e mesmo plurinacionalidade, como no caso do Equador e da Bolívia), econômica (reconhecimento de diferentes tipos de propriedade, estatal, comunitária ou comunal e cooperativa ou individual) e política (reconhecimento de diferentes tipos de democracia, representativa ou liberal, participativa, deliberativa, referendária, comunitária). De uma centralidade assentada na homogeneidade social a uma centralidade assentada na heterogeneidade social. Trata-se de uma centralidade regulada pelo princípio da complexidade. A nova centralidade opera de formas distintas em áreas em que a eficácia das soluções está demonstrada (em Cuba, a educação e a saúde, por exemplo, apesar da degradação atual da qualidade e da equidade do sistema), em áreas em que, pelo contrário, a ineficácia está demonstrada (em Cuba, o crescimento das desigualdades, os transportes ou a agricultura, por exemplo) e em áreas novas, que são as mais numerosas em processos de transição (em Cuba, por exemplo, criar uma nova institucionalidade política e reconstruir a hegemonia socialista com base numa democracia de alta intensidade, que promova simultaneamente a redução da desigualdade social e a expansão da diversidade social, cultural e política). Para as duas últimas áreas (áreas de ineficácia demonstrada e áreas novas), não há receitas infalíveis nem soluções definitivas. Nessas áreas, o princípio da centralidade complexa sugere que se siga o princípio da experimentação democraticamente controlada. O princípio da experimentação deve percorrer toda a sociedade e, para isso, é necessário que o próprio Estado se transforme em Estado experimental. Numa fase de grandes mutações no papel do Estado na regulação social, é inevitável que a materialidade institucional do Estado, rígida como é, seja sujeita a grandes vibrações que a tornam campo fértil de efeitos perversos. Acresce que essa materialidade institucional está inscrita num tempo-espaço nacional estatal que sofre o impacto cruzado de espaços-tempo locais e globais.

Como o que caracteriza as épocas de transição é coexistirem nela soluções do velho paradigma e soluções do novo paradigma e estas últimas serem, por vezes, tão contraditórias entre si quanto o são com as soluções do velho paradigma, penso que se deve fazer da experimentação um princípio de criação institucional, sempre e quando as soluções adotadas no passado se relevarem ineficazes. Sendo imprudente tomar nesta fase opções institucionais irreversíveis, deve transformar-se o Estado num campo de experimentação institucional, permitindo que diferentes soluções institucionais coexistam e compitam durante algum tempo, com caráter de experiências-piloto, sujeitas à monitorização permanente de coletivos de cidadãos, com vista a proceder à avaliação comparada dos desempenhos. A prestação de bens públicos, sobretudo na área social[7], pode, assim, ter lugar sob várias formas, e a opção entre elas, tendo lugar, só deve ocorrer depois de as alternativas serem escrutinadas em sua eficácia e sua qualidade democrática por parte dos cidadãos.

Essa nova forma de um possível Estado democrático transicional deve-se assentar em três princípios de experimentação política. O primeiro é que a experimentação social, econômica e política exige a presença complementar de várias formas de exercício democrático (representativo, participativo, comunitário etc.). Nenhuma delas, por si só, poderá garantir que a nova institucionalidade seja eficazmente avaliada. Trata-se de um princípio difícil de respeitar, sobretudo em virtude de a presença complementar de vários tipos de prática democrática ser, ela própria, nova e experimental. Oportuno recordar aqui a afirmação de Hegel: "Quem tem medo do erro tem medo da verdade".

O segundo princípio é que o Estado só é genuinamente experimental na medida em que às diferentes soluções institucionais são dadas iguais condições para se desenvolverem segundo sua lógica própria. Ou seja, o Estado experimental é democrático na medida em que confere igualdade de oportunidades às diferentes propostas de institucionalidade democrática. Só assim a luta democrática se converte verdadeiramente em luta por alternativas democráticas. Só assim é possível lutar democraticamente contra o dogmatismo de uma solução que se apresenta como a única eficaz ou democrática. Essa experimentação institucional que ocorre no interior do campo democrático não pode deixar de causar alguma instabilidade e certa incoerência na ação estatal, e pela fragmentação estatal que dela eventualmente resulte podem sub-repticiamente surgir novas exclusões.

Nessas circunstâncias, o Estado experimental deve não só garantir a igualdade de oportunidades aos diferentes projetos de institucionalidade democrática, como também – e é este o terceiro princípio de experimentação política – garantir padrões mínimos de inclusão, que tornem possível a cidadania ativa necessária a monitorar, acompanhar e avaliar o desempenho dos projetos alternativos. De acordo com a nova centralidade complexa, o Estado combina a regulação direta

---

[7] Por exemplo, transportes públicos estatais ao lado de transportes cooperativos ou de pequenos empresários; produção agrícola em empresas estatais ao lado de empresas cooperativas, comunitárias ou de pequenos empresários capitalistas.

dos processos sociais com a metarregulação, ou seja, a regulação de formas estatais de regulação social, cuja autonomia deve ser respeitada, desde que se respeitem os princípios de inclusão e participação consagrados na Constituição.

5) *Outra produção é possível.* Esta é uma das áreas mais importantes de experimentação social, e Cuba pode assumir, neste domínio, uma liderança estratégica na busca de soluções alternativas, quer aos modelos de desenvolvimento capitalista, quer aos modelos de desenvolvimento socialista do século XX. No início do século XXI, a tarefa de pensar alternativas econômicas e sociais e por elas lutar é particularmente urgente por duas razões, relacionadas entre si. Em primeiro lugar, vivemos numa época em que a ideia de que não há alternativas ao capitalismo obteve um nível de aceitação que provavelmente não tem precedentes na história do capitalismo mundial. Em segundo lugar, a alternativa sistêmica ao capitalismo, representada pelas economias socialistas centralizadas, revelou-se inviável. O autoritarismo político e a inviabilidade econômica dos sistemas econômicos centralizados foram dramaticamente expostos pelo colapso desses sistemas no final dos anos 1980 e no princípio dos 1990.

Paradoxalmente, nos últimos trinta anos, o capitalismo revelou, como nunca antes, sua pulsão autodestrutiva, do crescimento absurdo da concentração da riqueza e da exclusão social à crise ambiental, da crise financeira à crise energética, da guerra infinita pelo controle do acesso aos recursos naturais à crise alimentar. Por outro lado, o colapso dos sistemas de socialismo de Estado abriu o espaço político para a emergência de múltiplas formas de economia popular, da economia solidária às cooperativas populares, das empresas recuperadas aos assentamentos da reforma agrária, do comércio justo às formas de integração regional segundo princípios de reciprocidade e de solidariedade (como a Alba). As organizações econômicas populares são extremamente diversas – se algumas implicam rupturas radicais (ainda que locais) com o capitalismo, outras encontram formas de coexistência com o capitalismo. A fragilidade geral de todas essas alternativas reside no fato de ocorrerem em sociedades capitalistas em que as relações de produção e de reprodução capitalistas determinam a lógica geral do desenvolvimento social, econômico e político. Por essa razão, o potencial emancipatório e socialista das organizações econômicas populares acaba sendo bloqueado. A situação privilegiada de Cuba no domínio da experimentação econômica está no fato de poder definir, a partir de princípios, lógicas e objetivos não capitalistas, as regras de jogo em que podem funcionar as organizações econômicas capitalistas.

Para realizar todo o fermento de transformação progressista contido no momento político que vive, Cuba necessita da solidariedade de todos os homens e todas as mulheres, de todas as organizações e todos os movimentos de esquerda (no sentido que lhe atribuí neste texto) do mundo e muito particularmente do mundo latino-americano. É este o momento de o mundo de esquerda retribuir a Cuba o muito que lhe deve por ser o que é.

3
Comentários com data

A PRIVATARIA EM CURSO
(24 DE DEZEMBRO DE 2012)

O termo "privataria" foi cunhado por um grande jornalista brasileiro, Elio Gaspari, e popularizado por um dos mais brilhantes jornalistas investigativos do Brasil, Amaury Ribeiro Jr. O livro deste último *A privataria tucana*[1], um best-seller, relata com grande solidez documental o processo ruinoso das privatizações levado a cabo no Brasil durante a década de 1990. A investigação, que durou dez anos, não só denuncia a "selvajaria neoliberal dos anos 1990", que dizimou o patrimônio público brasileiro, deixando o país mais pobre e os ricos mais ricos, como também estabelece de forma convincente a conexão entre a onda privatizante e a abertura de contas sigilosas e de empresas de fachada nos paraísos fiscais do Caribe, onde se lava o dinheiro sujo da corrupção, das comissões e das propinas ilegais arrecadadas por intermediários e facilitadores dos negócios. Aconselho a leitura do livro aos portugueses que não se conformam com o discurso do "interesse nacional" para legitimar a dilapidação da riqueza nacional em curso, a todos os dirigentes políticos que se sentem perplexos perante a rapidez e a opacidade com que as privatizações ocorrem e aos magistrados do Ministério Público e aos investigadores da PJ por suspeitar que terão muito trabalho pela frente se tiverem meios e coragem.

As privatizações não são necessariamente privataria, mas o são quando os interesses nacionais são dolosamente prejudicados para permitir o enriquecimento ilícito daqueles que, em posições de mando ou de favorecimento político, comandam

---

[1] São Paulo, Geração Editorial, 2011.

ou influenciam as negociações e as decisões em favor de interesses privados. As privatizações não têm nada a ver com racionalidade econômica. São o resultado de opções ideológicas servidas por discursos que escondem suas verdadeiras motivações. No Brasil, o discurso foi o de transformar as privatizações numa "condição para o país entrar na modernidade". Em Portugal, o discurso é o do interesse nacional, tutelado pela *troika*, em reduzir a dívida e ganhar competitividade. Em ambos os países, a motivação real é criar novas áreas de acumulação e lucro para o capital. No caso português, isso passa pela destruição tanto do setor empresarial do Estado como do Estado social. No último caso, sobretudo, trata-se de uma opção ideológica de quem usa a crise para impor medidas que nunca poderiam-se legitimar por via eleitoral. Para termos uma ideia da carga ideológica por trás das privatizações, supostamente necessárias para reduzir a dívida pública, basta ler o orçamento de 2013: a receita total das privatizações, de 2011 a 2013, será de 3,7 bilhões de euros, ou seja, menos de 2% da dívida pública... A privataria tende a ocorrer quando se trata de processos massivos de privatização. Joseph Stiglitz cunhou um neologismo ácido para definir a onda privatista que avassalou as economias do Terceiro Mundo nos anos 1980 e 1990: "*briberization*", termo cujo significado se aproxima do de privataria. No caso português, a tutela externa e a dívida que o governo tem interesse em não renegociar favorecem vendas em saldo e, com isso, oportunidades de compensação especial em ganhos ilícitos para os que as tornam possíveis. Como a corrupção não tem capacidade infinita de inovação, é de prever que muito do que se passou no Brasil esteja a passar em Portugal. É preocupante que nomes conhecidos da corrupção do Brasil, alguns já condenados, surjam nas notícias das privatizações em Portugal.

A privataria ocorre pela articulação entre dois mundos: o mundo das privatizações – conseguir condições particularmente favoráveis aos investidores – e o submundo da corrupção – lavar o dinheiro das comissões ilegais recebidas. No que diz respeito ao primeiro desses mundos, alguns dos estratagemas da privataria incluem: criar na opinião pública imagens negativas sobre a gestão ou o valor das empresas estatais; fazer investimentos ou subir o preço dos serviços antes dos leilões; absorver dívidas para tornar as empresas mais atrativas ou permitir que as dívidas sejam contabilizadas sem criteriosa definição de seu montante e suas condições; definir parâmetros que beneficiem o candidato que se pretende privilegiar e que idealmente o transformem em candidato único; passar ilegalmente informação estratégica com o mesmo objetivo; confiar em serviços de consultoria, fazendo vista grossa a possíveis conflitos de interesses; permitir que os compradores, em vez de levar capital próprio, contraiam empréstimos no exterior que acabarão por fazer crescer a dívida externa; permitir que fundos públicos sejam usados para alienar patrimônio público em favor de interesses privados.

O submundo da corrupção reside na lavagem do dinheiro. Trata-se da transferência do dinheiro das comissões para paraísos fiscais mediante a criação de empresas *offshores* (de fato, nada mais do que caixas postais), onde os verdadeiros titulares das contas desaparecem sob o nome dos procuradores. Aí o dinheiro pousa, repousa e, depois de lavado, é repatriado para investimentos pessoais ou financiamento de partidos.

CHÁVEZ: O LEGADO E OS DESAFIOS
(6 DE MARÇO DE 2013)

Morreu o líder político democrático mais carismático das últimas décadas. Quando acontece em democracia, o carisma cria uma relação política entre governantes e governados particularmente mobilizadora, porque junta à legitimidade democrática uma identidade de pertença e uma partilha de objetivos que estão muito além da representação política. As classes populares, habituadas a ser golpeadas por um poder distante e opressor (as democracias de baixa intensidade alimentam esse poder), vivem momentos em que a distância entre representantes e representados quase se desvanece. Os opositores falam de populismo e de autoritarismo, mas raramente convencem os eleitores. É que, em democracia, o carisma permite níveis de educação cívica democrática dificilmente atingíveis em outras condições. A difícil química entre carisma e democracia aprofunda ambos, sobretudo quando se traduz em medidas de redistribuição social da riqueza. O problema do carisma é que termina com o líder. Para continuar sem ele, a democracia precisa de ser reforçada por dois ingredientes cuja química é igualmente difícil, sobretudo num imediato período pós-carismático: a institucionalidade e a participação popular.

Ao gritar nas ruas de Caracas "Todos somos Chávez!", o povo está lucidamente consciente de que Chávez houve um só e de que a Revolução Bolivariana vai ter inimigos internos e externos suficientemente fortes para pôr em risco a intensa vivência democrática que ele lhes proporcionou durante catorze anos. O ex-presidente Lula, do Brasil, também é um líder carismático. Depois dele, a presidenta Dilma aproveitou a forte institucionalidade do Estado e da democracia brasileira, mas tem tido dificuldade em complementá-la com a participação popular. Na Venezuela, a força das instituições é muito menor, ao passo que o impulso da participação é muito maior. É nesse contexto que devemos analisar o legado de Chávez e os desafios no horizonte.

O legado de Chávez

Redistribuição da riqueza. Chávez, tal como outros líderes latino-americanos, aproveitou o *boom* dos recursos naturais (sobretudo petróleo) para realizar um programa sem precedentes de políticas sociais, com destaque para as áreas de educação, saúde, habitação e infraestruturas que melhoraram substancialmente a vida da esmagadora maioria da população. Alguns exemplos: educação obrigatória gratuita; alfabetização de mais de 1,5 milhão de pessoas, o que levou a Unesco a declarar a Venezuela como "território livre de analfabetismo"; redução da pobreza extrema de 40% em 1996 para 7,3% hoje; redução da mortalidade infantil de 25 por 1.000 para 13 por 1.000 no mesmo período; restaurantes populares para os setores de baixos recursos; aumento do salário mínimo, hoje o salário mínimo regional mais alto, segundo a Organização Internacional do Trabalho (OIT). A Venezuela saudita deu lugar à Venezuela bolivariana.

A integração regional. Chávez foi o artífice incansável da integração do subcontinente latino-americano. Não se tratou de um cálculo mesquinho de sobrevivência e de hegemonia. Chávez acreditava como ninguém na ideia da Pátria Grande de Simón Bolívar. As diferenças políticas substantivas entre os vários países eram vistas por ele como discussões no seio de uma grande família. Logo que teve oportunidade, procurou reatar os laços com o membro da família mais renitente e mais pró-Estados Unidos, a Colômbia. Trabalhou para que as trocas entre os países latino-americanos fossem muito além das trocas comerciais e que estas se pautassem por uma lógica de solidariedade, complementaridade econômica e social e reciprocidade, não por uma lógica capitalista. Sua solidariedade com Cuba é bem conhecida, mas foi igualmente decisiva com a Argentina, durante a crise da dívida soberana em 2001-2002, e com os pequenos países caribenhos.

Foi um entusiasta de todas as formas de integração regional que ajudassem o continente a deixar de ser o *backyard* dos Estados Unidos. Foi o impulsionador da Alba (Alternativa Bolivariana para as Américas), depois Alba-TCP (Aliança Bolivariana para os Povos da Nossa América-Tratado de Comércio dos Povos), como alternativa à Alca (Área de Livre Comércio das Américas), promovida pelos Estados Unidos, e também quis ser membro do Mercosul. Celac (Comunidade dos Estados Latino-Americanos e Caribenhos) e Unasul (União de Nações Sul-Americanas) são outras das instituições de integração dos povos da América Latina e do Caribe a que Chávez deu impulso.

Anti-imperialismo. Nos períodos mais decisivos de sua governança (incluindo sua resistência ao golpe de Estado de que foi vítima em 2002), Chávez confrontou-se com o mais agressivo unilateralismo dos Estados Unidos (George W. Bush), que teve seu ponto mais destrutivo na invasão do Iraque. Chávez tinha a convicção de que o que se passava no Oriente-Médio viria um dia a passar-se na América Latina, se esta não se preparasse para tal eventualidade. Daí seu interesse na integração regional. Mas também estava convencido de que a única maneira de travar os Estados Unidos seria alimentar o multilateralismo, fortalecendo o que restava da Guerra Fria. Daí sua aproximação com a Rússia, a China e o Irã. Sabia que os Estados Unidos (com o apoio da União Europeia) continuariam a "libertar" todos os países que pudessem contestar Israel ou ser uma ameaça para o acesso ao petróleo. Daí a "libertação" da Líbia, seguida da Síria e, em futuro próximo, da iraniana. Daí também o "desinteresse" dos Estados Unidos e da União Europeia em "libertar" o país governado pela mais retrógrada ditadura, a Arábia Saudita.

O socialismo do século XXI. Chávez não conseguiu construir o socialismo do século XXI a que chamou "socialismo bolivariano". Qual seria seu modelo de socialismo, sobretudo tendo em vista que sempre mostrou uma reverência para com a experiência cubana, que muitos consideraram excessiva? Conforta-me saber que em várias ocasiões Chávez tenha referido com aprovação à minha definição de socialismo: "Socialismo é a democracia sem fim". É claro que eram discursos, e as práticas seriam certamente bem mais difíceis e complexas. Quis que o socialismo bolivariano fosse pacífico mas armado, para não lhe acontecer o mesmo que aconteceu a Salvador Allende. Travou o projeto neoliberal e acabou com a ingerência do FMI na economia do país; nacionalizou empresas, o que causou a ira dos investidores estrangeiros, que se vingaram com uma campanha impressionante de demonização de Chávez, tanto na Europa (sobretudo na Espanha) como nos Estados Unidos. Desarticulou o capitalismo que existia, mas não o substituiu. Daí as crises de abastecimento e de investimento, a inflação e a crescente dependência dos rendimentos do petróleo. Polarizou a luta de classes e pôs em guarda as velhas e as novas classes capitalistas, as quais durante muito tempo tiveram quase o monopólio da comunicação social e sempre mantiveram o controle do capital financeiro. A polarização caiu na rua, e muitos consideraram que o grande aumento da criminalidade era produto dela (dirão o mesmo do aumento da criminalidade em São Paulo ou Joanesburgo?).

O Estado comunal. Chávez sabia que a máquina do Estado construída pelas oligarquias que sempre dominaram o país tudo faria para bloquear o novo processo revolucionário que, ao contrário dos anteriores, nascia com a democracia e alimentava-se dela. Procurou, por isso, criar estruturas paralelas caracterizadas pela participação popular na gestão pública. Primeiro foram *misiones* e *gran misiones*, um extenso programa de políticas governamentais em diferentes setores, cada uma delas com um nome sugestivo (por exemplo, a Misión Barrio Adentro para oferecer serviços de saúde às classes populares), com participação popular e ajuda de Cuba. Depois, foi a institucionalização do poder popular, um ordenamento do território paralelo ao existente (estados e municípios), tendo como célula básica a comuna, como princípio a propriedade social e como objetivo a construção do socialismo. Ao contrário de outras experiências latino-americanas que têm procurado articular a democracia representativa com a democracia participativa (o caso do orçamento participativo e dos conselhos populares setoriais), o Estado comunal assume uma relação confrontacional entre as duas formas de democracia. Esta será talvez sua grande debilidade.

Os desafios para a Venezuela e o continente

A partir de agora começa a era pós-Chávez. Haverá instabilidade política e econômica? A Revolução Bolivariana seguirá em frente? Será possível o chavismo sem Chávez? Resistirá ao possível fortalecimento da oposição? Os desafios são enormes. Eis alguns deles.

A união cívico-militar. Chávez assentou seu poder em duas bases: a adesão democrática das classes populares e a união política entre o poder civil e as Forças Armadas. Essa união foi sempre problemática no continente e, quando existiu, foi quase sempre de orientação conservadora e mesmo ditatorial. Chávez, ele próprio um militar, conseguiu uma união de sentido progressista que deu estabilidade ao regime. Mas para isso teve de dar poder econômico aos militares, o que, além de talvez ser uma fonte de corrupção, poderá amanhã virar-se contra a Revolução Bolivariana ou, o que dá no mesmo, subverter seu espírito transformador e democrático.

O extrativismo. A Revolução Bolivariana aprofundou a dependência do petróleo e dos recursos naturais em geral, fenômeno que, longe de ser específico da Venezuela, está hoje bem presente em outros países liderados por governos que consideramos progressistas – o Brasil, a Argentina, o Equador ou a Bolívia. A excessiva dependência dos recursos está a bloquear a diversificação da economia, a destruir o meio ambiente e, sobretudo, a constituir uma agressão constante às populações indígenas e camponesas em cujas terras se encontram os recursos, poluindo as águas, desrespeitando seus direitos ancestrais, violando o direito internacional que obriga a consulta das populações, expulsando-as de suas terras, assassinando seus líderes comunitários. Ainda na semana passada assassinaram um grande líder indígena da Sierra de Perijá (Venezuela), Sabino Romero*, uma luta com que sou solidário há muitos anos. Saberão os sucessores de Chávez enfrentar esse problema?

---

* O líder indígena Sabino Romero foi assassinado na noite de 3 de março de 2013. (N. E.)

O regime político. Mesmo quando sufragado democraticamente, um regime político à medida de um líder carismático tende a ser problemático para seus sucessores. Os desafios são enormes no caso da Venezuela. Por um lado, a debilidade geral das instituições; por outro, a criação de uma institucionalidade paralela, o Estado comunal, dominada pelo partido criado por Chávez, o Partido Socialista Unificado da Venezuela (PSUV). Se a vertigem do partido único se instaurar, será o fim da Revolução Bolivariana. O PSUV é um agregado de várias tendências, e a convivência entre elas tem sido difícil. Desaparecida a figura agregadora de Chávez, é preciso encontrar modos de expressar a diversidade interna. Só um exercício de intensa democracia interna permitirá ao PSUV ser uma das expressões nacionais do aprofundamento democrático que bloqueará o assalto das forças políticas interessadas em destruir, ponto por ponto, tudo o que foi conquistado pelas classes populares nestes anos. Se a corrupção não for controlada e se as diferenças forem reprimidas por declarações de que todos são chavistas e de que cada um é mais chavista do que o outro, estará aberto o caminho para os inimigos da revolução. Uma coisa é certa: se há que seguir o exemplo de Chávez, então é crucial que não se reprima a crítica. É necessário abandonar de vez o autoritarismo que tem caracterizado largos setores da esquerda latino-americana.

O grande desafio das forças progressistas no continente é saber distinguir entre o estilo polemizante de Chávez, certamente controverso, e o sentido político substantivo de sua governança, inequivocamente a favor das classes populares e de uma integração solidária do subcontinente. As forças conservadoras tudo farão para os confundir. Chávez contribuiu decisivamente para consolidar a democracia no imaginário social. Consolidou-a onde ela é mais difícil de ser traída, no coração das classes populares. E onde também a traição é mais perigosa. Alguém imagina as classes populares de tantos outros países do mundo verterem pela morte de um líder político democrático as lágrimas amargas com que os venezuelanos inundam as televisões do mundo? Esse é um patrimônio precioso tanto para os venezuelanos como para os latino-americanos. Seria um crime desperdiçá-lo.

O PREÇO DO PROGRESSO
(19 DE JUNHO DE 2013)

Com a eleição da presidenta Dilma Roussef, o Brasil quis acelerar o passo para se tornar uma potência global. Muitas das iniciativas nesse sentido vinham de antes, mas tiveram um novo impulso: conferência da ONU sobre o meio ambiente, Rio+20, em 2012, Campeonato Mundial de Futebol em 2014, Jogos Olímpicos em 2016, luta por lugar permanente no Conselho de Segurança da ONU, papel ativo no crescente protagonismo das "economias emergentes", os Brics (Brasil, Rússia, Índia, China e África do Sul), nomeação de José Graziano da Silva para diretor-geral da Organização da Nações Unidas para a Alimentação e Agricultura (FAO), em 2012, e de Roberto Azevedo para diretor-geral da Organização Mundial de Comércio, a partir de 2013, uma política agressiva de exploração dos recursos naturais, tanto no Brasil como na África, nomeadamente em Moçambique, favorecimento da grande agricultura industrial, sobretudo para a produção de soja, agrocombustíveis e a criação de gado.

Beneficiando-se de uma boa imagem pública internacional granjeada pelo ex-presidente Lula e suas políticas de inclusão social, esse Brasil desenvolvimentista impôs-se ao mundo como uma potência de tipo novo, benévola e inclusiva. Não podia, pois, ser maior a surpresa internacional perante as manifestações que na última semana levaram para a rua centenas de milhares de pessoas nas principais cidades do país. Enquanto perante as recentes manifestações na Turquia foi imediata a leitura sobre as "duas Turquias", no caso do Brasil foi mais difícil reconhecer a existência de "dois Brasis". Mas ela aí está aos olhos de todos. A dificuldade em reconhecê-la reside na própria natureza do "outro Brasil", furtivo a análises simplistas. Esse Brasil é feito de três narrativas e temporalidades. A primeira é a narrativa da exclusão social (um dos países mais desiguais do mundo), das oligarquias latifundiárias, do caciquismo violento, de elites políticas restritas e racistas, uma narrativa que remonta à colônia e até hoje se tem reproduzido sobre formas sempre mutantes. A segunda narrativa é a da reivindicação da democracia participativa que remonta aos últimos 25 anos e teve seus pontos mais altos no processo constituinte que conduziu à Constituição de 1988, nos orçamentos participativos sobre políticas urbanas em centenas de municípios, no *impeachment* do ex-presidente Collor de Mello em 1992, na criação de conselhos de cidadãos nas principais áreas de políticas públicas, especialmente na saúde e na educação, em diferentes níveis da ação estatal (municipal, estadual e federal). A terceira narrativa tem-se dirigido de forma insuficiente à segunda e, com apenas dez anos de idade, diz respeito às vastas políticas de inclusão social adotadas pelo ex-presidente Lula da Silva a partir de 2003 e que levaram a uma significativa redução da pobreza, à criação de uma classe média com elevado pendor consumista, ao reconhecimento da discriminação racial contra a população afrodescendente e indígena e às políticas de ação afirmativa e de reconhecimento de territórios quilombolas e indígenas.

O que aconteceu desde que a presidenta Dilma assumiu funções foi a desaceleração, ou mesmo o estancamento, das duas últimas narrativas. E como em política não há vazio, o espaço que elas foram deixando baldio foi sendo aproveitado pela primeira e mais antiga narrativa que ganhou novo vigor sob as novas roupagens do desenvolvimento capitalista a todo o custo e as novas (e velhas) formas de corrupção. As formas de democracia participativa foram cooptadas, neutralizadas no domínio das grandes infraestruturas e megaprojetos e deixaram de motivar as gerações mais novas, órfãs de vida familiar e comunitária integradora, deslumbradas pelo novo consumismo ou obcecadas pelo desejo dele. As políticas de inclusão social esgotaram-se e deixaram de corresponder às expectativas de quem se sentia merecedor de mais e melhor. A qualidade de vida urbana piorou em nome dos eventos de prestígio internacional que absorveram os investimentos que deviam melhorar transporte, educação e serviços públicos em geral. O racismo mostrou sua persistência no tecido social e nos episódios de violência institucional. Aumentou o número de assassinatos de líderes indígenas e camponeses, demonizados pelo poder político como "obstáculos ao desenvolvimento", apenas por lutar por suas terras e seus modos de vida, contra o agronegócio e os megaprojetos de mineração e hidrelétricos (como a barragem de Belo Monte, destinada a fornecer energia barata à industria extrativa).

A presidenta Dilma foi o termômetro dessa mudança insidiosa. Assumiu uma atitude de indisfarçável hostilidade aos movimentos sociais e aos povos indígenas, uma mudança drástica em relação a seu antecessor. Lutou contra a corrupção, mas deixou para os parceiros políticos mais conservadores as agendas que considerou menos importantes. Foi assim que uma Comissão de Direitos Humanos historicamente comprometida com os direitos das minorias foi entregue a um pastor evangélico, aprovando uma proposta legislativa homofóbica que ficou conhecida como "cura gay", normalização do que é considerado "comportamento" homossexual. As manifestações revelam que, longe de ter sido o país que acordou, foi a presidenta quem acordou. Com os olhos postos na experiência internacional e também nas eleições presidenciais de 2014, Dilma tornou claro que as respostas repressivas só agudizam os conflitos e isolam os governos. No mesmo sentido, os presidentes de câmara de nove capitais já decidiram baixar o preço dos transportes. É apenas um começo. Para ele ser consistente, é necessário que as duas narrativas (democracia participativa e inclusão social intercultural) retomem o dinamismo que já tiveram. Se assim for, o Brasil estará a mostrar ao mundo que só vale a pena pagar o preço do progresso aprofundando a democracia, redistribuindo a riqueza criada e reconhecendo a diferença cultural e política daqueles para quem progresso sem dignidade é retrocesso.

A Revolução Cidadã tem quem a defenda?
(6 de maio de 2014)

Os intelectuais da América Latina, entre os quais me considero incluído por adoção, têm cometido dois tipos de erros em suas análises dos processos políticos dos últimos cem anos, sobretudo quando contêm elementos novos, sejam ideais de desenvolvimento, alianças para construir o bloco hegemônico, instituições, formas de luta, sejam estilos de fazer política. Claro que os intelectuais de direita têm igualmente cometido muitos erros, mas deles eu não cuido aqui. O primeiro erro tem consistido em não fazer um esforço sério para compreender os processos políticos de esquerda que não cabem facilmente nas herdadas teorias marxistas e não marxistas. As reações iniciais à Revolução Cubana são um bom exemplo desse tipo de erro. O segundo tipo de erro tem consistido em silenciar, por complacência ou temor de favorecer a direita, as críticas aos erros, aos desvios e até as perversões por que têm passado esses processos, perdendo, assim, a oportunidade de transformar a solidariedade crítica em instrumento de luta.

Desde 1998, com a chegada de Hugo Chávez ao poder, a esquerda latino-americana tem vivido o mais brilhante período de sua história e talvez um dos mais brilhantes de toda a esquerda mundial. Obviamente não podemos esquecer os tempos iniciais das revoluções russa, chinesa e cubana nem os êxitos da social-democracia europeia no pós-guerra. Mas os governos progressistas dos últimos quinze anos são particularmente notáveis por várias razões: ocorrem num momento de grande expansão do capitalismo neoliberal ferozmente hostil a projetos nacionais divergentes dele; são internamente muito distintos, dando conta de uma diversidade da esquerda até então desconhecida; nascem de processos democráticos com elevada participação popular, quer institucional, quer não institucional; não exigem sacrifícios às maiorias no presente em nome de um futuro glorioso – pelo contrário, tentam transformar o presente dos que nunca tiveram acesso a um futuro melhor.

Escrevo este texto muito consciente da existência dos erros referidos e sem saber se terei êxito em evitá-los. Para mais, debruço-me sobre o caso mais complexo de todos os que constituem o novo período da esquerda latino-americana. Refiro-me aos governos de Rafael Correa, em poder no Equador desde 2006. Alguns pontos de partida. Primeiro, pode-se discutir se os governos de Correa são de esquerda ou de centro-esquerda, mas parece-me absurdo considerá-los de direita, como pretendem alguns de seus opositores de esquerda. Dada a polarização instalada, penso que estes últimos só reconhecerão que Correa era afinal de esquerda ou de centro-esquerda nos meses (ou dias) seguintes à eventual eleição de um governo de direita. Segundo, é largamente partilhada a opinião de que Correa tem sido, "apesar de tudo", o melhor presidente que o Equador teve nas últimas décadas e aquele que garantiu mais estabilidade política, depois de muitos anos de caos. Terceiro, não resta dúvida de que Correa tem realizado a maior redistribuição de rendimentos da história do Equador, contribuindo para a redução da pobreza e o reforço das classes médias. Nunca tantos filhos das classes trabalhadoras frequentaram a universidade. Por que tudo isso, que é muito, não é suficiente para dar tranquilidade ao "oficialismo" de que o projeto de Correa, com ele ou sem ele, prosseguirá depois de 2017 (próximas eleições presidenciais)?

Apesar de o Equador ter vivido no passado alguns momentos de modernização, Correa é o grande modernizador do capitalismo equatoriano. Por sua vastidão e sua ambição, seu programa tem algumas semelhanças com o de Kemal Atatürk na Turquia das primeiras décadas do século XX. E a ambos presidem o nacionalismo, o populismo e o estatismo. O programa de Correa se baseia em três ideias principais. Primeiro, a centralidade do Estado como condutor do processo de modernização e, ligada a ela, a ideia de soberania nacional, o anti-imperialismo contra os Estados Unidos (encerramento da base militar de Manta; expulsão de pessoal militar da embaixada do Estados Unidos; luta agressiva contra a Chevron e a destruição ambiental que ela causou na Amazônia) e a necessidade de melhorar a eficiência dos serviços públicos. Segundo, "sem prejudicar os ricos", ou seja, sem alterar o modelo de acumulação capitalista, gerar com urgência recursos que permitam realizar políticas sociais (compensatórias, no caso da redistribuição de rendimento, e potencialmente universais, no caso da saúde, da educação e da segurança social) e construir infraestruturas (estradas, portos, eletricidade), de modo a tornar a sociedade mais moderna e equitativa. Terceiro, por ser ainda subdesenvolvida, a sociedade não está preparada para altos níveis de participação democrática e de cidadania ativa e, por isso, estas podem ser disfuncionais para o ritmo e a eficiência das políticas em curso. Para que isso não aconteça, há que investir muito em educação e desenvolvimento. Até lá, o melhor cidadão é aquele que confia no Estado por este saber melhor qual é seu verdadeiro interesse.

Colide esse vasto programa com a Constituição de 2008, considerada uma das mais progressistas e revolucionárias da América Latina? Vejamos. A Constituição aponta para um modelo alternativo de desenvolvimento (senão para uma alternativa ao desenvolvimento) assentado na ideia do *buen vivir*, uma ideia tão nova que só pode ser adequadamente formulada numa língua não colonial, o quéchua: *Sumak Kawsay*. Essa ideia tem um riquíssimo desdobramento: a natureza como um ser vivo e, portanto, limitado, sujeito e objeto de cuidado, nunca como um recurso natural inesgotável (os direitos da natureza); economia e sociedade intensamente pluralistas orientadas por reciprocidade e solidariedade, interculturalidade, plurinacionalidade; Estado e política altamente participativos, envolvendo diferentes formas de exercício democrático e de controle cidadão do Estado.

Para Correa, (quase) tudo isso é importante, mas é um objetivo de longo prazo. Em curto prazo e urgentemente, é preciso criar riqueza para redistribuir rendimento, realizar políticas sociais e infraestruturas essenciais ao desenvolvimento do país. A política tem de assumir um carácter sacrificial, pondo de lado o que mais preza para que um dia ele possa ser resgatado. Assim, é necessário intensificar a exploração de recursos naturais (mineração, petróleo, agricultura industrial) antes que seja possível depender menos deles. Para isso, é necessário levar a cabo uma agressiva reforma da educação superior e uma vasta revolução científica baseada na biotecnologia e na nanotecnologia, a fim de criar uma economia de conhecimento à medida da riqueza de biodiversidade do país. Tudo isso só dará frutos (que se têm como certos) daqui a muitos anos.

À luz disso, o Parque Nacional Yasuni, talvez o mais rico em biodiversidade do mundo, tem de ser sacrificado, e a exploração petrolífera, realizada – apesar das promessas iniciais de não o fazer; isso não só porque a comunidade internacional não colaborou na proposta de não exploração, mas sobretudo porque os rendimentos previstos decorrentes da exploração já estão vinculados aos investimentos em curso e seu financiamento por países estrangeiros (China) tem como garantia a exploração do petróleo. Nessa linha, os povos indígenas que se têm oposto à exploração são vistos como obstáculos ao desenvolvimento, vítimas da manipulação de dirigentes corruptos, políticos oportunistas, ONGs a serviço do imperialismo ou jovens ecologistas de classe média, eles próprios manipulados ou simplesmente inconsequentes.

A eficiência exigida para realizar tão vasto processo de modernização não pode ser comprometida pelo dissenso democrático. A participação cidadã é de saudar, mas só se for funcional, e isso, por agora, só pode ser garantido se receber uma orientação superior do Estado, ou seja, do governo. Com razão, Correa sente-se vítima da mídia, que, como acontece em outros países do continente, está a serviço do capital e da direita. Tenta regular os meios de comunicação e a regulação proposta tem aspetos muito positivos, mas ao mesmo tempo tensiona a corda e polariza as posições de tal maneira que daí à demonização da política em geral é um passo curto. Jornalistas são intimidados, ativistas de movimentos sociais (alguns com larga tradição no país) são acusados de terrorismo, e a consequente criminalização do protesto social parece cada vez mais agressiva. O risco de transformar adversários políticos, com quem se discute, em inimigos que é necessário eliminar é grande. Nessas condições, o melhor exercício democrático é o que permite o contato direto de Correa com o povo, uma democracia plebiscitária de tipo novo. À semelhança de Chávez, Correa é um brilhante comunicador, e suas "sabatinas" semanais são um exercício político de grande complexidade. O contato direto com os cidadãos não visa a que eles participem das decisões, mas antes que as ratifiquem por meio de uma socialização sedutora desprovida de contraditório.

Com razão, Correa considera que as instituições do Estado nunca foram social nem politicamente neutras, mas não é capaz de distinguir entre neutralidade e objetividade assentada em procedimentos. Pelo contrário, acha que as instituições do Estado devem envolver-se ativamente nas políticas do governo. Por isso, é natural que o sistema judicial seja demonizado ao tomar alguma decisão considerada hostil ao governo e celebrado como independente no caso contrário; que o Tribunal Constitucional se abstenha de decidir sobre temas polêmicos (casos La Cocha sobre a justiça indígena) se as decisões puderem prejudicar o que se julga ser o superior interesse do Estado; que um dirigente do Conselho Nacional Eleitoral, encarregado de verificar as assinaturas para uma consulta popular sobre a não exploração do petróleo no Yasuni, promovida pelo movimento Yasunidos, se pronuncie publicamente contra a consulta antes de a verificação ser feita. A erosão das instituições, que é típica do populismo, é perigosa sobretudo quando de partida elas já não são fortes devido aos privilégios oligárquicos de sempre. É que, quando o líder carismático sai de cena (como aconteceu tragicamente com Hugo Chávez), o vazio político atinge proporções incontroláveis devido à falta de mediações institucionais.

E isso é tanto mais trágico quanto é certo que Correa vê seu papel histórico como o de construção do Estado-nação. Em tempos de neoliberalismo global, o objetivo é importante – e mesmo decisivo. Escapa-lhe, no entanto, a possibilidade de esse novo Estado-nação ser institucionalmente muito diferente do modelo do Estado colonial ou do Estado crioulo e mestiço que lhe sucedeu. Por isso, a reivindicação indígena da plurinacionalidade, em vez de ser manejada com o cuidado que a Constituição recomenda, é demonizada como perigo para a unidade (isto é, a centralidade) do Estado. Em vez de diálogos criativos entre a nação cívica, que é consensualmente a pátria de todos, e as nações étnico-culturais, que exigem respeito pela diferença e pela relativa autonomia, fragmenta-se o tecido social, centrando-o mais nos direitos individuais do que nos coletivos. Os indígenas são cidadãos ativos em construção, mas as organizações indígenas independentes são corporativas e hostis ao processo. A sociedade civil é boa, desde que não organizada. Uma insidiosa presença neoliberal no interior do pós-neoliberalismo?

Trata-se, pois, do capitalismo do século XXI. Falar de socialismo do século XXI é, por enquanto e no melhor dos casos, um objetivo longínquo. À luz dessas características e das contradições dinâmicas que o processo dirigido por Correa contém, centro-esquerda é talvez a melhor maneira de defini-lo politicamente. Talvez o problema esteja menos no governo do que no capitalismo que ele promove. Contraditoriamente, parece compor uma versão pós-neoliberal do neoliberalismo. Cada remodelação ministerial tem produzido o reforço das elites empresariais ligadas à direita. Será que o destino inexorável da centro-esquerda é deslizar lentamente para a direita, tal como sucedeu com a social-democracia europeia? Seria uma tragédia para o país e para o continente se isso ocorresse. Correa criou uma megaexpectativa, mas, perversamente, o modo como pretende que ela não se transforme numa megafrustração corre o risco de afastar de si os cidadãos, como ficou demonstrado nas eleições locais de 23 de fevereiro de 2014, um forte revés para o movimento Alianza País, que o apoia. Custa a acreditar que o pior inimigo de Correa seja o próprio Correa. Ao pensar que tem de defender a Revolução Cidadã de cidadãos pouco esclarecidos, mal-intencionados, infantis, ignorantes, facilmente manipuláveis por politiqueiros oportunistas ou por inimigos oriundos da direita, Correa corre o risco de querer fazer a Revolução Cidadã sem cidadãos ou, o que dá no mesmo, com cidadãos submissos. Ora, os cidadãos submissos não lutam por aquilo a que têm direito, apenas aceitam o que lhes é dado. Será que Correa ainda pode resgatar a grande oportunidade histórica de realizar a Revolução Cidadã a que se propôs? Penso que sim, mas a margem de manobra é cada vez menor, e os verdadeiros inimigos da Revolução Cidadã parecem estar, não cada vez mais longe do presidente, mas, antes, cada vez mais próximos. Solidários com a Revolução Cidadã, todos nós devemos contribuir para que isso não se concretize.

Para tanto, identifico três tarefas básicas. Primeiro, há que democratizar a própria democracia, combinando democracia representativa com verdadeira democracia participativa. A democracia que é construída apenas a partir de cima corre sempre o risco de se transformar em autoritarismo em relação aos de baixo. Por mais que custe a Correa, ele terá de sentir suficiente confiança em si para, em vez de criminalizar o dissenso (sempre fácil para quem tem o poder), dialogar com os movimentos e as organizações sociais e com os jovens yasunidos, mesmo que os considere "ecologistas infantis". Os jovens são os aliados naturais da Revolução Cidadã e da reforma do ensino superior e da política científica, se esta for levada a cabo com sensatez. Alienar os jovens parece suicídio político. Segundo, há que desmercantilizar a vida social não só por meio de política sociais, como pela pro-moção das economias não capitalistas, camponesas, indígenas, urbanas, associativas.

Não é certamente consonante com o *buen vivir* entregar vales às classes populares para que elas se envenenem com a comida-lixo (*comida-basura*) dos fast-food que inundam os centros comerciais. A transição para o pós-extrativismo se faz com algum pós-extrativismo, não com a intensificação do extrativismo. O capitalismo entregue a si mesmo só transita para mais capitalismo, por mais trágicas que sejam as consequências. Terceiro, há que compatibilizar a eficiência dos serviços públicos com sua democratização e sua descolonização. Numa sociedade tão heterogênea quanto a equatoriana, há que se reconhecer que o Estado, para ser legítimo e eficaz, tem ele próprio de ser heterogêneo, convivendo com a interculturalidade e, gradualmente, com a própria plurinacionalidade, sempre no marco da unidade do Estado garantida pela Constituição. A pátria é de todos, mas não tem de ser de todos da mesma maneira. As sociedades que foram colonizadas ainda hoje estão divididas entre dois grupos de populações: os que não podem esquecer e os que não querem lembrar. Os que não podem esquecer são aqueles que tiveram de construir como sua a pátria que começou a lhes ser imposta por estrangeiros; os que não querem lembrar são aqueles a quem custa reconhecer que a pátria de todos tem, em suas raízes, uma injustiça histórica que está longe de ser eliminada e que é tarefa de todos eliminar gradualmente.

A onda Podemos
(11 de novembro de 2014)

Os países do sul da Europa são social e politicamente muito diferentes, mas estão a sofrer o impacto da mesma política equivocada imposta pela Europa central e do norte, via União Europeia (UE), com resultados desiguais, mas convergentes. Trata-se, em geral, de congelar a posição periférica desses países no continente, sujeitando-os a um endividamento injusto em sua desproporção, provocando ativamente a incapacitação do Estado e dos serviços públicos, causando o empobrecimento abrupto das classes médias, privando-os dos jovens e do investimento na educação e na investigação, sem os quais não é possível sair do estatuto periférico. Espanha, Grécia e Portugal são tragédias paradigmáticas.

Apesar de todas as sondagens revelarem um alto nível de insatisfação e até revolta perante esse estado de coisas (muitas vezes expressadas nas ruas e nas praças), a resposta política tem sido difícil de formular. Os partidos de esquerda tradicionais não oferecem soluções: os partidos comunistas propõem a saída da UE, mas os riscos que tal saída envolve afasta as maiorias; os partidos socialistas desacreditaram-se, em maior ou menor grau, por terem sido executores da política austeritária.

Criou-se um vazio que só lentamente se preenche. Na Grécia, o Syriza, nascido como frente em 2004, reinventou-se como partido em 2012 para responder à crise e preencheu o vazio. Pode ganhar as próximas eleições. Em Portugal, o Bloco de Esquerda (BE), nascido quatro anos antes do Syriza, não soube se reinventar para responder à crise, e o vazio permanece. Na Espanha, o novo partido Podemos constitui a maior inovação política na Europa desde o fim da Guerra Fria e, ao contrário do Syriza e do BE, não são visíveis nele traços da Guerra Fria.

Para entender o Podemos, é preciso recuar ao Fórum Social Mundial, aos governos progressistas que emergiram na América Latina na década de 2000, aos movimentos sociais e aos processos constituintes que levaram esses governos ao poder, às experiências de democracia participativa, sobretudo em nível local, em muitas cidades latino-americanas – a partir da experiência pioneira de Porto Alegre – e, finalmente, à Primavera Árabe. Em suma, o Podemos é resultado de uma aprendizagem a partir do sul que permitiu canalizar criativamente a indignação nas ruas da Espanha. É um partido de tipo novo, um partido-movimento, ou melhor, um movimento-partido assentado nas seguintes ideias: as pessoas não estão fartas da política, mas, sim, *desta* política; a esmagadora maioria dos cidadãos não se mobiliza politicamente nem sai às ruas para se manifestar, mas está cheia de raiva em casa e simpatiza com quem se manifesta; o ativismo político é importante, mas a política tem de ser feita com a participação dos cidadãos; ser membro da classe política é algo sempre transitório, e tal qualidade não permite que se ganhe mais que o salário médio do país; a internet possibilita formas de interação que não existiam antes; os membros eleitos para os parlamentos não inventam temas nem posições, veiculam os que provêm das discussões nas estruturas de base; a política partidária tem de ter rostos, mas não é feita de rostos; a transparência e a prestação de contas têm de ser totais; o partido é um serviço dos cidadãos para os cidadãos e, por isso, deve ser financiado por estes, não por empresas interessadas em capturar o Estado e esvaziar a democracia; ser de esquerda é um ponto de chegada, não um ponto de partida, e, portanto, prova-se nos fatos. Exemplo: quem na Europa é a favor da Parceria Transatlântica para o Investimento e Comércio não é de esquerda, mesmo que militante de um partido de esquerda. Esse tratado visa aos mesmos objetivos que a Área de Livre Comércio das Américas, vulgo Alca, proposta por Bill Clinton em 1994 e engavetada em 2005, devido ao vigoroso movimento de protesto popular que mobilizou as forças progressistas de todo o continente.

Em suma, o código genético do Podemos reside em aplicar à vida interna dos partidos a mesma ideia de complementaridade entre democracia participativa e democracia representativa que deve orientar a gestão do sistema político em geral.

Convém salientar que o Podemos é uma versão particularmente feliz e potencialmente mais eficaz de inovações políticas que têm surgido em diferentes partes do mundo, tendo como pano de fundo o inconformismo perante o esvaziamento da democracia representativa provocado pela corrupção e pela captura dos partidos de governo pelo capital. Na Itália, surgiu em 2009 o Movimento Cinco Estrelas, liderado por Beppe Grillo, com fortes críticas aos partidos políticos e defendendo práticas de democracia participativa. Teve um êxito eleitoral fulgurante, mas suas posições radicais contra a política criam grande perplexidade quanto ao tipo de renovação política que propõe. Em 2012, foi criado na Índia o Partido Aam Admi ("Partido do Homem Comum", conhecido pela sigla em inglês AAP). Este, de inspiração gandhiana e centrado na luta contra a corrupção e na democracia participativa, toma como impulso originário o fato de o homem comum (e a mulher comum, como acrescentaram aquelas que se filiaram ao partido) não ser ouvido nem levado em consideração pelos políticos instalados. Um ano depois de sua fundação, tornou-se o segundo partido mais votado para a Assembleia Legislativa de Délhi.

É possível uma onda Podemos que se alastre por outros países? As condições variam muito de país para país. Por outro lado, o Podemos não é uma receita, é uma orientação política geral no sentido de aproximar a política dos cidadãos e de mostrar que tal aproximação nunca será possível se a atividade política se circunscrever a votar de quatro em quatro anos em representantes que se apropriam dos mandatos e os usam para fins próprios.

Curiosamente, na Inglaterra, acaba de ser criado um partido, o Left Unity, diretamente inspirado nas ideias que subjazem ao Syriza e ao Podemos. Em Portugal, a onda Podemos é bem necessária, dado o vazio a que já me referi. Portugal não tem a mesma tradição de ativismo que a Espanha. Em Portugal, o Podemos será um partido diferente e, neste momento, terá pouca repercussão. Portugal vive o momento Costa. Em face dos fracos resultados do Partido Socialista (PS) nas últimas eleições para o Parlamento europeu, António Costa, prefeito da cidade de Lisboa, disputou com êxito a liderança ao secretário-geral do partido, eleito no último congresso. A disputa tomou a forma de eleições primárias abertas a militantes e simpatizantes do partido. As eleições contaram com bastante participação e mostraram o que foi dito antes: a distância dos cidadãos é só em relação à política do costume, sem horizonte de mudança em face de uma situação socioeconômica intolerável e injusta. O momento Costa faz com que a onda Podemos em Portugal se destine sobretudo a preparar o futuro: para colaborar com o PS, caso este esteja interessado numa política de esquerda, ou para ser uma alternativa, caso o

PS se descredibilize, o que fatalmente ocorrerá se ele se aliar à direita. Por agora, a segunda alternativa é a mais provável.

Será possível que a onda Podemos chegue à América Latina, devolvendo ao continente a inspiração que recebeu deste e de sua brilhante primeira década do século XXI? Certamente seria importante que isso ocorresse nos dois grandes países governados por forças conservadoras, México e Colômbia. Neles, os esforços para formular e dar credibilidade a uma nova política de esquerda não conseguiram até agora furar o bloqueio da política oligárquica tradicional. No caso do México, há que citar tentativas tão diversas quanto La Otra Campaña, por iniciativa do Exército Zapatista de Libertação Nacional, ou o movimento político aglutinado em redor de López Obrador; no caso da Colômbia, o Polo Democrático e todas as vicissitudes por que passou até hoje (polo democrático independente, polo democrático alternativo).

Nos países onde as forças progressistas conseguiram grandes vitórias na primeira década do século XXI e onde os partidos de governo foram, eles próprios, emanação de lutas populares recentes, poderá pensar-se que a onda Podemos teve aqui sua fonte e, por isso, nada de novo pode fazer acontecer. Refiro-me ao Partidos dos Trabalhadores (PT) no Brasil, ao Movimiento al Socialismo (MAS) na Bolívia, à Alianza Pais no Equador e ao Partido Socialista Unido (PSUV) na Venezuela. Trata-se de realidades políticas muito distintas, mas parecem ter duas características em comum: procuraram dar voz política às classes populares em grande medida oprimidas pelas classes dominantes, ainda que concebam as classes populares não como coletivos, mas antes como grupos de indivíduos pobres; tiveram êxito político e o exercício do poder de governo pode estar a descaracterizar a marca de origem (seja pelo caudilhismo, pela corrupção, seja pela rendição aos imperativos do desenvolvimento neoliberal etc.). O desgaste político é maior nuns do que noutros, apesar das vitórias recentes, algumas delas retumbantes (caso do MAS nas eleições de 2014). Nesses países, tal como, de resto, nos dois outros países com governos de centro-esquerda assentados em partidos mais antigos, a Argentina e o Chile, a onda Podemos, se tiver alguma relevância, tenderá a assumir duas formas: reformas profundas no interior desses partidos (mais urgentemente reclamadas no PT do que nos outros partidos) e criação de novos partidos-movimento animados pela mesma dinâmica interna de democracia participativa na formulação das políticas e na escolha dos líderes.

Como o caso do indiano AAP mostra, o impulso político que subjaz ao Podemos não é um fenômeno da Europa do Sul/América Latina. Pode aparecer sob outras formas em outros continentes e contextos. Um pouco por toda a parte,

25 anos depois da queda do Muro de Berlim, os cidadãos e as cidadãs que acreditaram na promessa da democracia, anunciada ao mundo como o fim da história, chegam à conclusão de que a democracia representativa liberal atingiu seu grau zero, minada por dentro por forças antidemocráticas, velhas e novas oligarquias com poder econômico para capturar o sistema político e o Estado e os pôr a serviço de seus interesses. Nunca como hoje se tornou tão evidente que vivemos em sociedades politicamente democráticas, mas socialmente fascistas. A onda Podemos é uma metáfora para todas as iniciativas que tentam uma solução política progressista para o pântano em que nos encontramos, uma solução que não passe por rupturas políticas abruptas e potencialmente violentas.

Os Estados Unidos são neste momento um dos países do mundo onde o grau zero da democracia é mais evidente. E certamente o país onde a retórica da governança democrática é mais grosseiramente desmentida pela realidade política plutocrática e cleptocrática. Depois que o Tribunal Supremo permitiu que empresas financiassem partidos e campanhas como qualquer cidadão – e, portanto, anonimamente –, a democracia recebeu seu golpe final. A agenda das grandes empresas passou a controlar totalmente a agenda política: da mercantilização total da vida ao fim dos poucos serviços públicos de qualidade; da eliminação da proteção do meio ambiente e dos consumidores à neutralização da oposição sindical; da transformação da universidade num espaço de aluguel para serviços empresariais à conversão dos professores em trabalhadores precários e dos estudantes em consumidores endividados por toda a vida; da submissão, nunca como hoje tão estrita, da política externa aos interesses do capital financeiro global à incessante promoção da guerra para alimentar o complexo industrial-securitário-militar. Em face disso, não surpreende que muitos dos norte-americanos inconformados com o *status quo* tenham começado a ler ou a reler Marx e Lenin. Encontram nesses autores a explicação convincente do estado a que chegou a sociedade norte-americana. Não os seguem na busca de alternativas, de ideias para refundar a política democrática do país, pois conhecem os catastróficos resultados políticos da prática leninista (e trotskista, convém não esquecer). Surpreendentemente, combinam essas leituras com a de *Democracia na América*, de Alexis de Tocqueville, e sua apologia da democracia participativa e comunitária nos Estados Unidos das primeiras décadas do século XIX. É aí que vão buscar a inspiração para a refundação da democracia nos Estados Unidos, a partir da complementaridade intrínseca entre democracia representativa e democracia participativa. Sem saber, são portadores da energia política vital que a onda Podemos transporta.

Terceira Guerra Mundial
(11 de dezembro de 2014)

Tudo leva a crer que está em preparação a Terceira Guerra Mundial. É uma guerra provocada unilateralmente pelos Estados Unidos, com a cumplicidade ativa da União Europeia. Seu alvo principal é a Rússia – indiretamente, também a China. O pretexto é a Ucrânia. Num raro momento de consenso entre os dois partidos, o Congresso dos Estados Unidos aprovou no passado dia 4 a Resolução 758, que autoriza o presidente a adotar medidas mais agressivas de sanções e de isolamento da Rússia, a fornecer armas e outras ajudas ao governo da Ucrânia e a fortalecer a presença militar dos Estados Unidos nos países vizinhos da Rússia. A escalada da provocação da Rússia tem vários componentes que, no conjunto, constituem a segunda Guerra Fria. Nesta, ao contrário da primeira, assume-se a possibilidade de guerra total e, portanto, nuclear. Várias agências de segurança fazem planos já para o *day after* de um confronto nuclear.

Os componentes da provocação ocidental são três: sanções para debilitar a Rússia; instalação de um governo satélite em Kiev; guerra de propaganda. As sanções são conhecidas, sendo a mais insidiosa a redução do preço do petróleo, que afeta de modo decisivo as exportações de petróleo da Rússia, uma das mais importantes fontes de financiamento do país. Essa redução conta com o benefício adicional de criar sérias dificuldades a outros países considerados hostis (Venezuela e Irã). A redução é possível graças ao pacto celebrado entre os Estados Unidos e a Arábia Saudita, nos termos do qual os Estados Unidos protegem a família real (odiada na região) em troca da manutenção da economia dos petrodólares (transações mundiais de petróleo denominadas em dólares), sem os quais o dólar colapsa enquanto reserva internacional e, com ele, a economia dos Estados Unidos, país com a maior e mais obviamente impagável dívida do mundo. O segundo componente é o controle total do governo da Ucrânia, a fim de transformar esse país num Estado-satélite. O respeitado jornalista Robert Parry (que denunciou o escândalo do Irã-contra) informa que a nova ministra das Finanças da Ucrânia, Natalie Jaresko, é uma ex-funcionária do Departamento de Estado, cidadã dos Estados Unidos, que obteve cidadania ucraniana dias antes de assumir o cargo. Foi até agora presidente de várias empresas financiadas pelo governo norte-americano e criadas para atuar na Ucrânia. Agora compreende-se melhor a explosão, em fevereiro passado, da secretária de Estado norte-americana para os assuntos europeus, Victoria Nulland, "Fuck the EU". O que ela quis dizer foi: "Raios! A Ucrânia é nossa. Pagamos por isso". O terceiro componente é a guerra de propaganda. A grande mídia e seus jornalistas estão a ser pressionados para difundir tudo o que legitima a provocação ocidental e ocultar tudo o que a questione. Os mesmos jornalistas que, depois dos *briefings* nas embaixadas dos Estados Unidos e em Washington, encheram as páginas dos jornais com a mentira das armas de destruição massiva de Saddam Hussein estão agora a enchê-las com a mentira da agressão da Rússia contra a Ucrânia. Peço aos leitores que imaginem o escândalo midiático que ocorreria caso se tornasse de conhecimento geral que o presidente da Síria acabara de nomear um ministro iraniano a quem dias antes concedera a nacionalidade síria. Ou se comparassem o modo como foram noticiados e analisados os protestos em Kiev em fevereiro passado e os protestos em Hong Kong das últimas semanas. Ou, ainda, se avaliassem o relevo dado à declaração de Henri Kissinger de que é uma temeridade provocar a Rússia. Outro grande jornalista, John Pilger, dizia recentemente que, se os jornalistas tivessem resistido à guerra de propaganda, talvez se tivesse evitado a guerra do Iraque, na qual morreram até ao fim da semana passada 1.455.590 iraquianos e 4.801 soldados norte-americanos. Quantos ucranianos morrerão na guerra que está a ser preparada? E quantos não ucranianos?

Estamos em democracia quando 67% dos norte-americanos são contra a entrega de armas à Ucrânia e 98% de seus representantes votam a favor? Estamos em democracia na Europa quando uma discrepância semelhante ou maior separa os cidadãos dos governos e da Comissão da UE ou quando o Parlamento europeu segue em sua rotina enquanto a Europa está a ser preparada para ser o próximo teatro de guerra, e a Ucrânia, a próxima Líbia?

Charlie Hebdo: uma reflexão difícil (14 de janeiro de 2015)

O crime hediondo que foi cometido contra jornalistas e cartunistas do *Charlie Hebdo* torna muito difícil uma análise serena do que está envolvido nesse ato bárbaro, de seu contexto e seus precedentes e seu impacto e suas repercussões futuras. No entanto, essa análise é urgente, sob pena de continuarmos a atear um fogo que amanhã pode atingir as escolas de nossos filhos, nossas casas, nossas instituições e nossa consciência. Eis algumas das pistas para tal análise.

Luta contra o terrorismo, tortura e democracia. Não se podem estabelecer ligações diretas entre a tragédia do *Charlie Hebdo* e a luta contra o terrorismo que os Estados Unidos e seus aliados têm travado desde o 11 de setembro de 2001. Mas é sabido que a extrema agressividade do Ocidente tem causado a morte de muito milhares de civis inocentes (quase todos muçulmanos) e tem sujeitado a níveis de tortura

110 As marcas do tempo

de uma violência inacreditável jovens muçulmanos contra os quais as suspeitas são meramente especulativas, como consta do recente relatório presente ao Congresso norte-americano. Também é sabido que muitos jovens islâmicos radicais declaram que sua radicalização nasceu da revolta contra tanta violência impune. Perante isso, devemos refletir se o caminho para travar a espiral de violência é continuar a seguir as mesmas políticas que a têm alimentado como é agora demasiado patente. A resposta francesa ao ataque mostra que a normalidade constitucional democrática está suspensa e que um estado de sítio não declarado está em vigor, que os criminosos desse tipo, em vez de presos e julgados, devem ser abatidos, que esse fato não representa aparentemente nenhuma contradição com os valores ocidentais. Entramos num clima de guerra civil de baixa intensidade. Quem ganha com ela na Europa? Certamente não o partido Podemos na Espanha nem o Syriza na Grécia.

A liberdade de expressão. É um bem precioso, mas tem limites, e a verdade é que a esmagadora maioria deles é imposta por aqueles que defendem a liberdade sem limites sempre que se trata de "sua" liberdade. Exemplos de limites são imensos: se na Inglaterra um manifestante disser que David Cameron tem sangue nas mãos, ele pode ser preso; na França, as mulheres islâmicas não podem usar o *hijab*; em 2008, o cartunista Maurice Siné foi despedido do *Charlie Hebdo* por ter escrito uma crônica alegadamente antissemita. Isso significa que os limites existem, mas são diferentes para distintos grupos de interesse. Por exemplo, na América Latina, a grande mídia, controlada por famílias oligárquicas e pelo grande capital, é a que mais clama pela liberdade de expressão sem limites para insultar os governos progressistas e ocultar tudo o que de bom esses governos têm feito pelo bem-estar dos mais pobres. Aparentemente, o *Charlie Hebdo* não reconhecia limites para insultar os muçulmanos, mesmo que muitos dos cartuns fossem propaganda racista e alimentassem a onda islamofóbica e anti-imigrante que avassala a França e a Europa em geral. Além de muitos cartuns com o profeta em poses pornográficas, um deles, bem aproveitado pela extrema direita, mostrava um conjunto de mulheres muçulmanas grávidas, apresentadas como escravas sexuais do Boko Haram, que, apontando para a barriga, pediam que não lhes fosse retirado o apoio social à gravidez. De um golpe, estigmatizava-se o islã, as mulheres e o Estado de bem-estar social. Obviamente, ao longo dos anos, a maior comunidade islâmica da Europa sentiu-se ofendida por essa linha editorial, mas foi igualmente imediato seu repúdio pelo crime bárbaro. Devemos, pois, refletir sobre as contradições e as assimetrias na vivência dos valores que alguns creem ser universais.

A tolerância e os "valores ocidentais". O contexto em que o crime ocorreu é dominado por duas correntes de opinião, nenhuma delas favorável à construção de uma Europa inclusiva e intercultural. A mais radical é frontalmente islamofóbica e anti-imigrante. É a linha dura da extrema direita em toda a Europa e da direita, sempre que se vê ameaçada por eleições próximas (caso de Antonis Samara na Grécia). Para essa corrente, os inimigos da civilização europeia estão entre "nós", odeiam-nos, têm nossos passaportes, e a situação só se resolve vendo-nos nós livres deles. A pulsão anti-imigrante é evidente. A outra corrente é a da tolerância. Essas populações são muito distintas de nós, são um fardo, mas temos de "aguentá-las", até porque nos são úteis; no entanto, só o devemos fazer se elas forem moderadas e assimilarem nossos valores. Mas o que são os "valores ocidentais"? Depois de muitos séculos de atrocidades cometidas em nome desses valores dentro e fora da Europa – da violência colonial às duas guerras mundiais –, exige-se algum cuidado e muita reflexão sobre o que são esses valores e por que razão, consoante os contextos, ora se afirmam uns, ora se afirmam outros. Por exemplo, ninguém hoje questiona o valor da liberdade, mas o mesmo não se pode dizer dos valores da igualdade e da fraternidade. Ora, foram esses dois valores que fundaram o Estado de bem-estar social que dominou a Europa democrática depois de Segunda Guerra Mundial. No entanto, nos últimos anos, a proteção social, que garantia níveis mais altos de integração social, começou a ser posta em causa pelos políticos conservadores e é hoje concebida como um luxo inacessível para os partidos do chamado "arco da governabilidade". Não será a crise social causada pela erosão da proteção social e pelo aumento do desemprego, sobretudo entre jovens, lenha para o fogo do radicalismo por parte dos jovens que, além do desemprego, sofrem a discriminação étnico-religiosa?

O choque de fanatismos, não de civilizações. Não estamos perante um choque de civilizações, até porque a cristã tem as mesmas raízes que a islâmica. Estamos perante um choque de fanatismos, mesmo que alguns deles não apareçam como tal por nos serem mais próximos. A história mostra como muitos dos fanatismos e seus choques estiveram relacionados com interesses econômicos e políticos que, aliás, nunca beneficiaram os que mais sofreram com tais fanatismos. Na Europa e em suas áreas de influência, é o caso das Cruzadas, da Inquisição, da evangelização das populações coloniais, das guerras religiosas e da Irlanda do Norte. Fora da Europa, uma religião tão pacífica como o budismo legitimou o massacre de muitos milhares de membros da minoria tamil do Sri Lanka; do mesmo modo, os fundamentalistas hindus massacraram as populações muçulmanas de Gujarat em 2003, e o eventual maior acesso ao poder conquistado recentemente com a vitória do presidente Modi faz prever o pior; é também em nome da religião que Israel continua a impune limpeza étnica da Palestina e que o chamado califado massacra populações muçulmanas na Síria e no Iraque. A defesa da laicidade sem limites numa Europa intercultural, onde muitas populações não se reconhecem em tal valor, será afinal uma forma de extremismo? Os diferentes extremismos opõem-se ou articulam-se? Quais são as relações entre os jihadistas e os serviços secretos ocidentais? Por que é que os jihadistas do Emirado Islâmico, que são agora terroristas, eram combatentes de liberdade quando lutavam contra Kadhafi e contra Assad? Como se explica que o Emirado Islâmico seja financiado por Arábia Saudita, Qatar, Kuwait e Turquia, todos aliados do Ocidente? Uma coisa é certa, pelo menos na última década: a esmagadora maioria das vítimas de todos os fanatismos (incluindo o islâmico) são populações muçulmanas não fanáticas.

O valor da vida. A repulsa total e incondicional que os europeus sentem perante essas mortes devem-nos fazer pensar por que razão não sentem a mesma repulsa perante um número igual ou muito superior de mortes inocentes em resultado de conflitos que, no fundo, talvez tenham algo a ver com a tragédia do *Charlie Hebdo*. No mesmo dia, 37 jovens foram mortos no Iémen num atentado bombista. No verão passado, a invasão israelita causou a morte de 2 mil palestinos, dos quais cerca de 1.500 eram civis e 500 eram crianças. No México, desde 2000, 102 jornalistas foram assassinados por defender a liberdade de imprensa e, em novembro de 2014, foram 43 jovens, em Ayotzinapa. Certamente a diferença na reação não pode estar baseada na ideia de que a vida de europeus brancos, de cultura cristã, vale mais que a vida de não europeus ou de europeus de outras cores e de culturas baseadas noutras religiões ou regiões. Será então porque estes últimos estão mais longe dos europeus ou são menos conhecidos por eles? O mandamento cristão de amar o próximo permite tais distinções? Será porque a grande mídia e os líderes políticos do Ocidente trivializam o sofrimento causado a esses outros, quando não os demonizam a ponto de fazerem pensar que eles não merecem outra coisa?

Quando o futuro da democracia está em jogo
(24 de outubro de 2015)

O fenômeno não é português. É global, embora em cada país assuma uma manifestação específica. Consiste na agressividade inusitada com que a direita enfrenta qualquer desafio à sua dominação, uma agressividade expressa em linguagem abusiva e recurso a táticas que roçam os limites do jogo democrático: manipulação do medo de modo a eliminar a esperança, falsidades proclamadas como verdades sociológicas, destempero emocional no confronto de ideias etc. etc. Entendo por direita o conjunto das forças sociais, econômicas e políticas que se identificam com os desígnios globais do capitalismo neoliberal e com o que isso implica, no nível das políticas nacionais, em termos de agravamento das desigualdades sociais, da destruição do Estado social, do controle dos meios de comunicação e do estreitamento da pluralidade do espectro político. De onde vem esse radicalismo exercido por políticos e comentadores que até pouco tempo pareciam moderados, pragmáticos, realistas com ideias ou idealistas sem ilusões?

Estamos a entrar em Portugal na segunda fase da implantação global do neoliberalismo. Em um nível global, esse modelo econômico, social e político tem estas características: prioridade da lógica de mercado na regulação não só da economia como da sociedade em seu conjunto; privatização da economia e liberalização do comércio internacional; diabolização do Estado enquanto regulador da economia e promotor de políticas sociais; concentração da regulação econômica global em duas instituições multilaterais, ambas dominadas pelo capitalismo euro-norte-americano (o Banco Mundial e o Fundo Monetário Internacional), em detrimento das agências da ONU que antes supervisionavam a situação global; desregulação dos mercados financeiros; substituição da regulação econômica estatal (*hard law*) pela autorregulação controlada por empresas multinacionais (*soft law*). A partir da queda do Muro de Berlim, esse modelo foi assumido como a única alternativa possível de regulação social e econômica. A partir daí, o objetivo foi transformar a dominação em hegemonia, ou seja, fazer com que mesmo os grupos sociais prejudicados por esse modelo fossem levados a pensar que era o melhor para eles. De fato, esse modelo conseguiu nos últimos trinta anos grandes êxitos, um dos quais foi ter sido adotado na Europa por dois importantes partidos sociais-democratas (o Partido Trabalhista inglês com Tony Blair e o Partido Social-Democrata alemão com Gerhard Schröder) e ter conseguido dominar a lógica das instituições europeias (Comissão e BCE).

Como qualquer modelo social, também esse está sujeito a contradições e resistências, e sua consolidação tem tido alguns reveses. O modelo não está plenamente consolidado. Por exemplo, ainda não se concretizou a Parceria Transatlântica, e a Parceria Transpacífico pode não se concretizar. Perante a constatação de que o modelo não está ainda plenamente consolidado, seus protagonistas (por trás de todos eles, o capital financeiro) tendem a reagir brutalmente ou não consoante a sua avaliação do perigo iminente. Alguns exemplos. Surgiram os Brics (Brasil, Rússia, Índia, China e África do Sul), com a intenção de introduzir algumas nuances no modelo de globalização econômica. A reação está a ser violenta, e sobretudo o Brasil e a Rússia estão sujeitos a intensa política de neutralização. A crise na Grécia, que antes de esse modelo ter dominado a Europa teria sido menor, foi considerada uma ameaça pela possibilidade de propagação a outros países. A humilhação da Grécia foi o princípio do fim da UE tal como a conhecemos. A possibilidade de um candidato presidencial nos Estados Unidos que se autodeclara socialista (ou seja, um social-democrata europeu), Bernie Sanders, não representa, por enquanto, nenhum perigo sério – e o mesmo se pode dizer sobre a eleição de Jeremy Corbyn para secretário-geral do Labour Party. Enquanto não representarem perigo, não serão objeto de reação violenta.

E Portugal? A reação destemperada do presidente da República à proposta de um governo de esquerda feita pelo líder do Partido Socialista, em coligação com o Bloco de Esquerda e o Partido Comunista, parece indicar que o modelo neoliberal, que intensificou sua implantação no país nos últimos quatro anos, vê em tal alternativa política um perigo sério e, por isso, reage violentamente. É preciso ter em mente que só na aparência estamos perante uma polarização ideológica. O Partido Socialista é um dos mais moderados partidos sociais-democratas da Europa. Trata-se de uma defesa por todos os meios de interesses instalados ou em processo de instalação. O modelo neoliberal só é antiestatal enquanto não captura o Estado, pois precisa decisivamente dele para garantir a concentração da riqueza e para captar as oportunidades de negócios altamente rentáveis que o Estado lhe proporciona. Devemos ter em mente que nesse modelo os políticos são agentes econômicos e que sua passagem pela política é decisiva para cuidar de seus próprios interesses econômicos.

Mas a procura da captura do Estado vai muito além do sistema político. Tem de abarcar o conjunto das instituições. Por exemplo, há instituições que assumem uma importância decisiva, como o Tribunal de Contas, porque estão sob sua supervisão negócios multimilionários. Tal como é decisivo capturar o sistema de justiça e fazer com que ele atue com dois pesos e duas medidas: dureza na investigação e na punição dos crimes supostamente cometidos por políticos de esquerda e negligência benévola no que diz respeito aos crimes cometidos pelos políticos de direita. Essa captura tem precedentes históricos. Escrevi há cerca de vinte anos: "Ao longo do nosso século, os tribunais sempre foram, de tempos em tempos, polêmicos e objeto de aceso escrutínio público. Basta recordar os tribunais da República de Weimar logo depois da revolução alemã (1918) e os seus critérios duplos na punição da violência política da extrema direita e da extrema esquerda"[2]. Nessa altura, estavam em causa crimes políticos, hoje estão em causa crimes econômicos.

---

[2]   Boaventura de Sousa Santos et al., *Os tribunais nas sociedades contemporâneas – o caso português* (Porto, Afrontamento, 1996), p. 19.

Acontece que, no contexto europeu, essa reação violenta a um revés pode ela própria enfrentar alguns reveses. A instabilidade conscientemente provocada pelo presidente da República (incitando os deputados socialistas à desobediência) assenta-se no pressuposto de que a União Europeia está preparada para uma defenestração final de toda sua tradição social-democrática, tendo em mente que o que se passa hoje num país pequeno pode amanhã acontecer na Espanha ou na Itália. É um pressuposto arriscado, pois a União Europeia pode estar a mudar no centro mais do que a periferia imagina. Sobretudo porque se trata por agora de uma mudança subterrânea que só se pode vislumbrar nos relatórios cifrados dos conselheiros de Angela Merkel. A pressão que a crise dos refugiados causa sobre o tecido europeu e o crescimento da extrema direita não recomendará alguma flexibilidade que legitime o sistema europeu junto de maiorias mais amplas, como a que nas últimas eleições votou em Portugal nos partidos de esquerda? Não será preferível viabilizar um governo dirigido por um partido inequivocamente europeísta e moderado a correr riscos de ingovernabilidade que se podem estender a outros países? Não será de levar a crédito dos portugueses o fato de procurarem uma solução longe da crispação e da evolução errática da "solução" grega? E os jovens, que encheram há uns anos as ruas e as praças com sua indignação, como reagirão à posição afrontosamente parcial do presidente e à pulsão anti-institucional que a anima? Será que a direita pensa que essa pulsão é monopólio seu?

Nas respostas a essas perguntas está o futuro próximo de nosso país. Para já, uma coisa é certa: o desnorte do presidente da República estabeleceu o teste decisivo a que os portugueses vão submeter os candidatos nas próximas eleições presidenciais. Se for eleito(a), considera ou não que todos os partidos democráticos fazem parte do sistema democrático em pé de igualdade? Se nas próximas eleições legislativas se formar no quadro parlamentar uma coligação de partidos de esquerda com maioria e for apresentada uma proposta de governo, dar-lhe-á ou não posse?

PARTE III
Democratizar a democracia

4
Politizar a política e democratizar a democracia[1]

BLOCO TEMÁTICO: INTERPRETAÇÃO DA DEMOCRACIA, PARTICIPAÇÃO, ESTADO, EMANCIPAÇÃO SOCIAL

Um dos campos de investigação que mais têm trabalhado é a democracia. Em sua análise crítica das versões elitistas e procedimentais da democracia representativa e liberal, você assume uma concepção substantiva concretizada num projeto participativo de democracia socialista radical. Poderia especificar o que tem de radical e de socialista sua concepção de democracia?

Boaventura de Sousa Santos: A democracia representativa (DR) é o regime político no qual os cidadãos (inicialmente uma pequena porcentagem da população) concentram seu poder democrático na eleição dos decisores políticos. Uma vez eleitos, estes passam a ser os titulares do poder democrático que exercem com mais ou menos autonomia em relação aos cidadãos. Essa autonomia dos representantes é algo paradoxal. Se, por um lado, é um requisito para que a democracia funcione, por outro, é um fator de tensão entre representantes e representados, a ponto de em algumas situações a maioria dos representados não se reconhecer nos representantes, não se sentir representada por estes (a patologia da representação). Todos os cidadãos, de muitos países, recordam situações particularmente críticas em que a opinião dos cidadãos, captada por meio de sondagens encomendadas pelos próprios poderes públicos, foi totalmente desrespeitada pelos decisores públicos democráticos. A invasão ilegal do Iraque foi certamente um exemplo. E outros se acumulam a cada hora em cada país. Nos Estados Unidos, o presidente Obama

---

[1] Entrevista conduzida por Antoni Jesús Aguiló Bonet, publicada na Espanha pela *Revista Internacional de Filosofía Política*, Madri, n. 35, out. 2010.

120 DEMOCRATIZAR A DEMOCRACIA

ganhou as eleições com a promessa de criar um sistema de saúde que acabasse com o escândalo de, no país mais rico do mundo e que mais dinheiro gasta com a saúde, 47 milhões dos cidadãos não terem proteção social da saúde. No momento em que escrevo (dezembro de 2009), essa reforma está bloqueada pelos interesses das multinacionais seguradoras, farmacêuticas e de serviços médicos e pelos decisores conservadores controlados por elas. Esses exemplos mostram que, ao contrário do senso comum dos meios de comunicação, as disfunções da DR não ocorrem apenas nos países menos desenvolvidos, no Sul Global, durante muito tempo denominados Terceiro Mundo. Ocorrem no centro do sistema mundial, no Norte Global, que se proclama exemplo de democracia a ser seguido por todos os outros países. Aliás, nesse domínio, o início do século XXI apresenta-nos algo inovador: enquanto no Norte Global se acumulam os sinais de apropriação da DR por interesses econômicos minoritários, mas muito poderosos (como mostram as medidas tomadas desde 2008 para garantir ao capitalismo financeiro a preservação de sua economia de casino), em alguns países do Sul Global, sobretudo na América Latina, novos exercícios de democracia DR emergem onde a voz das maiorias se impõe com mais eficácia política.

Quando a distância entre representantes e representados é ampla e disfuncional, a DR dispõe de um mecanismo aparentemente muito eficaz: novas eleições, novos representantes. Mas aqui entra outro fator: o sistema político e suas mediações institucionais. Entre tais mediações estão os partidos e as organizações de interesses setoriais. Em tempos normais, mudar de representantes pode significar mudar de partidos, mas não mudar os partidos e muito menos mudar o sistema de partidos ou o sistema de organizações de interesses. Ou seja, as eleições podem de fato mudar muito pouco as coisas e, na medida em que isso ocorre reiteradamente, a distância entre representantes e representados (patologia da representação) transforma-se pouco a pouco na patologia da participação: os cidadãos se convencem de que seu voto não muda as coisas e, por isso, deixam de fazer o esforço (por vezes considerável) de votar; assim, surge o abstencionismo. Caracterizar esses fenômenos como patologias de representação e de participação implica, desde logo, uma crítica da teoria política liberal em que se baseia a DR. De fato, os teóricos liberais arquitetaram o regime democrático para garantir que essa distância existisse (elitismo) e que a participação não fosse demasiado ativa (procedimentalismo). O medo das massas ignorantes e potencialmente revolucionárias está na raiz da DR. Do ponto de vista da teoria, podemos apenas falar de patologia quando a distância entre representantes e representados ou quando a falta de participação ultrapassam certo limite considerado disfuncional para manter o *status quo*.

Basicamente pelas mesmas razões a DR desenvolveu seus instrumentos ao redor da questão da autorização (decidir por voto quem são os autorizados a tomar decisões políticas) e negligenciou totalmente a outra função, que é a de prestação de contas ou controle social, o que tornou a DR totalmente vulnerável aos fenômenos de corrupção.

Do mesmo modo, a crítica de que a DR não garante as condições materiais de seu exercício (a liberdade efetiva do indivíduo para exercer livremente seu direito de voto) só é válida enquanto crítica externa à teoria liberal, pois o modelo da DR é normativo e a faticidade que lhe subjaz sendo certamente um problema não é um problema da teoria. Essa leveza da teoria permite-lhe acoplar-se a realidades sociopolítico-culturais muito distintas e transformar-se num modelo facilmente transplantável ou exportável.

Em face disso, pode-se perguntar por que os socialistas e mesmo os revolucionários devem hoje se ocupar da DR. São várias as razões. A primeira é que a DR é uma parte importante, mas apenas uma parte, de uma tradição democrática muito mais ampla, na qual cabem outras concepções e práticas democráticas. A segunda é que ao longo do século passado as classes populares (classes trabalhadoras em sentido amplo) conquistaram vitórias importantes, em alguns países pelo menos, devido à participação no jogo da DR e apesar de todos os limites que este lhes impôs. A terceira razão é que a crise do socialismo bolchevique revelou que a relação entre democracia e revolução tem de ser repensada, em termos dialéticos, tal como aconteceu no início das revoluções da era moderna. À luz dessas razões, penso que neste momento talvez seja mais importante falar de democracia revolucionária do que de democracia socialista. A última só será uma realidade se a primeira for possível. O conceito de democracia revolucionária foi durante todo o século passado contaminado com a versão leninista do conceito (ou melhor, dos conceitos) de ditadura do proletariado. Por sua vez, o conceito de democracia socialista teve vigência efetiva no período entre as duas guerras na Europa, a experiência histórica da social-democracia; depois da Segunda Guerra Mundial, deixou de ter horizontes socialistas e passou a designar uma forma específica de governar a economia capitalista e a sociedade por ela produzida, da qual o chamado modelo social europeu é o exemplo paradigmático. No início do século XXI existem condições para aproveitar melhor a experiência do mundo que, entretanto, se tornou muito mais vasto que o pequeno mundo europeu ou eurocêntrico. Mas para isso é preciso conhecer melhor os debates de cem anos atrás, pois só assim poderemos entender por que a experiência constitutiva do mundo tem de ser também constitutiva de nossa capacidade para dar conta da novidade de nosso tempo.

Logo depois da Primeira Guerra Mundial, as abordagens socialistas da DR centravam-se em duas questões principais. A primeira questão, aliás, foi formulada da maneira mais eloquente por um extraeuropeu, como hoje diríamos, um jovem intelectual peruano que viria a ser um dos grandes marxistas do século XX, José Mariátegui. De visita prolongada à Europa, Mariátegui percebeu que as democracias europeias estavam a ser cercadas por dois inimigos irredutíveis: o fascismo e o comunismo. Segundo ele, a sorte das democracias dependeria do modo como elas conseguissem resistir a esse duplo desafio, um desafio de morte. A segunda questão foi discutida com particular intensidade na Inglaterra (tal como tinha sido na Alemanha antes da guerra) e consistia em saber se a democracia era compatível com o capitalismo. O imperialismo que se afirmara no fim do século XIX e incendiara a opinião pública com a guerra dos Boers (1880-1881, 1889-1902) parecia destinado a devorar a alma do governo democrático ao pô-lo a serviço do capital financeiro. Ninguém melhor que John Hobson formulou essa questão – em seu livro clássico, *Imperialism, a Study* (1902), ainda mais clássico depois de ter sido elogiado por Lenin e favoravelmente contraposto ao ultraimperialismo do "traidor" Karl Kautsky.

Onde estamos hoje em relação a cada uma dessas questões? No que diz respeito à primeira, os anos subsequentes mostraram que os dois inimigos eram de fato irredutíveis. A revolução bolchevique recusava a DR em nome de uma democracia popular de tipo novo, os sovietes; por sua vez, o fascismo usou, quando muito, a DR para entrar na esfera do poder e logo depois desfazer-se dela. Depois da Segunda Guerra Mundial, a DR continuou em competição com o comunismo, mas triunfou sobre o fascismo (com exceção dos dois países ibéricos, onde formas muito específicas de fascismo vigoraram até 1974-1975). Com a queda do Muro de Berlim, o triunfo da DR pareceu total e definitivo.

A questão da compatibilidade da democracia com o capitalismo tinha como pano de fundo a rejeição do modelo soviético e a opção por uma via democrática para o socialismo, que na altura incluía medidas frontalmente anticapitalistas, como a nacionalização dos meios de produção e a ampla redistribuição da riqueza. Os partidos comunistas então emergentes tinham resolvido essa questão: a democracia não só era compatível com o capitalismo, como era o outro lado da dominação capitalista. A opção era entre democracia e revolução. Por isso, não acreditavam que as classes trabalhadoras pudessem tirar alguns benefícios do jogo democrático e tendiam a minimizar as medidas consideradas de orientação socialista e até a opor-se a elas. Usavam a democracia como instrumento de propaganda contra a possibilidade de se chegar ao socialismo pela DR.

Para os socialistas, pelo contrário, a questão do comunismo estava resolvida. Mesmo quando avaliavam com benevolência o regime soviético, tornavam claro que só as condições muito específicas da Rússia e a Primeira Guerra Mundial o justificavam. Aliás, a diferença entre o Oriente e o Ocidente neste domínio era consensual, ainda que formulada de modos distintos. Para Lenin, a revolução socialista no Ocidente seria diferente. Trotski afirmava no início dos anos 1920 que, enquanto no Oriente fora fácil tomar o poder, mas depois difícil mantê-lo, no Ocidente seria difícil tomar o poder, mas uma vez tomado seria fácil mantê-lo. E Gramsci é conhecido, entre outras coisas, pela distinção entre guerra de posição que recomendava para o Ocidente (Estados fracos e sociedade civis e hegemonias fortes) e guerra de movimento que recomendava para o Oriente (Estados fortes e sociedades civis "primordiais", "gelatinosas").

Para os socialistas europeus ocidentais, o socialismo só seria possível por via democrática. O problema era essa via ser bloqueada por processos antidemocráticos. O perigo vinha do fascismo, não como perigo "exterior" ao capitalismo, mas antes como um desenvolvimento interno do capitalismo que, ameaçado pela emergência de políticas socialistas impostas por via democrática, mostrava sinais de abrir mão da democracia e de recorrer a meios antidemocráticos. A questão da compatibilidade entre democracia e capitalismo era uma maneira mais radical de abordar a questão mais antiga da tensão permanente entre capitalismo e democracia. Essa tensão emergira desde que o Estado começara a "interferir" na economia (a regulação do horário de trabalho fora uma intervenção emblemática) e começara a ter lugar alguma redistribuição de riqueza por políticas sociais financiadas pela tributação do capital. Essa tensão era assumida com a convicção de que a democracia (DR) um dia triunfaria sobre o capitalismo. O avanço das políticas redistributivas, ao mesmo tempo que fazia crer na possibilidade de um futuro socialista por via democrática, confrontava-se com resistências que iam além da mera oposição democrática. A vitória do nacional-socialismo alterou totalmente os termos da questão. Se antes a política era encontrar plataformas de entendimento entre socialistas e comunistas de várias convicções para fazer frente aos conservadores (as frentes unitárias), agora o objetivo era unir todos os democratas, conservadores incluídos, contra a ameaça fascista (as frentes populares). No final da Segunda Guerra Mundial, a tensão entre capitalismo e democracia foi institucionalizada na Europa sob condição de o socialismo deixar de ser o horizonte das lutas democráticas. O capitalismo cederia até o ponto em que isso não afetasse sua reprodução alargada.

Entretanto, sem que a teoria produzida no Norte Global desse conta disso, fora da Europa as duas questões tinham sortes muito diferentes. Na América

Latina, a compatibilidade, ou melhor, a incompatibilidade entre capitalismo e democracia estivera desde o início na agenda política conturbada de muitos países com democracias instáveis e excludentes seguidas de períodos de ditadura de vários tipos (que incluiu alguns inspirados no fascismo europeu, como o varguismo no Brasil). As experiências desses países só começaram verdadeiramente a ser consideradas pelos teóricos da democracia no final da década de 1950 – sob a forma de estudos sobre o desenvolvimento, em especial, sobre direito e desenvolvimento –, quando a Revolução Cubana reinaugurou a opção entre capitalismo e revolução e, dez anos depois, quando Allende restabeleceu a possibilidade do socialismo por via democrática.

Na África e na Ásia, também essas questões tiveram cursos próprios. A China optara desde 1949 pela via comunista, revolucionária. A partir dos anos de 1950, os países africanos e asiáticos saídos do colonialismo preferiram soluções diferentes, ora dominadas por uma entente entre capitalismo e democracia do tipo DR, ora reivindicando a criação de novas formas de democracia de orientação socialista (democracia desenvolvimentista) sustentadas por movimentos ou partidos que protagonizaram as lutas e as negociações que conduziram à independência. Em qualquer dos casos, houve fracassos, quer dos objetivos democráticos, quer dos objetivos socialistas. Em meados da década de 1970, os países africanos saídos do colonialismo português reanimaram momentaneamente a hipótese socialista revolucionária, mas em meados da década seguinte, sob a égide da nova forma do capitalismo global, o neoliberalismo, um novo tipo de normalização democrática, emergia tanto na África como na América Latina e na Ásia: a eliminação da tensão entre democracia e capitalismo pela retirada do Estado da regulação da economia e da liquidação da redistribuição social tornada possível no período anterior pelas políticas sociais. A eliminação da tensão teve lugar por meio da opção por uma democracia de baixa intensidade, elitista e procedimentalista e, além do mais, saturada de corrupção.

Essa, porém, não é a história toda. Como vimos, as classes trabalhadoras europeias tinham obtido ganhos importantes, por meio da DR, no início do século XX, um acúmulo histórico que se perdeu com o fascismo e com a guerra para ser retomado no pós-guerra. A partir de então, a DR disputou o campo das opções políticas com outros modelos não liberais de democracia, como as democracias populares dos países do Leste Europeu ou as democracias desenvolvimentistas do então chamado Terceiro Mundo. O elenco das opções democráticas era variado. Enquanto a DR se assentava na oposição entre revolução e democracia, os outros tipos de democracia emergiam de rupturas revolucionárias de orientação anticapitalista ou anticolonial. Nos anos 1980, essa variedade desapareceu com o triunfo total da DR ou, melhor, de um tipo de DR que tinha pouco a ver com a DR da social-democracia europeia caracterizada pela ênfase na articulação entre os direitos cívicos e políticos com os direitos sociais e econômicos. A DR que saiu da ortodoxia neoliberal era exclusivamente centrada nos direitos cívicos e políticos. Essa ortodoxia encontrou, no entanto, poderosos obstáculos. Na Índia, por exemplo, a organização federal do Estado tinha permitido vitórias eleitorais aos partidos comunistas em vários estados da União apostados na manutenção de fortes políticas sociais. Por sua vez, na América Latina, as lutas sociais contra as ditaduras militares ou civis eram portadoras de um impulso e de uma aspiração democráticos que não se podiam satisfazer com a democracia neoliberal e que, pelo contrário, punham na agenda política a questão da justiça social e, portanto, a tensão entre democracia e capitalismo.

Muito dessa mobilização social foi canalizado para a luta contra o neoliberalismo e a democracia de baixa intensidade por ele proposta, como foi o caso particularmente dramático da Argentina no início da década de 2000. O ativismo dos movimentos sociais conduziu à emergência de novos partidos de orientação progressista ou deu origem a plataformas eleitorais que levaram ao poder líderes apostados na redistribuição social por via democrática (caso do Partido dos Trabalhadores (PT) no Brasil, do Movimiento al Socialismo (MAS) na Bolívia, dos sandinistas na Nicarágua, da Frente Farabundo Martí para la Liberación Nacional (FMLN) em El Salvador, da Alianza País no Equador, do movimento Revolución Bolivariana que dá origem ao Partido Socialista Unido da Venezuela na Venezuela, da Frente Amplio no Uruguai e da Alianza Patriótica para el Cambio no Paraguai) – ou, ainda, sem alterar o sistema de partidos tradicionais, promoveu líderes com programas de matriz antineoliberal (Argentina e Chile). Em todos esses casos está subjacente a ideia de que a DR é um modelo de democracia com alguma elasticidade e de que suas potencialidades para criar mais justiça social ainda não estão esgotadas.

Mas o impulso democrático das últimas três décadas teve outras dimensões que foram além da DR. Distingo duas delas. A primeira foram as experiências de democracia participativa em nível local que emergiram no final da década de 1980 com os orçamentos participativos municipais de que Porto Alegre foi a cidade pioneira. O êxito da experiência foi surpreendente mesmo para seus protagonistas, reproduziu-se em muitas cidades do Brasil e de toda a América latina, suscitou a curiosidade dos líderes municipais de outros continentes – nomeadamente da Europa –, que sob diferentes formas foram adotando a prática do orçamento participativo, e acabou por levar o Banco Mundial a chamar atenção para as virtudes dessa forma de democracia participativa e a recomendar sua adoção.

Apesar de ser a forma mais emblemática de democracia participativa, o orçamento participativo é apenas um dos muitos mecanismos de democracia participativa que emergiram nessas décadas. Ao lado dele haveria que mencionar os conselhos municipais e estaduais, com funções consultivas e por vezes deliberativas na definição das políticas sociais, nomeadamente na área da saúde e da educação; as consultas populares; os referendos (com grande impacto na condução política de alguns países, por exemplo, a Venezuela e a Bolívia). Essa vasta experiência democrática traduziu-se em articulações novas e até então inimagináveis entre democracia representativa e democracia participativa.

Por último, o protagonismo dos movimentos indígenas na América Latina, com especial destaque para a Bolívia e o Equador, veio a traduzir-se no reconhecimento de um terceiro tipo de democracia, a comunitária, constituída pelos processos de discussão e deliberação ancestrais das comunidades indígenas. Nesse sentido, a nova Constituição da Bolívia consagra três tipos de democracia: representativa, participativa e comunitária.

Podemos dizer que a DR tem sido mobilizada pelas classes populares no continente latino-americano como parte de um movimento de democratização de alta intensidade e que inclui outras práticas democráticas e outros tipos de democracia. Contrariamente ao que se pretendeu em muitas das lutas sociais de períodos anteriores, não se trata agora de substituir a democracia representativa por outros tipos de democracia considerados mais genuínos (participativos ou comunitários), mas antes de construir uma democracia genuína com base na articulação entre todos os tipos disponíveis. É essa vastíssima experiência de lutas democráticas que nos permite hoje ampliar o cânone democrático e produzir teorias de democracia que vão muito além da teoria liberal.

Você escreve que a democracia, tal como a entende, é capaz de fundar uma nova "gramática de organização social e cultural", capaz, entre outros aspectos, de mudar as relações de gênero, reforçar o espaço público, promover uma cidadania ativa e inclusiva, garantir o reconhecimento das identidades e gerar uma democracia distributiva que combata as desigualdades socioeconômicas. Como entender e levar a cabo o processo de constituição dessa gramática de inclusão social no atual e inquietante contexto da globalização pós-neoliberal?

BSS: Radicalizar a democracia significa intensificar sua tensão com o capitalismo. É um processo muito conflitual porque, como já disse, nesse início de século a democracia, ao vencer aparentemente seus adversários históricos, longe de eliminá-los, apenas mudou os termos da luta que trava com eles. O campo da luta democrática é hoje muito mais heterogêneo e, ao contrário do que se passava no tempo de Mariátegui, é em seu interior que as forças fascistas e as forças socialistas se defrontam. Aqui reside um dos grandes desafios de nossa época: por quanto tempo e até que limite a luta democrática poderá conter essas forças antagônicas? Depois da derrota histórica do comunismo, as forças socialistas explorarão ao máximo as possibilidades da democracia, pois, verdadeiramente, não têm alternativa. Já o mesmo não se pode dizer das forças fascistas. É certo que sobre elas pesa a derrota histórica do nacional-socialismo, mas não podemos esquecer que, do ponto de vista da reprodução do capitalismo, o fascismo é sempre uma alternativa em aberto. Essa alternativa será acionada no momento em que a DR for considerada irremediavelmente, não apenas temporariamente, disfuncional. Por isso digo que, hoje, a democracia progressista é tendencialmente revolucionária. Ou seja, quanto mais significativas forem as vitórias democráticas – quanto mais eficazes forem as forças socialistas na luta pela maior redistribuição social e pela inclusão intercultural –, maior é a probabilidade de o bloco capitalista recorrer a meios não democráticos, isto é, fascistas, para recuperar o controle do poder de Estado. A partir de determinado patamar, certamente difícil de estabelecer em geral, as forças democráticas (pró-capitalistas ou pró-socialistas) deixarão de poder enfrentar eficazmente as forças fascistas caso se mantenham nos limites do quadro institucional da democracia. Terão de recorrer à ação direta não necessariamente legal e possivelmente violenta contra a propriedade (a vida humana é um bem incondicional, talvez o único). O continente latino-americano é certamente o que melhor ilustra alguns dos dilemas que se podem desenhar no horizonte. Nele, mais que em nenhum outro, é possível identificar o enfrentamento entre forças socialistas e forças fascistas por enquanto contidas no quadro democrático. São, no entanto, visíveis os sinais de estresse institucional em alguns países. É o continente em que coexistem de maneira mais vincada as lutas mais ofensivas (de forte pendor socialista) com as lutas mais defensivas (de defesa contra o fascismo). Não me surpreenderia se esse fosse o continente de teste para a democracia revolucionária, ou seja, para revelar os limites da tensão entre aprofundamento democrático e reprodução capitalista ampliada.

Colocar em marcha essa nova gramática social que estabelece sua concepção de democracia poderia conduzir, em determinadas situações, à introdução do experimentalismo na órbita do Estado. O professor ensina conceitos inéditos como "Estado experimental", "experimentalismo constitucional" e "demodiversidade". Poderia ampliar um pouco mais essa ideia de experimentalismo democrático? Que experiências criativas podemos apreciar? Em seu entender, a Bolívia – e, de maneira mais geral, a América Latina – é pioneira nesse sentido?

BSS: A esmagadora vitória de Evo Morales nas eleições do dia 6 de dezembro de 2009 foi um acontecimento democrático de relevância mundial que só não foi noticiado como tal porque é demasiado ameaçador para os interesses do capitalismo global e para os interesses geoestratégicos dos Estados Unidos no continente, ambos com forte poder nos grandes meios de comunicação e de informação. Igualmente inovador, ainda que muito distinto, é o processo político equatoriano. Essas experiências políticas causam surpresa porque não foram pensadas, muito menos previstas, pelas teorias políticas da modernidade ocidental, nomeadamente o marxismo e o liberalismo. Tanto num caso como no outro, é grande o protagonismo dos povos indígenas (no caso do Equador, o protagonismo ocorreu sobretudo na década de 1990, mas teve um papel transformador fundamental sem o qual não se entende o processo político atual). Ora, os povos indígenas foram ignorados, enquanto atores sociais e políticos, tanto pelo marxismo como pelo liberalismo. Essa surpresa coloca aos teóricos e aos intelectuais em geral uma questão nova, a questão de saber se estão preparados para se deixarem surpreender. Não é uma pergunta de resposta fácil. Sobretudo para os teóricos críticos que foram marcados pela ideia da teoria de vanguarda – e a teoria de vanguarda, por natureza, não se deixa surpreender. Tudo o que não cabe em suas previsões nem em suas proposições não existe ou não merece existir.

Se aceitarmos que o questionamento da teoria, longe de ser destrutivo para a teoria, pode significar uma mudança na conversa do mundo consigo próprio, podemos chegar à conclusão de que, na atual conjuntura, é importante que nos deixemos surpreender pela realidade como fase transitória de pensamento entre a teoria de vanguarda que nos guiou até aqui e outra teoria ou outro conjunto de teorias que nos acompanhará daqui em diante. Digo que a teoria a construir nos acompanhará, e não que nos guiará, porque suspeito de que o tempo das teorias de vanguarda tenha passado. Estamos a entrar num tempo de teorias de retaguarda que, em contextos de grande complexidade e indeterminação: 1) valorizam os conhecimentos produzidos pelos atores sociais e concebem a construção teórica como reflexões em curso, sínteses provisórias de reflexões amplas e partilhadas; 2) acompanham os processos de transformação para permitir aos atores sociais conhecer melhor o que já conhecem; 2) facilitam a emergência do novo por meio de sistematizações abertas que formulem perguntas em vez de dar respostas;

3) fomentam comparações sincrônicas e diacrônicas entre experiências e atores sociais tanto para situar e contextualizar as acrobacias do universal como para abrir portas e soltar correntes de ar nos *guettos* da especificidade local.

A teoria de retaguarda avança com o recurso a analogias, a metarritmias (sensibilidade para os diferentes ritmos da transformação social) e ao hibridismo entre ausências e emergências. Assim surgem conceitos como o experimentalismo estatal ou a demodiversidade. O conceito de demodiversidade formulado analogicamente a partir do conceito de biodiversidade procura inserir no campo político uma diversidade que até agora não foi aceita, ao mesmo tempo que faz emergir o novo a partir do ancestral. A democracia liberal (hoje centrada exclusivamente na DR) defende a diversidade e acha que ela deve ser tema do debate democrático, desde que sujeita a conceitos abstratos de igualdade e não extensiva à definição das regras de debate. Fora desses limites, a diversidade é, para a teoria liberal, a receita do caos. Com uma simplicidade desarmante, a Constituição da Bolívia reconhece três tipos de democracia: representativa, participativa e comunitária. Cada uma delas tem regras próprias de deliberação, e certamente a acomodação entre elas não será fácil. A demodiversidade é uma das vertentes da constitucionalização das diferentes culturas de deliberação que existem no país. Ao assumir esse papel, a Constituição transforma-se, ela própria, num campo de experimentação.

Com o conceito de Estado experimental, que perfilho há já um tempo, pretendo assinalar que nos tempos que correm a solidez normativa da institucionalidade moderna (do Estado, do direito, da administração pública) está hoje a liquidificar-se para o bem (reconhecimento da diversidade) e para o mal (por exemplo, corrupção). Ou seja, forças políticas com orientações políticas opostas procuram aproveitar para suas causas esse estado de coisas. As forças pró-capitalistas falam de *governance*, de parcerias público-privadas, de *soft law*. Por trás desses conceitos está não só a flexibilidade normativa, como a não interferência com as relações de poder existentes. Pelo contrário, Estados como Bolívia, Equador e Venezuela tentam alterar as relações de poder existentes, e é dentro desse marco que a ideia de experimentação pode ter validade. É que, sendo duros os conflitos e não sendo claras as alternativas, as mudanças nas relações de poder, ao contrário do que se pode pensar, podem ser consolidadas por meio da experimentação com várias soluções, quer simultaneamente, quer sequencialmente. Criar espaços políticos a partir do início da mudança das relações de poder, mas que uma vez criados permanecem abertos à criação e à inovação, é algo que a teoria política moderna liberal ou marxista nunca foi capaz de admitir porque confundiu tomada de poder com exercício de poder. Ora, tomar e exercer o poder são duas coisas muito distintas em processos políticos tão transformadores como aqueles a que estamos a assistir. É mais fácil tomar que exercer e, como é do exercício que vem a consolidação do poder, eu considero que a experimentação pode consolidar os processos de transição na medida em que facilita o exercício do poder e o torna mais inclusivo: a aposta em soluções provisórias e experimentais permite manter o debate político aberto e as soluções institucionais e normativas em movimento e convida ao envolvimento construtivo dos adversários. Nada disso cabe na consciência teórica e política de modernidade ocidental.

A sexta de suas quinze teses para o aprofundamento da democracia afirma que estão a emergir formas contra-hegemônicas de democracia de alta intensidade. No entanto, na sétima, você adverte que estão limitadas aos âmbitos local e municipal. Como podemos resolver os problemas de escala e levar a democracia contra-hegemônica tanto ao âmbito estatal como ao global[2]?

BSS: Esse é um dos problemas mais dilemáticos para a prática e a teoria democráticas. De fato, as grandes inovações democráticas das últimas décadas tiveram lugar em nível local e nunca foi possível transferi-las para o nível nacional e, claro, muito menos para o nível internacional. Isso é verdade tanto para as experiências mais recentes de democracia participativa (orçamentos participativos, conselhos populares, consultas) como para as formas ancestrais de democracia comunitária de origem indígena. Devemos, no entanto, ter em mente que o problema da escala não é um problema de causas, mas de consequências. No caso das formas ancestrais indígenas, a questão da escala é resultado de uma derrota histórica. Os poderes coloniais destruíram todas as formas políticas e de gestão indígenas, exceto as de carácter local, quer porque não conseguiram destrui-las, quer porque pensaram poder cooptá-las e colocá-las a serviço do poder colonial.

Além dessas causas, há que se levar em conta os fatores sistêmicos e funcionais. Nenhum sistema complexo e aberto subsiste sem turbulência controlada, sem momentos de reprodução não linear, inclusive de negação dialética truncada ou parcial. Os sistemas de dominação como o capitalismo ou o colonialismo apropriam-se das grandes escalas (global e universal) porque são elas que garantem a hegemonia (as que desacreditam as alternativas) e a reprodução alargada. Às escalas menores (locais ou subnacionais) é deixada maior margem de liberdade. O colonialismo ofereceu os exemplos mais paradigmáticos por meio das várias

---

[2] Ver a propósito Boaventura de Sousa Santos, *Fórum Social Mundial: manual de uso* (Porto, Afrontamento, 2005), p. 104-10.

formas de governo indireto – deixar o governo local entregue, em boa parte, às "autoridades tradicionais" –, mas o fenômeno é geral. O local permite combinar radicalidade e atomicidade. Quer no nível da denúncia e da resistência, quer no nível da proposição e da alternativa, o investimento político-emocional organizativo e comunitário é potencialmente radicalizador porque vive da transparência entre o que é defendido e o que é combatido. No entanto, dado seu âmbito limitado, pode ser ignorado (enquanto ameaça) e ser até funcional (enquanto energia desperdiçada) para as escalas de dominação envolventes. Claro que nem as funções evitam as disfunções nem os sistemas impedem a eclosão de antissistemas. O local de hoje pode ser o global de amanhã. Para isso, são necessárias imaginação e vontade política que deslocalizem o local sem o eliminar (a articulação entre lutas locais) e que desglobalizem o global existente deslegitimando-o (esta ordem é desordem, esta justiça é injusta, esta liberdade é opressão, esta fraternidade é egoísmo naturalizado) e minando sua hegemonia (há outras ordens menos desordenadas, outras justiças mais justas, outras liberdades mais livres e outras fraternidades verdadeiramente fraternas). Tudo isso é possível a todas as escalas, e a mudança social envolve sempre mudanças de escala (o que chamo "transescala"). Infelizmente, o pensamento democrático socialista continua ainda apegado ao modelo de Estado moderno centralizador. Ou seja, tende a ver a transformação social no nível da escala nacional, privilegiando-a em detrimento da escala local ou da escala global e sendo pouco imaginativo na construção de articulações entre escalas. Por exemplo, não seria impossível construir o orçamento geral do Estado segundo regras semelhantes às do orçamento participativo municipal. Teriam de ser certamente regras distintas no nível da operacionalidade, dados os efeitos de escala, mas semelhantes na lógica e no sentido político subjacente.

Uma de suas afirmações mais duras é a de que "vivemos em sociedades que são politicamente democráticas, mas socialmente fascistas". Isso se deve, em parte, ao fato de que a democracia, a serviço do Estado fraco neoliberal, perdeu seu poder redistributivo, sendo capaz de conviver comodamente com situações estruturais de miséria e exclusão social. Como pode a democracia socialista radical, sob o domínio da democracia representativa liberal, além da mera teorização acadêmica, fazer frente aos fenômenos de desigualdade e exclusão?

BSS: O conceito de fascismo que uso nessa citação é diferente do conceito usado para definir os regimes políticos de partido único que vigoraram sobretudo na Itália e na Alemanha no período entre as duas guerras e na Espanha e em Portugal até 1974-1975. Refere-se a relações sociais de poder de tal modo desiguais que, no contexto social e político em que ocorrem, a parte (indivíduos ou grupos) mais poderosa exerce um direito de veto sobre aspectos essenciais da vida da parte menos poderosa. Alguns exemplos como simples ilustração da diversidade dos domínios sociais em que ocorre o fascismo social: as relações de trabalho à margem das leis laborais ou que envolvem imigrantes, particularmente imigrantes indocumentados; as relações familiares dominadas pela violência doméstica em suas múltiplas formas; as relações de *apartheid* social, assentadas no racismo, que hoje continuam presentes nas sociabilidades e nas estruturas urbanas; as relações do capital financeiro com o país em que investe e desinveste sem outro motivo além do lucro especulativo; as comunidades camponesas sujeitas à violência de milícias privadas; a privatização de bens essenciais, como a água, quando a empresa concessionária passa a ter direito de veto sobre a vida das pessoas: quem não paga a conta fica sem água.

Trata-se, pois, de formas de sociabilidade não sujeitas a qualquer controle democrático porque ocorrem fora do que a teoria política liberal designa como campo político ou sistema político. Como a vida dos indivíduos, das classes ou dos grupos sociais decorre em domínios considerados não políticos, na medida em que neles domina o fascismo social, a democracia representativa tende a ser sociologicamente uma ilha democrática num arquipélago de despotismos. A possibilidade dessa ocorrência, tanto no Norte como no Sul Global (ainda que muito diferente num e noutro caso), aumentou enormemente com o neoliberalismo e o aumento exponencial da desigualdade social que decorreu da liquidação das políticas sociais e da desregulação da economia.

A DR não só convive com essa situação, como a legítima ao torná-la invisível. Afinal, não faz sentido falar de fascismo (em sentido convencional) em sociedades democráticas. O peso dessa ideia convencional de fascismo em países como Espanha ou Portugal torna difícil a aceitação da ideia de fascismo disseminado na sociedade e não centrado no Estado (ainda que com a cumplicidade deste, quanto mais não seja por omissão). Mas a verdade é que muitos cidadãos vivem nas sociedades democráticas sujeitos a constrangimentos, censuras e autocensuras, privação de direitos elementares de expressão e de movimento contra os quais não podem resistir sob pena de pesadas consequências; vivem, em suma, sujeitos a ações arbitrárias que são estruturalmente semelhantes às que sofreram os democratas durante a vigência dos regimes fascistas. Como se trata de um fascismo subpolítico, não é reconhecido como tal.

A ideia de fascismo social aponta para a criação de vastas alianças democráticas, estruturalmente semelhantes às que estiveram na base das frentes populares no período entre as duas guerras mundiais, e sugere também a necessidade de reativar as energias democráticas adormecidas pela crença de que tudo é democrático na sociedade democrática. Como procuro demonstrar, pouco é democrático nas sociedades com um sistema político democrático.

Tal como a luta contra o fascismo político foi uma luta pela democracia política, a luta contra o fascismo social deve ser uma luta pela democracia social. Trata-se, pois, de um conceito de democracia muito mais amplo que o conceito que subjaz à DR. A democracia para mim é todo o processo de transformação de relações de poder desigual em relações de autoridade partilhada. Onde quer que haja luta contra o poder desigual, há processo de democratização. Distingo em meu trabalho seis subcampos de relações sociais em que os processos de democratização têm importância particular: o espaço-tempo doméstico, o espaço-tempo da produção, o espaço-tempo da comunidade, o espaço-tempo do mercado, o espaço-tempo da cidadania e, finalmente, o espaço-tempo mundial das relações entre Estados. Cada um desses espaços-tempo pode ser um campo de luta democrática contra o fascismo que se gera em seu seio. Em cada um deles, a luta democrática toma uma forma específica. Os tipos de democracia de que tenho falado e que vêm enriquecendo o repertório das possibilidades democráticas operam em dois desses espaços-tempo: o comunitário e o da cidadania. Outros tipos de democracia terão de ser considerados para os outros espaços-tempo. Só esse vasto conjunto de lutas democráticas pode combater com eficácia o fascismo social. Trata-se de uma democracia sem fim, e esse é, para mim, o verdadeiro programa socialista; socialismo é democracia sem fim.

Essa concepção é hoje tanto mais urgente quanto mais deparamos com um fenômeno novo (ou agora mais visível) que complica ainda mais o contexto político das sociedades contemporâneas. A discrepância entre democracia política e fascismo social de que acabei de falar combina-se com outra entre democracia política e fascismo político de tipo novo. Ou seja, estamos a assistir à emergência de dois tipos de fascismo, ambos velhos nos processos que usam, mas novos no modo como a democracia representativa de baixa intensidade aceita conviver com ambos. De um lado, o fascismo social de que tenho falado e que atua em todos os seis espaços-tempo que identifiquei há pouco. Do outro, um fascismo difuso ou fragmentário que atua nos espaços-tempo que historicamente têm constituído o campo político da democracia, ou seja, os espaços-tempo da cidadania e da comunidade. É um fascismo que opera nos interstícios da democracia, por meio de meios antidemocráticos de desestabilização política, hoje particularmente visível nos países onde as classes populares e os movimentos sociais obtiveram vitórias significativas por meio da democracia representativa, as quais lhes permitiram assumir o poder político do Estado. Essas vitórias têm sido robustas precisamente na medida em que são obtidas por meio de articulações entre democracia representativa, participativa e comunitária. Sua robustez reside na capacidade para exercer o poder democrático a fim de lutar contra o fascismo social, ou seja, para eliminar as formas mais extremas ou violentas de desigualdade de poder social, o que implica orientar a luta democrática para um horizonte pós-capitalista. Na medida em que isso acontece e sempre que as classes dominantes não conseguem retomar rapidamente o controle do Estado via DR, recorrem a meios antidemocráticos para desestabilizar as democracias. Entre tais meios, saliento os seguintes: controle da mídia, campanhas de desinformação, obstrução do voto de populações sujeitas ao fascismo social ou sua manipulação, tentativas golpistas ou secessionistas, corrupção de representantes eleitos, criação de divisões no seio das Forças Armadas para distanciá-las do poder legitimamente constituído, escutas telefônicas, chantagem e ameaças, recurso a grupos paramilitares para liquidar líderes políticos e de movimentos sociais ou para manter o controle político de populações. Esse tipo de fascismo é político porque visa a desestabilizar o campo político, mas é difícil de identificar ou nomear porque não tem no horizonte a superação da democracia. Visa apenas a pôr a democracia a seu serviço e inculcar a ideia de que a democracia, quando não a seu serviço, é ingovernável.

A democracia de nossos dias é revolucionária na medida em que amplia e aprofunda a democracia social, ao conduzir eficazmente a luta contra o fascismo social, e defende com igual eficácia a democracia política contra as tentativas de desestabilização do fascismo político.

Trata-se de uma controvérsia clássica, mas a crise econômica global de que padecemos converte-a de novo em pergunta obrigatória: democracia e capitalismo, becos sem saída, caminhos de conciliação? Em sua sociologia, você utiliza o método indiciário, que identifica sinais e pistas antecipadoras do que está por vir. Atreve-se a conjeturar o horizonte futuro que nos espera no final da crise? Estamos no final de uma época ou vivemos um momento de restauração capitalista?

BSS: Os sociólogos foram treinados para prever o passado e nisso se têm especializado. Os sociólogos críticos pensam no futuro, mas quase sempre como se fosse o futuro do presente que conhecem e como conhecem. Ora, se assim for, não há nunca futuro. A única maneira de abordar a opacidade do futuro é sermos tão cegos para ele quanto ele é para nós. Não se trata de cegueira total, pois o futuro também vê algo de nós. Vê-nos como passado que é aquilo que não somos.

Estamos perante cegueiras parcialmente sistêmicas e parcialmente estratégicas. Em nosso caso, o caso do presente que somos, que conhecemos e desconhecemos, a cegueira estratégica toma a forma da aposta tal como a formulou, melhor que ninguém, o filósofo do século XVII Blaise Pascal. A aposta é a única forma de nos fazermos presentes no futuro. Tal como o cego se guia por ruídos, vozes, acidentes palpáveis, nós apostamos com base em indícios, pistas, emergências, tendências, latências, com tudo o que ainda não é. O ainda-não-é não é o ainda não de um tudo indiscriminado. É o ainda não de algo parcialmente determinado por uma aspiração realista e uma vontade proporcionada. É uma forma específica de não ser, um entresser, como diria o poeta português Fernando Pessoa.

Em que indícios aposto? Nunca a frustração da política se converteu tão facilmente em consciência ética; nunca o sofrimento de tantos foi tão visível para tantos; nunca os condenados da terra agiram de modo a suscitar tanto interesse (e, às vezes, a solidariedade) por parte de quem não os entende ou, se entende, não os aprova inteiramente; nunca as classes populares (os solidários dos excluídos, não necessariamente os excluídos) lutaram tanto pela democracia na esperança de os limites da democracia se transformarem um dia na democracia sem limites ou, pelo menos, na democratização dos limites; nunca a natureza foi tão invocada para mostrar que não há meio de lidar com ela naturalmente e que o que parece mais natural aos nossos hábitos é o mais antinatural de todos; nunca os excluídos tiveram tantas possibilidades para deixarem de ser estatística e se transformarem em gente coletiva; nunca as pessoas foram tão guiadas, mas também nunca mostraram tanta capacidade para não acreditar em quem os guia; nunca tantos objetos de direitos humanos se mostraram tão interessados em ser sujeitos de direitos humanos; nunca a democracia teve tanta credibilidade junto daqueles para quem ela não foi pensada. Nenhum desses indícios é, por si, credível para, com base nele, formular a aposta. E mesmo todos juntos só são credíveis por meio da vontade de quem com base neles quiser arriscar. Essa aposta é especial porque não basta apostar, cruzar os braços e esperar pelos resultados. Quem aposta tem de se envolver pessoalmente na luta pelo futuro em que apostou. Minha aposta privilegia o seguinte indício. Nunca o capitalismo global e a modernidade ocidental tentaram armadilhar tanta gente no mundo com os direitos humanos e a democracia; mas também nunca tantos identificaram o código da armadilha e tentaram usá-la contra quem os armadilhou. Porque não apostar no êxito dessa tentativa? Se ela efetivamente tiver êxito, sentir-me-ei realizado por ter contribuído para ele. Se não tiver, tentarei confortar-me com a ideia de que vivi num tempo em que as alternativas estavam bloqueadas e de

136 DEMOCRATIZAR A DEMOCRACIA

que sabiamente me deixei enganar para não ter de dar meu consentimento à barbárie sem solução.

A democracia radical que preconiza tem um forte potencial emancipador. Sua análise da emancipação social está indissoluvelmente ligada à revisão crítica do conceito de poder, reduzido pela democracia representativa liberal ao nicho do Estado. Em seu lugar, defende que o poder atua por diferentes constelações que, de maneira combinada, operam em distintos espaços sociais. Como contraproposta, elabora um mapa composto por seis emancipações sociais fundamentais. Você poderia falar um pouco sobre esse mapa e os parâmetros a partir dos quais concebe a emancipação social? Qual pensa ser o coletivo social, sem desmerecer o resto, com mais necessidade de avançar em sua luta pela emancipação?

BSS: Como já indiquei, uma das grandes inovações da teoria política liberal moderna consistiu em conceber a ideia de um campo político autônomo, o único constituído por relações de poder e, portanto, por lutas pelo poder. Centrado no Estado, expressão máxima das relações e das lutas de poder, o campo político tem regras próprias de funcionamento que garantem a institucionalização dos conflitos de poder e, portanto, a ordem social a que aspirou a burguesia depois de ter conquistado o controle do poder político. A autonomia do campo político foi o outro lado de sua submissão aos interesses da reprodução da ordem burguesa. Não foi originalmente pensado como um campo democrático de livre acesso à competição pelo poder, muito menos à competição pela regra de disputa do poder. Essa teoria atingiu seu máximo de consciência possível com Habermas e sua concepção da esfera pública, a expressão política da sociedade civil burguesa.

A história das lutas das classes populares, ora como coletivo de não cidadãos em luta por inclusão nesta ordem burguesa, ora como coletivos operários revolucionários em luta pela construção de uma ordem social alternativa, foi revelando que as relações de poder expressas no campo político eram uma pequena fração das relações de poder vigentes na sociedade e que as desigualdades de poder político não se podiam explicar sem serem consideradas muitas outras desigualdades de poder em muitos outros domínios da vida social (na fábrica, em casa, na comunidade, no mercado). Claro que os domínios são potencialmente infinitos e nem todos podem ser considerados igualmente importantes em termos das relações de poder que os constituem. Daí estarem erradas as concepções pós-estruturalistas. Mas estão igualmente erradas as concepções estruturalistas de raiz marxista por serem demasiado monolíticas (centradas na contradição capital/trabalho). A perspectiva mais correta é a de um estruturalismo pluralístico. Daí os seis espaços-tempo de que falei antes. A cada um deles corresponde uma forma específica de relação desigual de poder: no espaço-tempo doméstico, a forma de poder é patriarcado ou relações sociais de sexo; no espaço-tempo da produção, a forma de poder é a exploração centrada na relação capital/trabalho; no espaço-tempo da comunidade, a forma de poder é a diferenciação desigual, ou seja, os processos pelos quais as comunidades definem quem pertence e quem não pertence e se arrogam o direito de tratar desigualmente quem não pertence; no espaço-tempo do mercado, a forma de poder é o feitichismo das mercadorias, ou seja, o modo como os objetos assumem vida própria e controlam a subjetividade dos sujeitos (alienação); no espaço-tempo da cidadania, a forma do poder é a dominação, ou seja, a desigualdade no acesso à decisão política e no controle dos decisores políticos; e, finalmente, no espaço-tempo mundial, a forma de poder é troca desigual, ou seja, a desigualdade nos termos de troca internacionais, tanto econômicas como políticas e militares.

Cada uma das formas de poder tem, como base privilegiada e originária, determinado espaço-tempo, mas não atua exclusivamente nas relações sociais que caracterizam esse espaço. Pelo contrário, repercutem-se em todos. Por exemplo, o patriarcado tem sua sede estrutural no espaço-tempo doméstico, mas está presente nas relações sociais de produção, do mercado, da comunidade, da cidadania. As sociedades capitalistas são formações sociais que se reproduzem pela ação combinada dessas seis formas de poder. Elas não atuam isoladamente; pelo contrário, alimentam-se umas das outras e atuam em rede. Por isso, as lutas anticapitalistas, para ter êxito, têm que lutar contra todas elas e só avançam na medida em que em cada um dos espaços-tempo as desigualdades de poder diminuírem. Isso não quer dizer que todos os movimentos ou as organizações sociais tenham de lutar contra todas as formas de poder. Mas, para que cada um conquiste o êxito em sua luta parcial, é necessário ter consciência dessa parcialidade e contar com o apoio dos movimentos e das organizações sociais que lutam contra outras formas de poder. O importante é que haja articulação entre os diferentes movimentos e organizações. O poder que atua em constelação só se combate eficazmente por meio de uma constelação de resistências. Como só essa constelação é estrutural, não é possível privilegiar em abstrato a luta contra uma forma específica de poder. Isso não significa que as seis formas de poder sejam sempre igualmente importantes e que não seja possível estabelecer hierarquia entre elas. O que acontece é que a importância relativa e as hierarquias entre elas só podem ser determinadas em contextos de luta concretos, definidos como tal pelas condições históricas e os efeitos de conjuntura. Não esqueçamos que há estruturas (os espaços-tempo) e há circunstâncias e que é da incontornável relação entre elas que nasce a contingência.

O que chamamos de "emancipação social" é o efeito agregado das lutas contra as diferentes formas de poder social e afere-se pelo êxito com que vão transformando relações desiguais de poder em relações da autoridade partilhada em cada um dos espaços-tempo.

Em Sobre a questão judaica, *Marx distingue emancipação política de emancipação humana. A primeira, com a qual se adquirem os direitos de cidadania, não implica necessariamente a segunda, que remete a um horizonte de transformação social e humana profunda. Em sua obra, você utiliza o termo "emancipação social". No entanto, sua ideia de emancipação reclama, na linha da emancipação humana, uma mudança radical das estruturas cognitivas e das relações sociais imperantes. Como você vê essa distinção? Parece-lhe analítica e conceitualmente operativa?*

BSS: A *Questão judaica* é um texto notável a muitos títulos e merece uma releitura aprofundada, a qual não posso fazer aqui. Marx usa a religião para apresentar um argumento que mais tarde vai aplicar a outras dimensões da sociedade burguesa, especificamente à economia e, portanto, à sociedade capitalista. O argumento é que os judeus, ao reclamarem a plenos direitos de cidadania, confirmam a separação entre o Estado e a sociedade civil que subjaz à sociedade burguesa e, portanto, a dualidade entre o cidadão – a pessoa moral que responde pela comunidade – e o indivíduo egoísta e antissocial que busca apenas a satisfação dos próprios interesses. A sociedade civil passa a ser o domínio em que todas as desigualdades são possíveis (em que, diria eu, em casos extremos vigoram regimes de fascismo social), sem com isso pôr em causa a igualdade abstrata e formal entre os cidadãos. A religião é um sintoma dessas desigualdades despolitizadas a que os judeus se submetem pensando que se emancipam. Em suma, com o Estado laico, os judeus conquistam a liberdade religiosa, mas não se libertam da religião. E, relacionando esse argumento com os que vai apresentar mais tarde, acrescenta que não se libertam da propriedade, obtêm a liberdade de propriedade, não se libertam do egoísmo da indústria, obtêm a liberdade industrial. Como ele diz, "a emancipação política é a redução do homem, de um lado, a membro da sociedade burguesa, a indivíduo egoísta independente, e, de outro, a cidadão do Estado, a pessoa moral". A emancipação política ante o Estado (que é também a emancipação do Estado ante a religião) fica, assim, muito aquém da emancipação do homem ante as servidões que o oprimem (como é o caso da religião). Por isso, afirma: "O limite da emancipação política manifesta-se imediatamente no fato de que o Estado pode livrar-se de um limite sem que o homem dele se liberte realmente, no fato de que o Estado pode ser um Estado livre sem que o homem seja um homem livre".

POLITIZAR A POLÍTICA E DEMOCRATIZAR A DEMOCRACIA   139

Mas o pensamento dialético de Marx não lhe permite parar por aqui. A emancipação política é falsa na medida em que emancipa o cidadão da tutela do Estado sobre sua religiosidade sem emancipar o indivíduo da religiosidade. Ao mesmo tempo, a emancipação política significa um progresso. Ela representa o fim da sociedade senhorial, do *ancien regime*. É o máximo de consciência possível da sociedade burguesa. Diz Marx que, "embora não seja a última etapa da emancipação humana em geral, ela se caracteriza como a derradeira etapa da emancipação humana dentro do contexto do mundo atual".

Penso que essa análise continua válida e é particularmente bem entendida por todos aqueles que, como eu, passaram parte da vida sob regimes ditatoriais. A democracia política (representativa) não é falsa; é pouca, é insuficiente, e essa insuficiência só pode ser superada pela articulação da democracia política com outros tipos de democracia e outros campos de democratização, articulação essa que designo como democracia radical, democracia de alta intensidade ou democracia revolucionária. O momento em que a democratização do Estado e da sociedade ultrapassa com êxito o limite de compatibilidade com o capitalismo é o mesmo em que a emancipação política dá lugar à emancipação social.

Bloco temático: contributos do movimento alterglobal, nova esquerda, socialismo, sujeito social

Vivemos tempos de mudanças de grande escala e em diferentes ordens. Atravessamos, tal como diz, uma fase de "transição paradigmática" em que podemos constatar a emergência de novos manifestos, atores e práticas que reivindicam "outro mundo possível", urgente e necessário. O Fórum Social Mundial, nesse sentido, pretende englobar a diversidade de pessoas, movimentos sociais e lutas de resistência que formam aquilo a que você chama "globalização contra-hegemônica". Essa diversidade não necessita da formulação de um macrodiscurso sólido de alternativa que, respeitando a heterogeneidade dos atores, constitua uma alternativa global à globalização hegemônica? No caso de ser assim, como podem harmonizar-se a unidade de ação e a coerência discursiva dos movimentos com a articulação das "pluralidades despolarizadas" de que você fala?

BSS: Com o Fórum Social Mundial (FSM), as forças progressistas do mundo começaram o novo milênio de maneira mais auspiciosa. Foi um momento muito importante para a criação da consciência de que era possível organizar globalmente a resistência ao capitalismo, usando algumas das armas (tecnologias de informação e de comunicação) que tinham estado na origem da fase mais recente do capitalismo global, a que chamamos "neoliberalismo". Tornou-se, assim, possível imaginar uma globalização alternativa, de orientação anti ou pós-capitalista, construída a partir dos movimentos e das organizações da sociedade civil. Os protestos de Seattle quando da reunião da Organização Mundial de Comércio em dezembro de 1999 foram um momento importante desse processo, mas não o primeiro. O início foi o levantamento zapatista em Chiapas em 1º de janeiro de 1994. Depois de um período brevíssimo de luta armada, o EZLN, recorrendo de modo muito inovador às novas tecnologias de informação, passou a advogar formas de resistência transnacional ao neoliberalismo e de luta também transnacional por uma sociedade mais justa.

A partir de Chiapas e de Seattle, o movimento global contra o neoliberalismo adquiriu um novo patamar de consciência coletiva com o primeiro Forúm Social Mundial, realizado em Porto Alegre em janeiro de 2001. É um movimento novo, que simbolicamente marca uma ruptura com as formas de organização das classes populares vigentes durante o século XX. É um movimento muito heterogêneo em termos de base social, no qual, ao contrário do que se pode pensar, dominam organizações de trabalhadores, mas que não se apresentam como tal. Apresentam-se como camponeses, desempregados, indígenas, afrodescendentes, mulheres, moradores de bairros degradados, ativistas de direitos humanos, ambientalistas etc. O lema – outro mundo é possível – revela as mesmas heterogeneidade e inclusividade, o que se foi traduzindo em capacidade para articular diferentes agendas de transformação social, umas mais radicais que outras, umas mais culturais, outras mais econômicas, umas mais orientadas para a transformação do Estado, outras com foco na transformação da sociedade.

Essa diversidade e essa heterogeneidade foram a resposta aos fracassos das lutas socialistas do século passado, todas elas centradas no movimento operário e na contradição capital/trabalho. Paradoxalmente, a suposta homogeneidade sociológica das forças anticapitalistas nunca existiu e, pelo contrário, a polarização das diferenças políticas no seio dela foi uma triste constante do século passado, a começar com o cisma entre socialistas e comunistas no início da Primeira Guerra Mundial. A tradição da esquerda forjou-se nessa cultura fraccionista e sectária que podemos definir como a propensão para transformar em inimigos principais os potenciais aliados no plano sociológico (à luz das condições sociais de vida). Com o tempo, politizar uma questão passou a significar polarizar uma diferença. A unidade passou a só ser credível como expressão de uma voz única e de um comando único.

Foi contra essa cultura política e para superar as frustrações que ela criou que o FSM se apresentou como celebração da diversidade dos movimentos sociais, das concepções de emancipação social, das estratégicas e das táticas para alcançar outro mundo possível. E também como celebração da horizontalidade, ou seja, de relações de igualdade na gestão dessa diversidade. Obviamente, a diversidade e a horizontalidade têm um custo elevado quando se trata de construir com base nelas uma frente de luta contra o capitalismo. É que o futuro não se constrói senão a partir do passado e, por isso, desde o início do processo do FSM tornaram-se visíveis algumas clivagens que vinham do passado: reforma ou revolução? Socialismo ou emancipação social? O Estado como inimigo ou como aliado potencial? Dar prioridade às lutas locais/nacionais ou às lutas globais? Privilegiar a ação direta ou a ação institucional? A luta armada tem lugar no elenco das formas de luta progressistas? Prioridade aos partidos ou aos movimentos? E a essas se juntaram outras suscitadas pela experiência do próprio FSM: partir da luta pela igualdade para a luta pelo reconhecimento da diferença ou o inverso? O FSM como espaço para os movimentos sociais ou um movimento em si e com agenda própria? Como articular lutas culturais ou sobre o estilo de vida a lutas econômicas? Quais são os limites do respeito ou da compatibilidade entre universos culturais tão distintos e agora tão mais visíveis?

Uma coisa parece certa: não é possível nem desejável regressar à emancipação ou à mobilização por comando superior. Ninguém se mobiliza senão por razões próprias, e a democracia revolucionária ou começa nas organizações revolucionárias ou não começa nunca. Por outro lado, a última década tornou claro que nenhum movimento social, por mais forte que seja, consegue ter êxito em sua agenda se não contar com a solidariedade de outros movimentos. O FSM marca a passagem da política de movimentos para a política de intermovimentos. São essas verificações que estão por trás do conceito de pluralidades despolarizadas e de outros conceitos ou outras propostas que tenho feito. Por exemplo, os conceitos de ecologia de saberes e de tradução intercultural e interpolítica e a proposta da criação, já em curso, da Universidade Popular dos Movimentos Sociais.

No que especificamente diz respeito às pluralidades despolarizadas, a ideia subjacente é que as lutas anticapitalistas avançam mais por programas mínimos, ainda que não minimalistas, assentados em concertações amplas, transescalares (articulações locais, nacionais, globais) entre movimentos em luta por diferentes objetivos (contra diferentes formas de poder) que via programas máximos assentados no protagonismo exclusivo de um objetivo ou de um movimento. Isso não significa que, dependendo dos contextos de luta, não seja dada prioridade a um objetivo ou a um movimento. Significa que, sempre que isso ocorre, a prioridade que lhe é dada concretiza-se no modo como esse objetivo ou esse movimento realiza as articulações com outros objetivos ou movimentos. Por exemplo, se em dada conjuntura o objetivo ou o movimento ambiental surge como prioritário, compete-lhe propiciar as alianças com o movimento indígena, o movimento feminista, o movimento operário. Se, pelo contrário, a prioridade é do movimento indígena, compete a este "levar consigo" as agendas ambientais, feministas ou operárias. Assim, consoantes aos casos, a luta ambiental ou a luta indígena têm que, nesse contexto concreto, se deixar contaminar pelas outras lutas. Não se trata, pois, de discutir em abstrato qual é a luta ou o objetivo mais importante. A discussão tem sempre lugar em certo contexto e para lhe dar uma resposta concreta. Por exemplo, foram as políticas neoliberais de alienação e pilhagem indiscriminada dos recursos naturais no continente latino-americano que conferiram prioridade às lutas contra o extrativismo (petróleo, minérios, água) e, com elas, aos povos indígenas, as populações mais duramente atingidas pelo extrativismo. Essa luta, para ter êxito, tem que forjar alianças com os movimentos ambientalistas e operários (mineiros, por exemplo), o que, por sua vez, obriga a transformações na formulação dos objetivos e na condução da luta. Essas articulações e essas concertações respondem ao momento concreto e podem ser alteradas no momento seguinte. A pluralidade significa que a agregação de lutas, de interesses e de energias organizativas é feita respeitando as diferenças entre movimentos. Para isso, a discussão e a deliberação sobre prioridades e formas de luta têm de ser as mais democráticas possíveis. Por sua vez, a despolarização decorre de só entrar no campo de discussão e de deliberação o que é necessário para tomar decisões concretas no contexto concreto. Mesmo assim, a opção de saída está sempre em aberto. Essa é uma forma nova de politizar questões e vai levar muito tempo a se realizar. Aponta para um frentismo de tipo novo, que mantém intactas as autonomias e as diferenças e não permite a gestão manipuladora de programas máximos e programas mínimos. Por isso, indiquei que as lutas avançam por programas mínimos, mas não minimalistas. Ou seja, a construção da articulação e da agregação tem um valor e uma força independentes dos objetivos ou das lutas que são agregados, e é nessa construção que está o potencial desestabilizador das lutas: a capacidade de promover a passagem do que é possível em dado momento para o que está a emergir como tendência ou latência de novas articulações e agregações. São muitas vezes as lutas mais periféricas ou os movimentos menos consolidados em dado momento os que transportam consigo a emergência de novas possibilidades de ação e de transformação.

Ainda relacionado com a pergunta anterior, o Fórum Social Mundial de Belém do Pará, do qual você participou ativamente, gerou avanços reais na adoção formal de posições unitárias de consenso transformadas em discursos programáticos, planos de ação e posições políticas firmes que orientam a agenda específica das próximas lutas e marcam a passagem da resistência à ofensiva?

BSS: O impacto do movimento ao longo desta década tem sido muito superior ao que se imagina. Dou apenas alguns exemplos. Foi no primeiro FSM que se discutiu a importância de os países de desenvolvimento intermédio e com grandes populações – como o Brasil, a Índia, a África do Sul – se unirem como forma privilegiada de alterar as regras do jogo do capitalismo mundial. Um dos grandes participantes nas discussões seria logo depois o articulador da diplomacia brasileira. E os Brics e o G-20 aí estão. A ascensão ao poder dos presidentes progressistas da América Latina não pode ser entendida sem o fermento de consciência continental por parte dos movimentos sociais gerado no FSM. O bispo Fernando Lugo, hoje presidente do Paraguai, veio ao primeiro FSM de ônibus por não ter dinheiro para pagar a viagem de avião. A luta travada com êxito contra os tratados de livre comércio foi gerada no FSM. Foi em função da mobilização do FSM que o Fórum Econômico Mundial, de Davos (Suíça), mudou de retórica e de preocupações políticas (a pobreza, a importância das organizações não governamentais e dos movimentos sociais). Foi também sob a pressão das organizações do FSM especializadas na luta contra a dívida externa dos países empobrecidos pelo neoliberalismo que levou o Banco Mundial a aceitar a possibilidade de perdão dessas dívidas. Podia dar muitos outros exemplos.

No início, o FSM foi uma novidade total e, por isso, atraiu a atenção da grande mídia. Depois, o interesse midiático desvaneceu-se e, em boa parte por isso, foi-se criando a ideia de que o FSM estava a perder ritmo e capacidade de atração. Em verdade, o FSM diversificou-se muito ao longo da década com a organização de fóruns regionais, temáticos e locais. Daí que se tenha decidido realizar uma reunião mundial apenas de dois em dois anos (a próxima será em 2011 em Dakar). Têm-se intensificado as articulações entre movimentos semelhantes em diferentes partes do mundo – por exemplo, entre movimentos indígenas ou entre movimentos de mulheres.

Dez anos depois, é necessário fazer um balanço para tomar o pulso ao movimento. Existem neste momento várias propostas, algumas das quais visam a tornar o movimento mais vinculativo em termos de iniciativas mundiais. Algumas delas confinam-se aos movimentos e às organizações sociais. É o caso da proposta recentemente feita pelo vice-presidente da Bolívia, Álvaro Linera, de criar um Internacional dos Movimentos Sociais. Outras visam a superar a divisão entre movimentos e partidos progressistas. É o caso da proposta, também recente, do presidente da Venezuela, Hugo Chávez, de criar a Quinta Internacional, congregando os partidos de esquerda em nível mundial.

Você define o socialismo como "democracia sem fim". De maneira prudente, não fala do socialismo no singular, mas dos socialismos do século XXI. Que perfil deveriam ter esses socialismos? Quais são os desafios que deve assumir a esquerda atual no quadro da crise do reformismo social-democrata e do socialismo transformador? Parece-lhe que a renovada presença que a esquerda política está experimentando no continente latino-americano cumpre com essas condições?

BSS: Três precisões prévias. Primeira: esquerda é o conjunto de teorias e práticas transformadoras que, ao longo dos últimos 150 anos, resistiu à expansão do capitalismo e ao tipo de relações econômicas, sociais, políticas e culturais que ele gera e que assim procedeu na crença da possibilidade de um futuro pós-capitalista, de uma sociedade alternativa, mais justa, porque orientada para a satisfação das necessidades reais das populações, e mais livre, porque centrada na realização das condições do efetivo exercício da liberdade. A essa sociedade alternativa foi dado o nome genérico de socialismo. Falar do socialismo do século XXI significa falar do que existiu e do que ainda não existe como se fossem partes da mesma entidade. Não estou tão certo de que essa seja a melhor maneira de imaginar o futuro, embora ache que a análise crítica e desapaixonada do socialismo do século XX, apesar de urgente, ainda não tenha sido feita e provavelmente ainda não pode ser feita.

Segunda precisão: uma sociedade é capitalista não porque todas as relações econômicas e sociais são capitalistas, mas porque estas determinam o funcionamento de todas as outras relações econômicas e sociais existentes na sociedade. Inversamente, uma sociedade socialista não é socialista porque todas as relações sociais e econômicas são socialistas, mas porque estas determinam o funcionamento de todas as outras relações existentes na sociedade.

Terceira precisão: não vivemos uma crise final do capitalismo. Os movimentos e as organizações sociais têm hoje uma experiência social enorme que os faz olhar com alguma reserva todos os anúncios de crises finais do capitalismo. O capitalismo tem uma capacidade enorme de regeneração. Os mais furiosos adeptos do neoliberalismo nem sequer pestanejaram para aceitar a mão do Estado para resolver a crise financeira de 2008, o que por vezes envolveu nacionalizações – palavra maldita dos últimos trinta anos. Quando analisamos as crises profundas atuais, seja a crise financeira, seja a crise ambiental e energética, não sabemos se o que mais nos choca ou nos surpreende é a gravidade das crises ou o modo como estão a ser "resolvidas". Como foi possível transferir tanto dinheiro dos cidadãos para os bolsos de financeiros criminosos e individualmente super-ricos sem provocar uma convulsão social? Como foi possível que o capitalismo mais amoral e selvagem triunfasse em toda a linha na Conferência da ONU sobre a mudança climática realizada em dezembro de 2009 em Copenhague? Ter em mente esse realismo é fundamental para aprofundar as agendas transformadoras e construir novos radicalismos.

Dito isso, é preciso pensar com audácia os caminhos pelos quais se podem radicalizar os programas mínimos não minimalistas (as reformas revolucionárias de André Gorz). Em minha opinião, são três as palavras-chave da audácia: desmercantilizar, democratizar, descolonizar.

Desmercantilizar é o despensamento da naturalização do capitalismo. Consiste em subtrair vastos campos da atividade econômica à valorização do capital (a lei do valor): economia social, comunitária e popular, cooperativas, controle público dos recursos estratégicos e dos serviços de que depende diretamente o bem-estar dos cidadãos e das comunidades. Significa, sobretudo, impedir que a economia de mercado alargue seu âmbito até transformar a sociedade numa sociedade de mercado (na qual tudo se compra e tudo se vende, incluíndo valores éticos e opções políticas), como está a acontecer nas democracias do Estado de mercado. Significa, também, dar credibilidade a novos conceitos de fertilidade da terra e de produtividade dos homens e das mulheres que não colidem com os ciclos vitais da mãe terra: viver bem em vez de viver sempre melhor.

Democratizar significa despensar a naturalização da democracia liberal-representativa e legitimar outras formas de deliberação democrática (demodiversidade); procurar novas articulações entre democracia representativa, democracia participativa e democracia comunitária; e, sobretudo, ampliar os campos de deliberação democrática para além do restrito campo político liberal que transforma, como indiquei, a democracia política numa ilha democrática em arquipélago de despotismos: a fábrica, a família, a rua, a religião, a comunidade, os *mass media*, os saberes etc.

Descolonizar significa des-pensar a naturalização do racismo (o racismo justificado como resultado da inferioridade de certas raças ou etnias, não como sendo sua causa) e denunciar todo o vasto conjunto de técnicas, entidades e instituições que o reproduzem: os manuais de história, a escola, a universidade (o que se ensina, quem ensina e a quem ensina), os noticiários, a moda, os condomínios fechados, a repressão policial, as relações interpessoais, o medo, o estereótipo, o olhar desconfiado, a distância física, o sexo, a música étnica, as metáforas e as piadas correntes, os critérios sobre o que é belo, apropriado, bem pronunciado, bem dito, inteligente, credível, a rotina, o senso comum, os departamentos de relações públicas ou de recrutamento de empregados, o que conta como saber e ignorância etc.

Desmercantilizar, democratizar e descolonizar significam refundar os conceitos de justiça social, incluindo na igualdade e na liberdade o reconhecimento da diferença (para além do relativismo e do universalismo), a justiça cognitiva (a ecologia dos saberes) e a justiça histórica (a luta contra o colonialismo estrangeiro e o colonialismo interno). Quanto mais amplo for o conceito de justiça, mais aberta será a guerra da história e da memória, a guerra entre os que não querem recordar e os que não podem esquecer.

Uma questão importante na hora de teorizar a transformação social é o papel do sujeito protagonista. Você acredita que os movimentos por uma globalização alternativa constituem o novo sujeito histórico, mais concreto e plural, capaz de operar a transformação emancipadora da realidade? Mais concretamente, parece-lhe viável, nas circunstâncias atuais, a criação de uma rede global de atores suficientemente madura para iluminar partindo de baixo uma alternativa propriamente socialista radical?

BSS: Os sujeitos históricos são todos os sujeitos que fazem a história. Fazem história na medida em que não se conformam com o modo como a história os fez. Fazer história não é toda a ação de pensar e agir na contracorrente; é o pensar e o agir que força a corrente a desviar-se de seu curso "natural". Sujeitos históricos são todos os rebeldes competentes.

No século passado, ficamos muito marcados pela ideia de que o sujeito histórico da transformação socialista da sociedade era o operariado industrial. As divisões no movimento operário e a perda de horizontes pós-capitalistas, combinadas com a emergência de movimentos sociais que se apresentavam como alternativas mais radicais tanto no plano temático como no plano cultural e organizacional, criaram a ideia finissecular de que o operariado deixara de ser o sujeito histórico teorizado por Marx e que ou o conceito deixara de ter interesse em geral ou era necessário pensar em sujeitos históricos alternativos. Temo que, assim formulada, essa questão confunda mais do que esclareça. Se atentarmos à composição sociológica dos movimentos sociais, verificaremos que em sua base estão quase sempre trabalhadores e trabalhadoras, ainda que não se organizem como tal nem recorram às formas históricas do movimento operário (os sindicatos e os partidos operários). Organizam-se como mulheres, camponeses, indígenas, afrodescendentes, imigrantes, ativistas da democracia participativa local ou dos direitos humanos, homossexuais etc. A questão importante a fazer não é a da perda de vocação histórica dos trabalhadores. É antes a de saber por que nos últimos trinta anos os trabalhadores se mobilizaram menos a partir da identidade ligada ao trabalho e mais a partir das outras identidades que sempre tiveram. Os fatores que podem contribuir para uma resposta são muitos. Houve transformações profundas na produção capitalista, quer no domínio das forças produtivas, quer no domínio das relações de produção. Por um lado, os avanços tecnológicos nas linhas e nos processos de produção, a revolução nas tecnologias de informação e de comunicação e o embaratecimento dos transportes alteraram profundamente a natureza, a lógica, a organização e as hierarquias do trabalho industrial. Por outro lado, o capitalismo "globalizou-se" (entre aspas, porque ele sempre foi global) para se furtar à regulação estatal das relações capital/trabalho, o que conseguiu em boa parte. Era nessa regulação que se assentava a identidade sociopolítica dos trabalhadores enquanto tal.

A desregulação da economia foi, entre outras coisas, desidentificação operária. Foi um processo dialético, pois a desidentificação causada pelas alterações no nível da produção também favoreceram o êxito da desregulação. Por sua vez, a desidentificação operária abriu espaço para a emergência de outras identidades até então latentes ou mesmo ativamente reprimidas pelos próprios trabalhadores. Progressivamente, as identificações alternativas tornaram-se mais credíveis e eficazes para canalizar a denúncia da deterioração das condições de vida dos trabalhadores, do agravamento das desigualdades de poder e da injustiça social causadas pela nova fase do capitalismo global a que se convencionou chamar "globalização" ou "neoliberalismo".

As identificações alternativas não estavam igualmente distribuídas ou disponíveis no vastíssimo campo social do trabalho, e as assimetrias se revelaram nos tipos de demanda que adquiriram mais visibilidade e nas regiões do mundo em que se mostraram mais eficazes. Em muitos casos, nem sequer é correto falar de identidades alternativas, pois os grupos sociais que se apropriaram delas não tinham tido antes nenhuma identificação assentada nos processos e na força de trabalho. Nesses casos, estamos diante de identidades originárias que em certo momento histórico se transformam em recursos ativos de identificação coletiva e reivindicativa.

Essa mudança foi propiciada por transformações no domínio cultural que, entretanto, ocorreram e que foram, também elas, resultado de relações dialéticas. Por um lado, a mobilização política a partir das "novas" identidades revelaram outras formas de opressão antes naturalizadas e dotaram-nas de uma carga ética e política que não tinham. Revalorizaram o que era desvalorizado: as mulheres eram inferiores e menos capazes de realizar o trabalho industrial mais qualificado; os indígenas não existiam ou eram povos em extinção; os camponeses eram um resíduo histórico, e seu desaparecimento seria sinal de progresso; os afrodescendentes eram o resultado infeliz, mas marginal, de um processo histórico globalmente portador de progresso; a preocupação com o meio ambiente era reacionária, porque celebrava o subdesenvolvimento; os recursos naturais existiam na natureza, não em comunidades humanas, e eram infinitos, logo exploráveis sem limite; os direitos humanos eram uma nebulosa política duvidosa, e o que se resgatava dela eram os direitos de cidadania pelos quais o movimento operário tanto tinha lutado; os direitos coletivos eram uma aberração jurídica e política; a paz era um bem, mas o complexo industrial-militar também o era; a democracia era algo positivo, mas com muitas reservas, porque desviava as atenções e as energias necessárias para a revolução ou porque dava aos excluídos a ilusão perigosa de algum dia serem incluídos, o que, ao ocorrer, seria um desastre para a ordem social e a governabilidade.

Como afirmei, esses processos estiveram dialeticamente vinculados às transformações do capitalismo no período. Por um lado, a lógica da acumulação ampliada fez com que mais e mais setores da vida fossem sujeitos à lei do valor: dos bens essenciais para a sobrevivência (por exemplo, a água) ao corpo (*homo prostheticus*, prolongamentos eletrônicos do corpo, indústria do cuidado corporal, tráfico de órgãos), dos estilos de vida (consumos físicos e psíquicos "necessários" à vida na sociedade de consumo) à cultura (indústria do lazer e do entretenimento), dos sistemas de crenças (teologias da prosperidade) à política (tráfico de votos e decisões por via da corrupção, *lobbying*, abuso de poder). Com todas essas transformações, o capitalismo foi muito além da produção econômica no sentido convencional – passou a ser um modo de vida, um universo simbólico-cultural suficientemente hegemônico para impregnar as subjetividades e a mentalidade das vítimas de suas classificações e suas hierarquias.

A luta anticapitalista passou a ser mais difícil e precisar ser cultural e ideológica para ter eficácia no plano econômico. Por outro lado, e para surpresa de muitos, a acumulação ampliada, longe de erradicar os últimos vestígios da acumulação primitiva (as formas de superexploração, pilhagem, escravatura, confisco tornados possíveis por meios "extraeconômicos", militares, políticos), fortaleceu-a tal como havia previsto Rosa Luxemburgo e tornou-a uma realidade cruel para milhões de pessoas que vivem na periferia do sistema mundial, tanto na periferia global (os países mais fortemente submetidos à troca desigual) como nas periferias nacionais (os grupos sociais excluídos em cada nação, inclusive nos países centrais, o que se tem chamado "Terceiro Mundo interior"). Muitos dos que vivem sob o regime do fascismo social estão sujeitos a formas de acumulação primitiva.

Esses são alguns dos fatores que vieram questionar não só o protagonismo do movimento operário, como também a própria ideia de sujeito histórico. As formas de opressão reconhecidas como tal são hoje muito numerosas, e o modo como são vividas, muito diversificado na intensidade e nas lutas de resistência que suscita. A inter-relação global entre elas é também mais visível. A pluralidade das ações e dos atores anticapitalistas e anticolonialistas é hoje um fato incontornável quando se pensa em alternativas ao capitalismo e ao colonialismo.

Não é claro o sentido hoje da expressão "alternativa socialista radical". Primeiro, porque, como vimos, o objetivo do socialismo é vago ou contestado, e muitos dos movimentos que lutam contra o capitalismo ou contra o colonialismo não definem seus objetivos como socialismo. Segundo, porque também não é claro o que se entende por radical referido a socialismo. Uso o adjetivo "radical" quando referido à democracia porque lhe posso dar um conteúdo específico, o das lutas articuladas pela democratização em cada um dos seis espaços-tempo que citei. Além de certo limite, o êxito dessas lutas é incompatível com o capitalismo. A democracia revolucionária é a que sabe passar esse limite e impor-se além dele. Faz isso criando subjetividades, mentalidades e formas de organização tão intensamente democráticas que a imposição ditatorial do capitalismo se torna uma violência intolerável e intolerada.

O êxito das alternativas socialistas mede-se pelo grau, mais intenso ou menos intenso, com que tornam o mundo menos confortável para o capitalismo. O problema é que tal efeito está longe de ocorrer de modo linear, algo que é muito difícil de conceber em teoria e de valorizar em política. As inércias políticas e teóricas decorrem dessa dificuldade. A crença na linearidade leva-nos a continuar a acreditar em propostas e modelos há muito inviáveis, ao mesmo tempo que nos impede de identificar o valor propositivo de lutas e objetivos emergentes. As alternativas socialistas (prefiro sempre o plural) tendem a surgir de uma confluência virtuosa entre a identificação do que *já não* é possível e a identificação do que *ainda não* é possível.

Bloco temático: interculturalidade, reconhecimento, diálogo, plurinacionalidade, multiculturalismo

O Boaventura cunhou o conceito de "multiculturalismo emancipatório" e também o de "multiculturalismo progressista". Poderia explicar em que consiste essa posição teórica e em que se diferencia de outras versões do multiculturalismo?

BSS: O multiculturalismo dos últimos trinta anos decorre das transformações que identifiquei anteriormente. Trata-se do reconhecimento da diversidade cultural dos grupos sociais, um fato que assumiu importância política no momento em que a imigração tornou essa diversidade presente nos países capitalistas centrais, onde se produz a teoria hegemônica, incluindo a teoria crítica hegemônica. A facilidade com que o multiculturalismo foi aceito como nova dimensão das relações sociais deveu-se a dois fatores principais. Por um lado, o multiculturalismo deslocou a energia contestária do campo econômico-social para o campo sociocultural, o que, de algum modo, contribuiu para considerá-lo inofensivo e até funcional para a reprodução do capitalismo. Por outro lado, nos países centrais (da Europa e da América do Norte), o multiculturalismo foi entendido predominantemente como a expressão da tolerância da cultura ocidental perante outras culturas. Ora, só se tolera o intolerável ou aquilo que não nos interessa ou não nos diz respeito. Em nenhum dos casos admite-se a possibilidade da transformação da cultura ocidental em resultado do contato com outras culturas, ou seja, a possibilidade de transformação e enriquecimento mútuos em resultado de diálogos a promover a partir do reconhecimento da copresença de várias culturas no mesmo espaço geopolítico. Designo essa concepção de multiculturalismo como multiculturalismo reacionário. É essa a concepção que tem dominado nos países centrais, e o contexto de sua vigência é a imigração originária das antigas colônias, no caso da Europa, ou da América Latina, no caso dos Estados Unidos.

Em contraposição a essa posição, tenho proposto o conceito de multiculturalismo emancipatório ou, mais recentemente, o conceito de interculturalidade descolonial. Este parte das experiências das vítimas da xenofobia, racismo, etnocentrismo e das organizações em que sua resistência se exprime. Assenta-se nas seguintes ideias.

Primeiro, a modernidade ocidental é, em sua versão hegemônica, capitalista e colonialista. O colonialismo não terminou com o fim do colonialismo político; pelo contrário, manteve-se e até se aprofundou, não só nas relações entre as antigas potências coloniais e suas ex-colônias, como também nas relações sociais e políticas no interior das sociedades ex-coloniais (no modo como minorias étnicas e, por vezes, maiorias étnicas foram discriminadas no período pós-independência) e no interior das sociedades colonizadoras (sobretudo nas relações com comunidades de imigrantes). O capitalismo e o colonialismo são dois modos de opressão distintos, mas se pertencem mutuamente, e as lutas contra ambos devem ser articuladas. É importante salientar esse ponto, uma vez que as correntes de estudos culturais chamadas pós-coloniais têm tendido ao colonialismo como um artefato cultural desligado do capitalismo e, portanto, das relações socioeconômicas que sustentam a reprodução do colonialismo.

Segundo, e relacionado com o anterior, a injustiça histórica originada no colonialismo coexiste com a injustiça social própria do capitalismo. Por isso, o reconhecimento da diferença cultural que subjaz à demanda intercultural (a luta pela diferença) não é possível sem redistribuição de riqueza (luta pela igualdade), pois as vítimas da discriminação e do racismo são quase sempre as mais atingidas pela distribuição desigual da riqueza social.

Terceiro, a interculturalidade descolonial se baseia no reconhecimento das assimetrias de poder entre culturas, reproduzidas ao longo de uma larga história de opressão, mas não defende a incomunicação e muito menos a incomensurabilidade entre elas. Pelo contrário, acha que é possível o diálogo intercultural, desde que respeitadas certas condições que garantam a genuinidade do diálogo e o enriquecimento mútuo. Tal diálogo não é possível nas condições dominantes da tolerância da cultura autodesignada superior em relação às outras culturas em presença. A tolerância conduz à guetização das culturas outras.

Partindo do reconhecimento da pluralidade de culturas e da existência de diferentes projetos de emancipação social, você fala da necessidade de realizar um trabalho de tradução e interpretação não só entre culturas, mas também entre os movimentos sociais que formam a globalização contra-hegemônica. O que está em jogo no diálogo intercultural e no diálogo intermovimentos? O diálogo entre culturas e movimentos pode funcionar como uma ponte para construir a inteligibilidade e a solidariedade recíprocas, mas também como um foco de tensão que talvez implique riscos. Que condições devem estar reunidas para favorecer um diálogo intercultural produtivo?

BSS: Tenho defendido que a diversidade do mundo e das forças que o procuram transformar não é captável por uma teoria geral. A teoria geral não tem a pretensão de abarcar tudo, mas defende que tudo o que não abarca é negligenciável ou irrelevante. Essa última pretensão é hoje insustentável, dada a relevância de muitas das práticas transformadoras nos últimos trinta anos não previstas pela teoria crítica. Uma nova teoria geral que procure incluir essas práticas acabará por considerar negligenciáveis ou irrelevantes outras práticas que amanhã a surpreenderão, tal como aconteceu à teoria anterior. Costumo dizer que não precisamos de uma teoria geral. Precisamos, quando muito, de uma teoria geral sobre a impossibilidade de uma teoria geral. Essa teoria geral negativa, se assim se pode chamar, não é mais que o reconhecimento consensual de que ninguém nem nenhuma teoria tem uma receita universal para resolver os problemas do mundo ou construir uma sociedade melhor.

No entanto, o que a teoria geral não unifica tem de ser de algum modo unificável, pois de outro modo não será possível lutar eficazmente contra os sistemas de poder desigual. Ou seja, as lutas sociais emancipatórias, ao responder às necessidades de grupos sociais excluídos, oprimidos, discriminados, confrontam-se frequentemente com outra necessidade decorrente da própria luta, a necessidade de agregar forças, procurar alianças e articulações com outras lutas contra outras formas de exclusão, opressão ou discriminação, de modo a aumentar sua eficácia transformadora. A necessidade de unificação é, assim, sempre contextual e parcial e responde a necessidades práticas, não a exigências teóricas. Naturalmente, tal necessidade pode e deve ser teorizada, mas a teorização será sempre situada e parcial. Não será uma teoria de vanguarda, mas antes uma teoria de retaguarda, orientada para reforçar as condições de eficácia das articulações que se impõem como necessárias. Em suma, uma teoria que reflete sobre as articulações necessárias e os procedimentos para reforçá-las.

Tenho defendido que a alternativa à teoria geral é o procedimento da tradução intercultural e interpolítica. Trata-se de um procedimento que visa, em geral, a aumentar o interconhecimento entre os movimentos sociais e, por essa via, maximizar as possibilidades de articulação entre eles. Essa orientação geral desdobra-se em três objetivos específicos: aprofundar a compreensão recíproca entre movimentos/organizações políticas e sociais; criar níveis de confiança recíproca entre movimentos/organizações muito diferentes que tornem possíveis ações políticas conjuntas que implicam investir recursos e assumir riscos por parte dos diferentes movimentos/organizações envolvidos; promover ações políticas coletivas assentadas em relações de autoridade, representação e responsabilidade partilhadas e no respeito da identidade política e cultural dos diferentes movimentos/organizações envolvidos.

Ao contrário da teoria geral, o procedimento da tradução não estabelece hierarquias em abstrato entre movimentos ou entre lutas e muito menos determina a absorção de uns por outros. O procedimento da tradução visa tão só a tornar porosas as identidades dos diferentes movimentos e lutas em presença, de modo que tanto o que os separa como o que os une se torne mais visível e seja levado em conta nas alianças e nas articulações necessárias. Traduzir significa sempre afirmar a alteridade e reconhecer a impossibilidade de transparência total. O procedimento de tradução é um procedimento da aprendizagem mútua. Não é educação de adultos, porque os intervenientes na tradução são todos adultos e todos educados. Também não é formação de quadros, porque não há formandos nem formadores. Tampouco é educação popular, porque todos são simultaneamente educandos e educadores. É um diálogo entre atores políticos formados e educados que, a partir das lutas em que estão envolvidos, sentem a necessidade de se deseducar e desformar para fazer avançar os movimentos em que estão envolvidos.

A tradução aplicada aos movimentos e às lutas sociais não é um procedimento novo. É uma acentuação ou uma ênfase nova. Consiste em conferir centralidade e prioridade a procedimentos dispersos adotados com diferentes graus de convicção e de consistência por movimentos/organizações, muitas vezes ao sabor de necessidades conjunturais e opções táticas. A tradução intercultural e interpolítica visa a transformar necessidades conjunturais em opções estratégicas.

Compreende-se que o procedimento da tradução seja interpolítico. Trata-se de partir do reconhecimento de que os movimentos e as organizações sociais, além de serem subsidiários de tradições de resistência e luta específicas, vão criando, pela prática, linguagens para formular demandas e identificar adversários, preferências por certos tipos de ações em detrimento de outros, prioridades quanto a objetivos e alianças para atingi-los. Ainda que raramente seja reconstruído assim, esse conjunto tende a ser uma política e uma forma de fazer política, dotado de alguma coerência. Não surpreende que ofereça resistências e manifeste insegurança quando confrontado com a necessidade de dialogar com outras políticas e outros modos de fazer política. Tais resistências e inseguranças estão na origem de muita frustração nas alianças e de muito fracasso nas ações intermovimentos. A tradução, ao assumir-se como *inter*política, reconhece essas diferenças e procura que o debate entre elas diminua as resistências e a insegurança.

O procedimento da tradução é também intercultural para responder às mudanças que ocorreram nos últimos trinta anos nas lutas de resistência contra o capitalismo, o colonialismo e o sexismo. As lutas mais inovadoras tiveram lugar no Sul Global e envolveram grupos sociais e classes que tinham sido ignorados pela teoria crítica dominante (quase toda produzida no Norte Global). Tais lutas enriqueceram o repertório das reivindicações e dos objetivos, formularam-nos com linguagens novas e referidas a universos culturais muito distintos dos da modernidade ocidental. Com isso, deixaram claro que a emancipação social tem muitos nomes e que os diferentes movimentos estão ancorados em diferentes culturas, são portadores de diferentes conhecimentos e de diferentes misturas entre conhecimento científico e popular. Um possível diálogo entre eles tem de levar em conta essa realidade e celebrá-la, em vez de ver nela um ônus que impede a articulação entre os movimentos de que é feita a globalização contra-hegemônica. Essa tarefa não é fácil, mas é incontornável.

A tradução intercultural entre movimentos sociais é um caso específico de diálogo intercultural e está sujeita aos mesmos riscos deste. O diálogo intercultural só é possível na medida em que se aceita a possibilidade de simultaneidade entre contemporaneidades distintas. Não é uma condição fácil na região ocidental do mundo contra-hegemônico, dada a concepção de tempo linear que subjaz à modernidade ocidental. Para essa concepção, só há um modo de ser contemporâneo: coincidir com o que é contemporâneo segundo a modernidade ocidental. Em face disso, os procedimentos de tradução intermovimentos que envolvem movimentos impregnados pela cultura ocidental pressupõem que estes progressivamente se descontemporaneizem até o ponto de reconhecer que há outros modos de ser contemporâneo e que o diálogo horizontal com eles é possível e desejável. Ainda que de modo diferente, os movimentos culturalmente não ocidentais deverão passar por processos próprios de descontemporaneização sempre que, à partida, não reconheçam outra contemporaneidade senão a que lhes é transmitida pela tradição histórica de sua cultura.

Outra dificuldade decorre do fato de o diálogo que ocorre no presente não deixar de carregar consigo o passado de intercâmbios desiguais entre a cultura ocidental e as culturas não ocidentais. Quais são as possibilidades de diálogo entre duas culturas quando uma delas foi no passado vítima de opressões e destruições perpetradas em nome da outra? Quando duas culturas partilham tal passado, o presente partilhado no momento de iniciar o diálogo é, no melhor dos casos, um equívoco; no pior, uma fraude. As tarefas da tradução intercultural podem defrontar-se com o seguinte dilema: como no passado a cultura dominante fez com que algumas das aspirações e das linguagens da cultura oprimida se tornassem impronunciáveis, é possível procurar pronunciá-las no diálogo intercultural sem com isso reforçar a impronunciabilidade?

Centrando-me no caso específico da tradução entre conhecimentos e práticas de luta, sugiro que o êxito da tradução interpolítica e intercultural depende da adoção dos seguintes princípios:

Da completude à incompletude. A completude – ideia de que a cultura ou a política própria fornece todas as respostas para todas as questões – é muitas vezes o ponto de partida para alguns movimentos. A tradução só progride na medida em que a completude der lugar à incompletude, ou seja, à ideia de que há deficiências na cultura ou na política própria e de que elas podem ser parcialmente superadas com as contribuições de outras culturas ou políticas.

Das versões culturais estreitas versões culturais amplas. Em geral, as culturas e as opções políticas tendem a ser internamente diversas, e algumas das versões reconhecem melhor que outras as diferenças culturais e políticas e convivem mais facilmente com elas. São estas versões, as que têm um círculo de reciprocidade mais amplo, as que melhor se adequam ao trabalho da tradução intercultural.

De tempos unilaterais a tempos partilhados. A necessidade da tradução intercultural e interpolítica é resultado do fracasso da alternativa comunista e da emergência do Sul Global no que chamamos globalização, nomeadamente na globalização contra-hegemônica. Apesar de muito partilhado, esse resultado não foi ainda interiorizado por todos os movimentos e, por isso, nem todos viram necessidade da tradução recíproca para consolidar alianças e construir ações coletivas intermovimentos. A discrepância entre os que estão nessa posição e os que se impacientam ante a urgência de construir uma política de intermovimentos é uma das maiores dificuldades da tradução, uma vez que o tempo dos últimos não pode ser imposto ao tempo dos primeiros.

De parceiros e temas unilateralmente impostos a parceiros e temas selecionados por consenso. O procedimento da tradução é sempre seletivo, tanto em relação aos parceiros que intervêm como aos temas que são objeto de tradução recíproca. Tal como sucede com os tempos, também aqui as seleções, tanto de parceiros como de temas, têm de ser partilhadas.

Da igualdade ou diferença à igualdade e diferença. Há movimentos mais centrados na questão do reconhecimento da diferença e outros mais centrados na luta pela igualdade. Essa diferença resulta de nas sociedades contemporâneas coexistirem dois princípios de distribuição hierárquica das populações: trocas desiguais entre iguais – de que é exemplo paradigmático nas sociedades capitalista a exploração dos trabalhadores por parte dos capitalistas – e reconhecimento desigual das diferenças, de que são exemplos paradigmáticos o racismo, o sexismo e a homofobia. A tradução intercultural e interpolítica progride na medida em que se concebem e concretizam ações coletivas intermovimentos que combinam a luta pela igualdade com a luta pelo reconhecimento da diferença.

Em minha experiência de intelectual-ativista, tenho participado de vários exercícios de tradução entre movimentos. Na América Latina, a necessidade da tradução interpolítica e intercultural é hoje mais premente do que nunca. Os avanços democráticos das últimas décadas reclamam a passagem de uma política de movimentos para uma política de intermovimentos. Em alguns países ou contextos, urgem as alianças entre o movimento indígena e o movimento feminista; em outros, entre o movimento operário e o movimento das populações afetadas pelo extrativismo ou pela violência política; em outros, ainda entre o movimento camponês e o movimento indígena ou entre estes e o movimento ambiental etc. etc.

O ex-secretário-geral das Nações Unidas, Boutros-Ghali, afirmou que todos somos, ao mesmo tempo, iguais e diferentes. Uma de suas preocupações é articular de maneira equilibrada o princípio da igualdade com princípio da diferença. O que nos faz iguais? O que nos faz diferentes?

BSS: Há muito formulei assim a relação entre igualdade e diferença: temos o direito a ser iguais quando a diferença nos inferioriza; temos o direito a ser diferentes quando a igualdade nos descaracteriza.

156 DEMOCRATIZAR A DEMOCRACIA

Você afirma que a construção da interculturalidade e a pós-colonialidade derivam da ideia de plurinacionalidade, sobre a qual vem trabalhando nos últimos tempos. Como se relaciona a plurinacionalidade com a democracia radical e a participação social? Quais são as ideias centrais dos Estados que, como a Bolívia e o Equador, têm adotado recentemente constituições plurinacionais, interculturais e pós-coloniais?

BSS: As ideias de interculturalidade e de pós-colonialidade não pressupõem necessariamente a ideia de plurinacionalidade. Pressupõem-na nos casos em que a identidade étnica (e, por vezes, religiosa) de grupos sociais que reclamam a interculturalidade e a pós-colonialidade se afirma como nação étnico-cultural por oposição à nação cívica, levada pelo colonialismo europeu e que esteve na base da supressão da diferença cultural e da expropriação colonial. Acontece, por exemplo, em alguns países africanos (Etiópia, Nigéria, Sudão, entre outros), no Canadá e em muitos países da América Latina, dos quais a Bolívia e o Equador são hoje o melhor exemplo. Nestes últimos países, há em curso um processo de refundação do Estado moderno, tão arraigada está a ideia de um Estado/uma nação. Em ambos os casos, as transformações em curso nasceram de fortes mobilizações sociais que adotaram como bandeira de luta um novo processo constituinte e uma nova Constituição, e em ambos os casos o movimento indígena teve um papel fulcral nas mobilizações. As novas constituições da Bolívia e do Equador representam um tipo novo de constitucionalismo muito diferente do constitucionalismo moderno. Designo-o como constitucionalismo transformador. Ao contrário do constitucionalismo moderno, não é um produto de elites, consagra o princípio da coexistência entre a nação cívica e a nação étnico-cultural, rompe com modelo monolítico de institucionalidade estatal e cria vários tipos de autonomias infraestatais. Entre muitas outras inovações, saliento, no caso da Bolívia, a consagração de três tipos de democracia – representativa, participativa e comunitária –, o que contém em si um enorme potencial de radicalização da democracia; no caso do Equador, a consagração do Sumak Kawsay (viver bem, *el buen vivir* em quechua) e dos direitos da natureza (pachamama) como princípios de organização econômico-social. São processos políticos muito tensos porque a democratização em curso gere os impulsos contraditórios das forças socialistas que pretendem radicalizar a democracia e das forças fascistas que procuram por meios antidemocráticos e violentos travar o processo de democratização.

Para finalizar, qual é, para Boaventura de Sousa Santos, a grande "utopia concreta" – nos termos de Ernst Bloch – do século XXI?

BSS: Tal como a compreensão do mundo excede em muito a compreensão ocidental do mundo, é possível que a transformação do mundo ocorra por caminhos não previstos nem imaginados no catálogo da emancipação social preparado pelas forças progressistas do Ocidente. É, pois, bem possível que a utopia concreta se esteja a concretizar sem que a gente se dê conta, porque não temos olhos para vê-la nem emoções para senti-la, tampouco desejos para desejá-la. Não será, talvez, suficientemente grande para a vermos nem suficientemente concreta para a sentirmos, tampouco suficientemente utópica para a desejarmos. A utopia concreta é a que está a ser realizada por sujeitos concretos de histórias concretas. A utopia concreta é a experiência incarnada de uma aposta concreta num futuro a concretizar. Verdadeiramente, cada um de nós só reconhece a utopia em que está envolvido concretamente. Se não estiver envolvido em nenhuma, não poderá dar resposta a essa pergunta, mas obviamente também pensará que a pergunta é um disparate. A utopia concreta não se deixa formular em abstrato e vai emergindo da grande criatividade moral e política daqueles de quem nada de criativo, moral ou político se espera. Hoje numa aldeia remota de Chiapas ou dos Andes, amanhã num bairro popular de Caracas ou de Joanesburgo, depois num grande subúrbio popular do Rio de Janeiro ou de Mumbai. Mas também só identifico essa emergência porque estou pessoalmente envolvido no ainda não que ela exprime.

5
Democracia, populismo e insurgência[1]

Professor De Sousa Santos, podemos talvez dizer, parafraseando Karl Marx, que um novo espectro atravessa hoje a Europa. Quer de esquerda, quer de direita, o populismo é o protagonista indubitável da discussão política contemporânea. A crise das democracias representativas abre efetivamente, também na velha Europa, uma modalidade do político que o século XX conheceu sobretudo na América do Sul. Qual é sua posição sobre esse fenômeno?

Boaventura de Sousa Santos: É preciso definir o que é o populismo – o que não é tarefa fácil, dada a diversidade dos contextos e dos fenômenos políticos que o conceito tem sido chamado a caracterizar. Em geral, o populismo invoca a ideia de uma construção de subjetividades e modos de atuação política hostis à mediação das instituições da democracia representativa, por vezes indiferentes ou até mesmo hostis à distinção entre esquerda e direita que tem caracterizado a representação política, mediante apelos a uma ampla convergência de interesses e expectativas de maiorias excluídas ou ameaçadas de exclusão por parte de inimigos internos ou externos. A fixação nos inimigos radicaliza a vontade política transformadora contra o *status quo* e confere um caráter identitário à polarização entre nós e eles. O populismo tende a privilegiar a participação em detrimento da representação, a ter uma vocação antielitista, ainda que, por vezes, delegada a um líder ou até um Estado em que se deposita afetivamente a esperança de dias melhores. Devido a sua crítica das mediações institucionais, o populismo tem uma vocação anti-institucional ou pós-institucional; tende a expressar-se sob a forma de mobilizações massivas intensas e fugazes em que a denúncia política prevalece sobre a formulação de alternativas políticas.

---

[1] Entrevista conduzida por Francesco Biagi e Gianfranco Ferraro, "Populismo, utopia e forme politiche del presente", publicada na Itália pela revista *Il Ponte*, Florença, ano LXXII, n. 8-9, ago.-set. 2016, p. 212-22.

O populismo é uma ideia política extremamente ambígua. A primeira ambiguidade é originária e reside na própria noção de povo que, sobretudo depois da Revolução Francesa, designa tanto a parte oprimida do conjunto das classes e dos grupos sociais que coexistem no mesmo espaço geopolítico como o conjunto de todas as classes e os grupos. O povo pode ser classe, nação, identidade etnocultural, massa amorfa à espera de ser sujeito político, princípio fundador da subjetividade política, enquanto sede do poder soberano. A segunda ambiguidade reside no fato de que a vocação antissistêmica que anima o populismo pode ser assumida por instituições (partidos políticos) que não podem existir fora do sistema e até pelo próprio Estado, que preside ao "sistema". O apelo à reforma profunda do sistema não resolve a ambiguidade, apenas a desloca para a discussão dos princípios e dos mecanismos específicos da reforma. A terceira ambiguidade consiste no fato de que a polaridade entre esquerda e direita, por vezes expulsa pela porta, entra pela janela sob a forma do populismo de esquerda e do populismo de direita. Por último, a relação do populismo com a democracia também é ambígua. Se, por um lado, a crítica da representação implica um apelo à participação e, portanto, à democratização da democracia, por outro lado, a intensificação da participação pode ter por objetivo excluir dos benefícios da democracia e da deliberação democrática grupos sociais muito significativos, sejam os habitantes dos países menos desenvolvidos da Europa, sejam imigrantes e solicitadores de asilo político.

Perante tanta ambiguidade, o populismo, mais que uma realidade política, é hoje um dispositivo ideológico posto a serviço da nomeação conflitual dessa realidade. Como qualquer outro dispositivo ideológico, sua utilização beneficia quem tem mais poder e recursos para definir ideologicamente dada realidade política. No contexto europeu atual, esse poder está concentrado nas forças sociais e políticas que pretendem impor o consenso repressivo neoliberal de Bruxelas. Por isso, tende a ser etiquetado como populismo tudo o que resiste a esse consenso. A resistência tanto pode vir da esquerda como da direita, mas, devido à correlação de forças, a etiqueta populista estigmatiza sobretudo as forças de esquerda. Quando a direita é declarada populista ou se autodeclara populista, isso não lhe causa dano maior e até pode beneficiá-la. A direita nacionalista partilha com o consenso de Bruxelas mais do que se pode imaginar: pretende impor em nível nacional o mesmo autoritarismo excludente, burocrático, antidemocrático; apenas quer ser ela a impô-lo, não o fazer a mando de Bruxelas. Quando a esquerda é declarada populista, o objetivo é retirar-lhe a legitimidade democrática para resistir ao consenso repressivo neoliberal e propor uma alternativa credível. É certo que, por vezes, a esquerda europeia tem recorrido a alguns elementos do populismo, por exemplo, o transclassismo e a indiferença perante a dicotomia esquerda e direita para vincar seu carácter antissistêmico. Mas o subtexto desse empréstimo desmente o texto. O transclassismo é o modo mais eficiente de denunciar a escandalosa concentração de riqueza que a classe burguesa financeira internacional está a acumular e de criar alianças contra ela. Por sua vez, o relativo negligenciar da dicotomia esquerda/ direita visa, sobretudo, a reclamar a necessidade de uma esquerda refundada e revigorada, uma esquerda que não se confunda com a direita, tal como aconteceu com os partidos social-democráticos e socialistas dos últimos trinta anos.

Ernesto Laclau, um dos mais importantes teóricos do populismo como modalidade política, afirma que se trata de uma "lógica social". Nesse sentido, o populismo não vai ser, por assim dizer, um fenômeno redutível aos acidentes da história, mais mesmo uma "maneira de construção do político". Nas intenções de Laclau, o espaço político é, portanto, um espaço vazio, que pode ser preenchido por significados diferentes. Trata-se de uma lógica que atravessa as mesmas premissas da democracia, mas que a democracia – quer representativa, quer direta – não chega a resolver. Quais seriam então, em sua opinião, os perigos teóricos dessa definição?

BSS: Respeito muito o trabalho teórico de Ernesto Laclau, mas penso que em nosso tempo, com a globalização neoliberal e a concentração do poder midiático que entretanto surgiu, deixou de haver significantes vazios. Passou a haver significantes esvaziados, como o significante "democracia" (esvaziado das políticas de redistribuição socioeconômica e das poucas políticas de respeito da diversidade cultural) e significantes constantemente repreenchidos, por exemplo, "autonomia" (que passa da capacidade comunitária de transformar o mundo para a capacidade individual de mudar a vida pessoal sem mudar o mundo), "liberdade" (que passa da tensão entre liberdade positiva e negativa em Kant ou Isaiah Berlin à hipertrofia da liberdade negativa), "sociedade civil" (que deixa de ser o contrário do mercado para ser o duplo do mercado) ou "contrato" (que deixa de ser o contrato social que funda a convivência social pacífica para ser o contrato individual com que o indivíduo se posiciona na guerra de todos contra todos). As dinâmicas do esvaziamento e do constante repreenchimento dos significantes são os temas que mais devem ocupar a sociologia e a filosofia políticas hoje. Na esteira de Gino Germani, Laclau analisou formas de inclusão social e política em contextos oligárquicos, com fachada democrática ou não, ou seja, contextos altamente excludentes das grandes maiorias assentadas em longas durações históricas durante muito tempo ocupadas pela forma mais violenta de exclusão – o colonialismo. Nessas condições, o populismo surge como curto-circuito histórico que permite a inclusão dependente das maiorias, resultado que a normalidade democrática oligárquica nunca permitiria. Torna-se uma normalidade alternativa que permite certa transição do subdesenvolvimento para o desenvolvimento dependente. O contexto europeu é, por agora, diferente. Estamos a viver a transição de processos políticos dominados pela inclusão social para processos políticos dominados pela exclusão social. No caso dos países do sul da Europa, transitamos do desenvolvimento para o subdesenvolvimento. No caso europeu, o populismo é sintoma de algo distinto. Sinaliza que a democracia representativa europeia perdeu a guerra contra o capitalismo e que, eventualmente, só uma articulação entre democracia representativa e democracia participativa pode inverter a situação. Quando digo "por agora", quero dizer que, se a desigualdade entre países europeus se aprofundar e se as situações de protetorado de tipo colonial se mantiverem por algum tempo, como as que vivem atualmente os países do sul da Europa em relação aos países do norte da Europa, é possível que as oligarquias de tipo novo que se instalarem tenham de se confrontar com fenômenos de resistência política semelhantes aos que ocorreram na América Latina. Por isso, defendo que devemos fazer uma análise não populista do momento populista que vivemos. Isso, além do mais, permite-nos distinguir a política populista da política popular.

Você é um dos teóricos mais importantes, na época contemporânea, da democracia direta. Qual é o futuro dessa forma de democracia num momento histórico que se anuncia saturado de medo e onde o medo torna-se, uma vez mais, um terrível arcanum imperii?

BSS: Quando os indignados e os *Occupy* gritaram "não nos representam!" e pediram "democracia, já!" e "democracia real!", o que pretenderam mostrar foi que as democracias de baixa ou de baixíssima intensidade que o neoliberalismo pretende impor globalmente têm de ser substituídas por democracias verdadeiras, de alta intensidade. A radicalização da democracia parece ser o núcleo central da consciência revolucionária possível no Norte Global no tempo atual. As democracias neoliberais estão a transformar-se em formas de legitimação do neoliberalismo; os direitos sociais a saúde, educação e segurança social estão a transformar-se em escandalosos privilégios; os sistemas políticos estão a ser insidiosamente corrompidos para atender exclusivamente aos interesses das facções dominantes do capital; o Estado de bem-estar vai-se transformando em Estado de mal-estar; a normalidade constitucional convive com o estado de exceção permanente que transforma o cidadão comum num ser suspeito e o imigrante num ser sub-humano ao qual se oferece a escolha entre a escravatura laboral e o campo de internamento. Perante esse cenário e na ausência de alternativa, o ideal democrático tem ainda suficiente força para ser invocado contra a realidade democrática de nosso tempo. Daí a luta pela radicalização da democracia. Para ela ser credível, tem de transformar-se num princípio que abranja toda a realidade social, não apenas o sistema político. Democracia para mim é todo o processo de transformação de relações desiguais de poder em relações de autoridade partilhada. Tal transformação tem de ocorrer em seis espaços-tempo: família, comunidade, produção, mercado, cidadania e relações internacionais. Tal como existe hoje, a democracia é uma ilha democrática num arquipélago de despotismos. No campo da cidadania, a democracia representativa perdeu, como disse, a guerra contra o capitalismo. Aliás, nunca a pretendeu ganhar. Apenas pretendeu conviver com o capitalismo com alguma dignidade, o que implicou certas concessões importantes do capital, como tributação progressiva, nacionalizações, intervenção do Estado na economia, o que só foi possível no contexto do pós-Segunda Guerra Mundial ou pós-Grande Depressão, no caso dos Estados Unidos. Superados tais contextos, o capitalismo, na forma de neoliberalismo, voltou plenamente a sua pulsão originária: acumulação infinita, concentração da riqueza, transformação potencial de qualquer atividade humana ou da natureza em mercadoria. Pouco a pouco, a democracia liberal se transformou na democracia neoliberal, a qual, ao contrário do que o nome indica, é o oposto da democracia liberal. Neste momento, a única saída progressista consiste em retomar a tensão entre democracia e capitalismo, o que atualmente só é possível retirando aos representantes o monopólio da representação, ampliando as áreas em que os cidadãos, em vez de eleger os decisores políticos, tomam eles próprios decisões. Essa articulação entre democracia representativa e democracia participativa tem de começar nos próprios partidos políticos, com os simpatizantes e os militantes de partidos a tomar as decisões principais na definição das agendas política partidárias e nas escolhas dos candidatos a representantes no Parlamento. Sei que é utópico, mas há sinais de práticas emergentes que vão nesse sentido, e, afinal, todas as ideias políticas inovadoras foram consideradas utópicas antes de ser realizadas.

A crise contemporânea da democracia representativa manifesta-se, na Europa, como um efeito direto das políticas de austeridade. A falha do esforço grego no enfrentamento dessas políticas salientou, ainda mais, como o populismo se tornou um experimento de saída dessa crise: uma passagem que produz paradoxos enormes. A figura do populista pode, ao mesmo tempo, representar a oposição e a execução da austeridade: a causa disso, essa forma do político, pode tentar recobrir todo o horizonte do real político. Nesse sentido, vê o populismo como representação de uma oposição à ordem global do capitalismo ou como uma função direta dele?

BSS: As políticas de austeridade visam a esvaziar a democracia representativa das políticas de inclusão social que alimentam a tensão com o capitalismo. Como na Europa essa tensão foi profundamente institucionalizada, a ponto de criar a ilusão de convivência pacífica, o populismo europeu é necessariamente bicéfalo – se preferirmos, só existe na forma de um duplo e, portanto, a resistência que o populismo sinaliza pode ser construída a partir das causas ou a partir das consequências das políticas de austeridade. Quando é construída a partir das causas, da enorme concentração de riqueza e da captura do Estado e da democracia por antidemocratas a serviço do capital internacional, empresas ou instituições europeias, a resistência populista se assenta na convicção de que as políticas de austeridade se baseiam em opções políticas arbitrárias e injustas (preferência por salvar bancos, não as famílias rapidamente caídas na pobreza). Tais opções não são as únicas possíveis e, na medida em que são impostas pelo consenso repressivo de Bruxelas, tal imposição deve ser contestada a partir da ideia nacionalista e da soberania popular, entendendo-se por povo o conjunto das famílias que mais sofrem com as políticas de austeridades, sejam nacionais, sejam estrangeiras. Essa é versão de esquerda do populismo, e seu vigor político concentra-se na reforma política e na ampliação dos direitos sociais.

Quando a resistência dita populista é construída a partir das consequências da austeridade, ela se assenta na convicção de que as políticas de austeridade são resultado natural dos excessos de bem-estar, de direitos e de proteção social conferidos por governos de esquerda e por instituições europeias a quem verdadeiramente não os merece, sejam cidadãos preguiçosos que recusam trabalho, sejam imigrantes que ocupam os postos de trabalho que poderiam ser ocupados pelos europeus, com a agravante de o fazerem com frequentes distúrbios sociais de que as "nossas" mulheres podem ser as primeiras vítimas. Há, pois, que selecionar estritamente os grupos sociais que devem ser poupados à austeridade, e para isso é preciso deslocar o centro das decisões políticas de Bruxelas para o capital do país. Esse é o populismo de direita. São dois "animais políticos" muito diferentes: para o primeiro, mais democracia é a solução; para o segundo, mais democracia é o problema. O que se chama populismo na Europa não tem relação unívoca com a democracia. Tanto pode ser uma ameaça à pouca democracia, que temos, como pode ser a promessa de uma democracia de mais alta intensidade, que merecemos.

Sobre o que resta das formas partidárias da democracia liberal, de um lado, e sobre o que resta das velhas subjetividades políticas, do outro, podemos vislumbrar hoje subjetividades políticas alternativas à ordem do capitalismo global, capazes de instituir imaginários autônomos e independentes?

BSS: Sem dúvida. Nesse domínio, a Europa tem muito a aprender com as iniciativas e as experiências alternativas que têm emergido no que eu chamo o Sul Global anti-imperial. Um vasto campo que eu designo por sociologia das emergências. Nas mais diferentes regiões do mundo, há resistências vigorosas ao avanço do neoliberalismo. Elas têm lugar nos mais diversos campos da vida social. Dou alguns exemplos. As três formas de democracia consagradas na Constituição da Bolívia de 2009: representativa, participativa e comunitária. As lutas organizadas em volta da defesa da terra, do território e da água por parte de camponeses sem terra, povos indígenas, quilombolas e dalits. A vibrante vitalidade dos movimentos de economia social e solidária, assentada nos princípios de solidariedade, reciprocidade, respeito pela natureza, em que se destacam cooperativas, terras comunitárias, comércio justo, feiras comunais, relações diretas entre produtor e consumidor, bancos comunitários, hortas urbanas, bancos de horas, trocas diretas. Muitas dessas iniciativas existem também na Europa, mas não têm o significado político ou social que têm no Sul anti-imperial (que, aliás, também existe dentro da Europa). Outras conceções de direitos humanos e de dignidade, como os direitos da pachamama (terra mãe) consagrados no art. 71 da Constituição do Equador de 2008. Formas de plurinacionalidade que permitem que coexistam no seio do mesmo Estado duas formas de pertença nacional: a nação cívica a que todos pertencem por igual e as nações etnoculturais. São apenas alguns exemplos de que em muitas partes do mundo criam-se zonas libertadas do capitalismo. São zonas autônomas bem teorizadas e praticadas pelo subcomandante Marcos, do EZLN. Essas são as utopias concretas, realistas, de nosso tempo. Nada têm em comum com as grandes utopias modernistas de que neste ano celebramos mais um centenário (Thomas More). São resultado de artesanias de práticas que, em espaços-tempo com escala humana, sabem tecer o novo e a surpresa no velho tear da luta por outro mundo possível.

Para que essas experiências sejam mais conhecidas e se tornem tema de aprendizagem global, é necessário que a Europa supere seu preconceito colonialista de que não tem nada a aprender com as experiências dos povos que foram suas colônias e cujas instituições e culturas são consideradas menos desenvolvidas que as europeias.

A crise do paradigma histórico da democracia representativa e a transformação dos Estados ocidentais em Estados de seguridade, processo ainda mais forte depois dos atentados de Paris*, é uma crise que se manifesta no momento das eleições, mas também

---

* Série de atentados terroristas coordenados ocorridos em Paris entre a noite de 13 de novembro e a madrugada de 14 de novembro de 2015 que deixou centenas de mortos e feridos. (N. E.)

nos campos mais heterogêneos da vida social. Talvez o populismo e a necessidade de democracia direta que vimos nos movimentos políticos dos últimos anos (Espanha: 15M; Egito: praça Tahrir; Turquia: parque Taksim Gezi; Estados Unidos: Occupy Wall Street) apareçam como polos dessa crise, seus indícios e suas possibilidades de terapia. Há condições para que se possa afirmar, sobre o populismo, uma forma de democracia direta mais radical e que fala melhor a linguagem da verdade?

BSS: A democracia representativa, tal como a conhecemos, continua a ser uma mediação institucional poderosa, mas já não entre os cidadãos e seus representantes políticos – antes, entre os Estados nacionais e os imperativos do capitalismo financeiro global, respeitem eles à economia ou à vigilância sobre os cidadãos. Nessas condições, a democracia representativa deixou de falar a verdade aos cidadãos. Só fala a verdade (contra sua vontade) quando os cidadãos conseguem desmontar as mentiras que são por ela ditas a respeito deles. Nessas condições, a democracia participativa direta que esteve na base dos protestos de 2011 foi um apelo dramático a que se falasse a verdade. Falar a verdade sobre o atual estado de coisas não é o mesmo que falar a verdade sobre o modo de superá-lo e de criar uma realidade política alternativa mais justa, mais democrática e mais inclusiva. A verdade da política alternativa tem de ser construída e só pode sê-lo por meio de uma política popular. O populismo é muitas vezes usado nesse contexto para deslegitimar a política popular. Para insinuar que ela não dispõe das alianças nem dos recursos institucionais necessários para aplicar suas políticas. O modo mais eficaz que a política popular tem usado para fugir à armadilha de confundir o popular com o populista consiste em criar instituições híbridas constituídas por elementos e lógicas próprios da democracia representativa e da democracia participativa. Por exemplo, quando, no caso do partido Podemos, da Espanha, os círculos de cidadãos e as assembleias assumem um papel central na formulação da política partidária e na escolha dos representantes que a devem aplicar.

Os casos mencionados (Espanha: 15M; Egito: praça Tahrir; Turquia: parque Taksim Gezi; Estados Unidos: Occupy Wall Street) são gritos de verdade política a que só uma política popular podia dar seguimento. Infelizmente, a etiqueta "populista" colou-se rapidamente a muitos deles para neutralizar sua resistência a abrir a porta para políticas autoritárias de contenção ou de neutralização. Mas os processos históricos nunca terminam quando se lhes escrevem os obituários. Continuam em outros lugares e outros tempos, em outras vidas, nos subterrâneos da revolta e da raiva em relação ao presente injusto, cruel e repugnante. Podem reemergir quando menos se espera, sob outras formas, talvez tendo aprendido algumas lições do passado.

Todos os movimentos revolucionários tiveram, na imagem do povo reunido em assembleia, uma imagem utópica obstinada. Nas primaveras árabes, como nos movimentos que ocuparam as praças, essa imagem de retomada do espaço público tornou-se central. Foram esses movimentos "multitudinários" só um acidente da história, os sinais que novas condições revolucionárias são agora possíveis?

BSS: Nada na história é acidental, tal como nada é necessário. Cada época cria um horizonte de possibilidades e, dentro dele, diferentes resultados são concretizáveis, dependendo dos contextos e das condições concretas. Como é óbvio, cada horizonte de possibilidades cria seu próprio horizonte (imensamente mais amplo) de impossibilidades. Não é fácil definir o horizonte de possibilidades de nossa época. Tendemos a defini-lo em função da experiência europeia. Ora, a época que consideramos nossa envolve diversas outras regiões do mundo, com características muito diferentes das que atribuímos a nossa época a partir da Europa. A época de Kant ou de Hegel, ou mesmo a época de Foucault, Habermas ou Agamben, só caracteriza "nossa" época para os europeus, não nossa época dos povos do Sul Global. Estes têm certamente outras referências que consideram paradigmáticas de seu tempo, isto é, de nosso tempo visto a partir da experiência deles. Se aceitarmos a hipótese do pluriverso, é mesmo impossível dar qualquer conteúdo significativo a uma época contemporânea no singular. A contemporaneidade é o momento em que certa memória coletiva de opressão se transmuta em antecipação coletiva de uma alternativa possível. É provável que haja várias épocas contemporâneas existindo simultaneamente, cada uma delas contemporânea em relação a uma específica memória/antecipação. O que as une hoje é o fato de todas terem sido historicamente constituídas por articulações muito distintas entre capitalismo, colonialismo e patriarcado, três modos de dominação que sempre se serviram da religião e da antirreligião para regular as relações entre eles. Em face disso, no caso de acontecimentos que ocorrem simultaneamente, as explicações que servem para a simultaneidade não são as mesmas que podem elucidar a específica contemporaneidade de cada acontecimento. É por isso que, por exemplo, o papel das mulheres nos movimentos da Tunísia e do Egito tem um significado diferente do que teve em outros contextos de protesto. A simultaneidade dos movimentos referidos tem muito a ver com a rápida disseminação da ideia de que a injustiça institucionalizada não permite a esperança de uma vida melhor às maiorias oprimidas. Essa rápida disseminação aconteceu antes, por exemplo, na Europa de 1848, apesar de nesse tempo não haver redes sociais nem internet.

A nova situação política em Portugal produz expectativas interessantes pela relação do país com as instituições europeias e pela mesma qualidade da democracia ao interior.

Sabemos como as eleições nacionais são vistas na Europa como fumaça nos olhos: as eleições podem ainda ser úteis pela transformação da sociedade?

BSS: O governo de esquerda recentemente empossado em Portugal no seguimento das eleições de 4 de outubro de 2015 mostra que a democracia representativa pode ser, no atual contexto histórico europeu, uma forma de resistência à pulsão autoritária, burocrática e antidemocrática que domina as instituições europeias e dos aproximadamente 10 mil lobistas que as cercam. Ou seja, o déficit democrático em nível europeu é de tal ordem que as democracias nacionais, apesar de todas as limitações que lhes reconhecemos, se "redemocratizam" por contraste. Comparada com o totalitarismo gota a gota que dimana das instituições europeias (hoje, o controle do déficit; amanhã, o orçamento; depois, a execução orçamental; a seguir, as privatizações; adiante, o confisco de dinheiro público para entregar aos bancos privados ou a alteração do *rating* do crédito etc.), a democracia representativa portuguesa, que, como qualquer outra, é de baixa intensidade, surge momentaneamente como uma democracia da alta intensidade. A resignificação é ainda mais profunda e atinge a própria forma democrática. A perspectiva prismática, provocada pelas diferentes escalas da política europeia, faz com que a democracia portuguesa, sendo representativa à escala nacional, surja momentaneamente como participativa quando vista na escala europeia. Essa ilusão de óptica política produz efeitos reais nos processos políticos, e é por isso que a democracia representativa nacional, ao assumir uma dimensão de resistência, é posta de imediato sob quarentena e sujeita ao golpismo das instituições europeias com vista a neutralizá-la. Foi assim na Grécia, de modo grotesco, e é de prever que volte a acontecer. Mas, como sempre, as lógicas de dominação não se podem furtar ao campo das contradições que elas próprias criam. E por isso seus desígnios são relativamente indeterminados. Os partidos de esquerda da Europa têm aprendido muito nos últimos cinco anos, e a aprendizagem tem sido por vezes bastante dolorosa. Mais uma vez, vem à mente o caso grego. A violência com que foi neutralizada a experiência grega foi atribuída à necessidade de produzir uma vacina contra qualquer resistência de esquerda ao consenso repressivo, neoliberal, de Bruxelas. Não funcionou com a eficácia prevista, e aí está o caso português a demonstrá-lo. Tendo aprendido com a experiência grega, a resistência portuguesa é mais moderada e evita a confrontação ideológica com a expectativa de obter concessões pragmáticas. É a segunda tentativa no sentido de salvar o que resta do Estado social de direito no sul da Europa. Terá mais êxito que a tentativa grega? Não se sabe. Para já, está a ser tratada com a mesma hermenêutica de suspeita com que foi tratada a resistência grega. Essa hermenêutica funciona tanto mais eficazmente quanto mais meios os aliados internos do totalitarismo gota a gota europeu têm a seu dispor para consolidar a hegemonia neoliberal. Entre esses meios, deve-se ressaltar a mídia. Ela é eficaz em Portugal, a ponto de uma pessoa de esquerda, apesar de viver num país governado pela esquerda, não poder hoje ler jornais nem ver televisão sem ter um ataque de nervos. Começa a desenhar-se a ideia de que, não tendo funcionado a vacina grega, se está a experimentar a vacina portuguesa. E essa vacina é para ser aplicada num curto prazo na Espanha e num médio prazo na Itália. Esses dois países, pelo peso que suas economias têm na União Europeia, são os que verdadeiramente ameaçam os donos do poder instalado em Bruxelas. Se a vacina não funcionar (pelo menos na Espanha, tudo leva a crer que não funcionará), então poderemos começar a repensar democraticamente a Europa a partir das articulações que se tornam possíveis entre os vários países do sul da Europa. Se tal possibilidade se concretizar, ela provará que foi muito importante que o Syriza se tivesse mantido no poder, apesar da rendição humilhante a que foi sujeito.

PARTE IV

Reinventar as esquerdas

6
Cartas às esquerdas

PRIMEIRA (AGOSTO DE 2011)
IDEIAS BÁSICAS PARA UM RECOMEÇO DAS ESQUERDAS

Não questiono que haja um futuro para as esquerdas, mas seu futuro não vai ser uma continuação linear de seu passado. Definir o que têm em comum equivale a responder à pergunta: "O que é a esquerda?". A esquerda é um conjunto de posições políticas que partilham o ideal de que os humanos têm todos o mesmo valor e são o valor mais alto. Esse ideal é posto em causa sempre que há relações sociais de poder desigual, isto é, de dominação. Nesse caso, alguns indivíduos ou grupos satisfazem parte de suas necessidades, transformando outros indivíduos ou grupos em meios para seus fins. O capitalismo não é a única fonte de dominação, mas é uma fonte importante.

Os diferentes entendimentos desse ideal levaram a diferentes clivagens. As principais resultaram de respostas antagônicas às seguintes perguntas. Poderá o capitalismo ser reformado de modo a melhorar a sorte dos dominados ou isso só é possível para além do capitalismo? A luta social deve ser conduzida por uma classe (a classe operária) ou por diferentes classes ou grupos sociais? Deve ser conduzida dentro das instituições democráticas ou fora delas? O Estado é, ele próprio, uma relação de dominação ou pode ser mobilizado para combater as relações de dominação? As respostas a essas perguntas estiveram na origem de violentas clivagens. Em nome da esquerda, cometeram-se atrocidades contra a esquerda; mas, no conjunto, as esquerdas dominaram o século XX (apesar do nazismo, do fascismo e do colonialismo), e o mundo tornou-se mais livre e mais igual graças a elas. Esse curto século de todas as esquerdas terminou com a queda do Muro de Berlim. Os últimos trinta anos foram, por um lado, uma gestão de ruínas e de inércias e, por outro, a emergência de novas lutas contra a dominação, com outros atores e outras linguagens que as esquerdas não puderam entender. Entretanto, livre das esquerdas, o capitalismo voltou a mostrar sua vocação antissocial. Voltou a ser urgente reconstruir as esquerdas para evitar a barbárie.

Como recomeçar? Pela aceitação das seguintes ideias. Primeiro, o mundo diversificou-se, e a diversidade instalou-se no interior de cada país. A compreensão do mundo é muito mais ampla que a compreensão ocidental do mundo; não há internacionalismo sem interculturalismo. Segundo, o capitalismo concebe a democracia como um instrumento de acumulação; se for preciso, ele a reduz à irrelevância e, se encontrar outro instrumento mais eficiente, dispensa-a (caso da China). A defesa da democracia de alta intensidade é a grande bandeira das esquerdas. Terceiro, o capitalismo é amoral e não entende o conceito de dignidade humana; a defesa desta é uma luta contra o capitalismo, nunca com o capitalismo (no capitalismo, mesmo as esmolas só existem como relações públicas). Quarto, a experiência do mundo mostra que há imensas realidades não capitalistas, guiadas pela reciprocidade e pelo cooperativismo, à espera de ser valorizadas como o futuro dentro do presente. Quinto, o século passado revelou que a relação dos humanos com a natureza é uma relação de dominação contra a qual há que lutar; o crescimento econômico não é infinito. Sexto, a propriedade privada só é um bem social se for uma entre várias formas de propriedade e se todas forem protegidas; há bens comuns da humanidade (como a água e o ar). Sétimo, o curto século das esquerdas foi suficiente para criar um espírito igualitário entre os humanos que sobressai em todos os inquéritos; esse é um patrimônio das esquerdas que elas têm dilapidado. Oitavo, o capitalismo precisa de outras formas de dominação para florescer, do racismo ao sexismo e à guerra, e todas devem ser combatidas. Nono, o Estado é um animal estranho – meio anjo, meio monstro –, mas, sem ele, muitos outros monstros andariam à solta, insaciáveis à cata de anjos indefesos. Melhor Estado, sempre; menos Estado, nunca.

Com essas ideias, vão continuar a ser várias as esquerdas, mas já não é provável que se matem umas às outras e é possível que se unam para travar a barbárie que se aproxima.

Segunda (setembro de 2011)
Perante o neoliberalismo

A democracia política pressupõe a existência do Estado. Os problemas que vivemos hoje na Europa mostram que não há democracia europeia porque não há Estado europeu. E pelo fato de que muitas prerrogativas soberanas foram transferidas para instituições europeias, as democracias nacionais são hoje menos robustas porque os Estados nacionais são pós-soberanos. Os déficits democráticos nacionais e o déficit democrático europeu alimentam-se uns aos outros e todos se agravam por, entretanto, as instituições europeias terem decidido transferir para os mercados financeiros (isto é, para meia dúzia de grandes investidores, à frente dos quais o Deutsche Bank) parte das prerrogativas transferidas para elas pelos Estados nacionais. Ao cidadão comum será hoje fácil concluir (lamentavelmente só hoje) que foi uma trama bem urdida para incapacitar os Estados europeus no desempenho de suas funções de proteção dos cidadãos contra riscos coletivos e de promoção do bem-estar social. Essa trama neoliberal tem sido urdida em todo o mundo, e a Europa só teve o privilégio de ser "tramada" à europeia. Vejamos como aconteceu.

Está em curso um processo global de desorganização do Estado democrático. A organização desse tipo de Estado baseia-se em três funções: a função de confiança, por meio da qual o Estado protege os cidadãos contra forças estrangeiras, crimes e riscos coletivos; a função de legitimidade, por meio da qual o Estado garante a promoção do bem-estar; e a função de acumulação, com a qual o Estado garante a reprodução do capital em troca de recursos (tributação, controle de setores estratégicos) que lhe permitam desempenhar as duas outras funções.

Os neoliberais pretendem desorganizar o Estado democrático por meio da inculcação na opinião pública da suposta necessidade de várias transições. Primeira: da responsabilidade coletiva para a responsabilidade individual. Segundo os neoliberais, as expectativas da vida dos cidadãos derivam do que eles fazem por si, não do que a sociedade pode fazer por eles. Tem êxito na vida quem toma boas decisões ou tem sorte e fracassa quem toma más decisões ou tem pouca sorte. As condições diferenciadas do nascimento ou do país não devem ser significativamente alteradas pelo Estado. Segunda: da ação do Estado baseada na tributação para a ação do Estado baseada no crédito. A lógica distributiva da tributação permite ao Estado expandir-se à custa dos rendimentos mais altos, o que, segundo os neoliberais, é injusto, enquanto a lógica distributiva do crédito obriga o Estado a conter-se e a pagar o devido a quem lhe empresta. Essa transição garante a asfixia financeira do Estado, única medida eficaz contra as políticas sociais. Terceira: do reconhecimento da existência de bens públicos (educação, saúde) e interesses estratégicos (água, telecomunicações, correios) a serem zelados pelo Estado para a ideia de que cada intervenção do Estado em área potencialmente rentável é uma limitação ilegítima das oportunidades de lucro privado. Quarta: do princípio da primazia do Estado para o princípio da primazia da sociedade civil e do mercado. O Estado é sempre ineficiente e autoritário. A força coercitiva do Estado é hostil ao consenso e à coordenação dos interesses e limita a liberdade dos empresários que são quem cria riqueza (aos trabalhadores não há menção). A lógica imperativa do governo deve ser substituída na medida do possível pela lógica cooperativa de governança entre interesses setoriais, entre os quais o do Estado. Quinta: dos direitos sociais para os apoios em situações extremas de pobreza ou incapacidade e para a filantropia. O Estado social exagerou na solidariedade entre cidadãos e transformou a desigualdade social num mal quando, de fato, é um bem. Entre quem dá esmola e quem a recebe não há igualdade possível, um é sujeito da caridade e o outro é objeto dela.

Perante esse perturbador receituário neoliberal, é difícil imaginar que as esquerdas não estejam de acordo sobre o princípio "melhor Estado, sempre; menos Estado, nunca" e que disso não tirem consequências.

Terceira (dezembro de 2011)
A urgência de esquerdas reflexivas

Quando estão no poder, as esquerdas não têm tempo para refletir sobre as transformações que ocorrem nas sociedades e quando o fazem é sempre por reação a qualquer acontecimento que perturbe o exercício do poder. A resposta é sempre defensiva. Quando não estão no poder, dividem-se internamente para definir quem será o líder nas próximas eleições, e as reflexões e as análises ficam vinculadas a esse objetivo. Essa indisponibilidade para reflexão, se foi sempre perniciosa, é agora suicida. Por duas razões. A direita tem à disposição todos os intelectuais orgânicos do capital financeiro, das associações empresariais, das instituições multilaterais, dos *think tanks*, dos lobistas, os quais lhe fornecem diariamente dados e interpretações que não são sempre carentes de rigor e sempre interpretam a realidade de modo a levar a água a seu moinho. Pelo contrário, as esquerdas estão desprovidas de instrumentos de reflexão abertos aos não militantes e, internamente, a reflexão segue a linha estéril das facções. Circula hoje no mundo uma imensidão de informações e análises que poderiam ter importância decisiva para repensar e refundar as esquerdas depois do duplo colapso da social-democracia e do socialismo real. O desequilíbrio entre as esquerdas e a direita no que diz respeito ao conhecimento estratégico do mundo é hoje maior que nunca.

A segunda razão é que as novas mobilizações e militâncias políticas por causas historicamente pertencentes às esquerdas têm sido feitas sem nenhuma referência a elas (salvo talvez à tradição anarquista) e, muitas vezes, em oposição a elas. Isso não pode deixar de suscitar uma profunda reflexão. Está a ser feita? Tenho razões para crer que não, e a prova está nas tentativas de cooptar, ensinar, minimizar, ignorar a nova militância. Proponho algumas linhas de reflexão. A primeira diz respeito à polarização social que emerge das enormes desigualdades sociais. Vivemos um tempo que tem algumas semelhanças com o das revoluções democráticas que avassalaram a Europa em 1848. A polarização social era enorme porque o operariado (então uma classe jovem) dependia do trabalho para sobreviver, mas (ao contrário dos pais e dos avós) o trabalho não dependia dele, dependia de quem o dava ou retirava a seu bel-prazer, o patrão; se trabalhasse, os salários eram tão baixos e a jornada era tão longa que a saúde perigava e a família vivia sempre à beira da fome; se fosse despedido, não tinha nenhum suporte, exceto o de alguma economia solidária ou do recurso ao crime. Não admira que, nessas revoluções, as duas bandeiras de luta tenham sido o direito ao trabalho e o direito a uma jornada de trabalho mais curta. Cento e cinquenta anos depois, a situação não é totalmente a mesma, mas as bandeiras continuam a ser atuais. E talvez o sejam hoje mais do que o eram há trinta anos. As revoluções foram sangrentas e falharam, mas os próprios governos conservadores que se seguiram tiveram de fazer concessões para que a questão social não descambasse em catástrofe. A que distância estamos nós da catástrofe? Por enquanto, a mobilização contra a escandalosa desigualdade social (semelhante à de 1848) é pacífica e tem um forte pendor moralista-denunciador. Não mete medo ao sistema financeiro-democrático. Quem pode garantir que assim continue? A direita está preparada para a resposta repressiva a qualquer alteração que se torne ameaçadora. Quais são os planos das esquerdas? Vão voltar a dividir-se como no passado, umas tomando a posição da repressão, e outras, a da luta contra a repressão?

A segunda linha de reflexão tem igualmente muito a ver com as revoluções de 1848 e consiste em como voltar a conectar a democracia com as aspirações e as decisões dos cidadãos. Das palavras de ordem de 1848, sobressaíram-se "liberalismo" e "democracia". Liberalismo significava governo republicano, separação entre Estado e religião, liberdade de imprensa; democracia significava sufrágio "universal" para os homens. Nesse domínio, muito se avançou nos últimos 150 anos. No entanto, as conquistas têm sido postas em causa nos últimos trinta anos e nos últimos tempos a democracia mais parece uma casa fechada, ocupada por um grupo de extraterrestres que decide democraticamente por seus interesses e ditatorialmente pelos interesses das grandes maiorias. Um regime misto, uma democradura. O movimento dos indignados e do *occupy* recusa a expropriação da democracia e opta por tomar decisões por consenso nas assembleias. São loucos ou são um sinal das exigências que vêm aí? As esquerdas já terão pensado que, se

178 REINVENTAR AS ESQUERDAS

não se sentirem confortáveis com formas de democracia de alta intensidade (no interior dos partidos e na República), esse será o sinal de que devem retirar-se ou refundar-se?

QUARTA (JANEIRO DE 2012)
COLONIALISMO, DEMOCRACIA E ESQUERDAS

As divisões históricas entre as esquerdas foram justificadas por uma imponente construção ideológica, mas, na verdade, sua sustentabilidade prática – ou seja, a credibilidade das propostas políticas que lhes permitiram colher adeptos – se assentou em três fatores: o colonialismo, que permitiu a deslocação da acumulação primitiva de capital (por despossessão violenta, com incontável sacrifício humano, muitas vezes ilegal, mas sempre impune) para fora dos países capitalistas centrais, onde se travavam as lutas sociais consideradas decisivas; a emergência de capitalismos nacionais com características tão diferenciadas (capitalismo de Estado, corporativo, liberal, social-democrático), que davam credibilidade à ideia de que haveria várias alternativas para superar o capitalismo; e, finalmente, as transformações que as lutas sociais operaram na democracia liberal, permitindo alguma redistribuição social e separando, até certo ponto, o mercado das mercadorias (dos valores que têm preço e se compram e se vendem) do mercado das convicções (das opções e dos valores políticos que, não tendo preço, não se compram nem se vendem). Se para algumas esquerdas tal separação era um fato novo, para outras era um ludíbrio perigoso.

Os últimos anos alteraram tão profundamente qualquer desses fatores que nada será como antes para as esquerdas tal como as conhecemos. No que diz respeito ao colonialismo, as mudanças radicais são de dois tipos. Por um lado, a acumulação de capital por despossessão violenta voltou às ex-metrópoles (furtos de salários e pensões; transferências ilegais de fundos coletivos para resgatar bancos privados; impunidade total do gangsterismo financeiro), pelo que uma luta de tipo anticolonial terá de ser agora travada também nas metrópoles, uma luta que, como sabemos, nunca se pautou pelas cortesias parlamentares. Por outro lado, apesar de o neocolonialismo (a continuação de relações de tipo colonial entre as ex-colônias e as ex-metrópoles ou seus substitutos, caso dos Estados Unidos) ter permitido que a acumulação por despossessão no mundo ex-colonial tenha prosseguido até hoje, parte deste está a assumir um novo protagonismo (Índia, Brasil, África do Sul, e em especial a China, humilhada pelo imperialismo ocidental durante o século XIX), a tal ponto que não sabemos se haverá no futuro novas metrópoles e, por implicação, novas colônias.

Quanto aos capitalismos nacionais, seu fim parece traçado pela máquina trituradora do neoliberalismo. É certo que na América Latina e na China parecem emergir novas versões de dominação capitalista, mas intrigantemente todas elas se prevalecem das oportunidades que o neoliberalismo lhes confere. Ora, 2011 provou que a esquerda e o neoliberalismo são incompatíveis. Basta ver como as cotações bolsistas sobem na exata medida em que aumenta desigualdade social e se destrói a proteção social. Quanto tempo levarão as esquerdas para tirar as consequências?

Finalmente, a democracia liberal agoniza sob o peso dos poderes fáticos (máfias, maçonaria, Opus Dei, transnacionais, FMI, Banco Mundial) e da impunidade da corrupção, do abuso do poder e do tráfico de influências. O resultado é a fusão crescente entre o mercado político das ideias e o mercado econômico dos interesses. Está tudo à venda, e só não se vende mais porque não há quem compre. Nos últimos cinquenta anos, as esquerdas (todas elas) deram uma contribuição fundamental para que a democracia liberal tivesse alguma credibilidade junto às classes populares e os conflitos sociais pudessem ser resolvidos em paz. Sendo certo que a direita só se interessa pela democracia na medida em que esta serve a seus interesses, as esquerdas são hoje a grande garantia do resgate da democracia. Estarão à altura da tarefa? Terão a coragem de refundar a democracia para além do liberalismo? Uma democracia robusta contra a antidemocracia, que combine a democracia representativa com a democracia participativa e a democracia direta? Uma democracia anticapitalista ante um capitalismo cada vez mais antidemocrático?

Quinta (abril de 2012)
Democratizar, desmercantilizar, descolonizar

Por que a atual crise do capitalismo fortalece quem a causou? Por que a racionalidade da "solução" da crise se assenta nas previsões que faz e não nas consequências que quase sempre as desmentem? Por que está a ser tão fácil ao Estado trocar o bem-estar dos cidadãos pelo bem-estar dos bancos? Por que a grande maioria dos cidadãos assiste ao próprio empobrecimento como se fosse inevitável e ao enriquecimento escandaloso de poucos como se fosse necessário para sua situação não piorar ainda mais? Por que a estabilidade dos mercados financeiros só é possível à custa da instabilidade da vida da grande maioria da população? Por que os capitalistas individualmente são, em geral, gente de bem e o capitalismo, no todo, é amoral? Por que o crescimento econômico é hoje a panaceia para todos os males da economia e da sociedade sem que se pergunte se os custos sociais e ambientais são ou não sustentáveis? Por que Malcom X estava cheio de razão quando advertiu "se não tiverdes cuidado, os jornais convencer-vos-ão de que a culpa dos problemas sociais é dos oprimidos, não de quem os oprime"? Por que as críticas que as esquerdas fazem ao neoliberalismo entram nos noticiários com a mesma rapidez e irrelevância com que saem? Por que as alternativas escasseiam no momento em que são mais necessárias?

Essas questões devem estar na agenda de reflexão política das esquerdas sob pena de, a prazo, serem remetidas ao museu das felicidades passadas. Isso não seria grave, se esse fato não significasse, como significa, o fim da felicidade futura das classes populares. A reflexão deve começar por aí: o neoliberalismo é, antes de tudo, uma cultura de medo, de sofrimento e de morte para as grandes maiorias; não se combate com eficácia se não se lhe opuser uma cultura de esperança, de felicidade e de vida. A dificuldade que as esquerdas têm em assumir-se como portadoras dessa outra cultura decorre de terem caído durante demasiado tempo na armadilha com que as direitas sempre se mantiveram no poder: reduzir a realidade ao que existe, por mais injusta e cruel que seja, para que a esperança das maiorias pareça irreal. O medo na espera mata a esperança na felicidade. Contra essa armadilha, é preciso partir da ideia de que a realidade é a soma do que existe e de tudo o que nela é emergente como possibilidade e como luta por sua concretização. Se não souberem detectar as emergências, as esquerdas submergem ou vão para o museu, o que dá no mesmo.

Esse é o novo ponto de partida das esquerdas, a nova base comum que lhes permitirá depois divergir fraternalmente nas respostas que derem às perguntas que formulei. Uma vez ampliada a realidade sobre que se deve atuar politicamente, as propostas das esquerdas devem ser credivelmente percebidas pelas grandes maiorias como prova de que é possível lutar contra a suposta fatalidade do medo, do sofrimento e da morte em nome do direito à esperança, à felicidade e à vida. Essa luta deve ser conduzida por três palavras-guia: "democratizar", "desmercantilizar", "descolonizar". Democratizar a própria democracia, já que a atual se deixou sequestrar por poderes antidemocráticos. É preciso tornar evidente que uma decisão democraticamente tomada não pode ser destruída no dia seguinte por uma agência de *rating* nem por uma baixa de cotação nas bolsas (como pode acontecer em breve na França). Desmercantilizar significa mostrar que usamos, produzimos e trocamos mercadorias, mas que não somos mercadorias nem aceitamos relacionar--nos com os outros e com a natureza como se fossem apenas mercadorias. Somos cidadãos antes de sermos empreendedores ou consumidores e, para o sermos, é imperativo que nem tudo se compre e nem tudo se venda, que haja bens públicos e bens comuns, como água, saúde, educação. Descolonizar significa erradicar das relações sociais a autorização para dominar os outros sob o pretexto de que são inferiores: porque são mulheres, porque têm uma cor de pele diferente ou porque pertencem a uma religião distinta.

SEXTA (MAIO DE 2012)
À ESQUERDA DO POSSÍVEL

Historicamente, as esquerdas dividiram-se sobre os modelos de socialismo e as vias para realizá-los. Não estando o socialismo, por agora, na agenda política – mesmo na América Latina a discussão sobre o socialismo do século XXI perde fôlego –, as esquerdas parecem dividir-se sobre os modelos de capitalismo. À primeira vista, essa divisão faz pouco sentido, pois, por um lado, há neste momento um modelo global de capitalismo, de longe hegemônico, dominado pela lógica do capital financeiro, assentado na busca do máximo lucro no mais curto espaço de tempo, quaisquer que sejam os custos sociais ou o grau de destruição da natureza. Por outro lado, a disputa por modelos de capitalismo deveria ser mais uma disputa entre as direitas do que entre as esquerdas. De fato, assim não é. Apesar de sua globalidade, o modelo de capitalismo agora dominante assume características distintas em diferentes países e regiões do mundo, e as esquerdas têm um interesse vital em discuti-las, não só porque estão em causa as condições de vida, aqui e agora, das classes populares que são o suporte político das esquerdas, como também porque a luta por horizontes pós-capitalistas – de que algumas esquerdas ainda não desistiram, e bem – dependerá muito do capitalismo real de que se partir.

Sendo global o capitalismo, a análise dos diferentes contextos deve ter em mente que eles, apesar das diferenças, são parte do mesmo texto. Assim sendo, é perturbadora a disjunção atual entre as esquerdas europeias e as esquerdas de outros continentes, nomeadamente as latino-americanas. Enquanto as esquerdas europeias parecem estar de acordo a respeito do fato de que o crescimento é a solução para todos os males da Europa, as esquerdas latino-americanas estão profundamente divididas sobre o crescimento e o modelo de desenvolvimento que este pressupõe. Vejamos o contraste. As esquerdas europeias parecem ter descoberto que a aposta no crescimento econômico é o que as distingue das direitas, apostadas na consolidação orçamental e na austeridade. O crescimento significa emprego, e este, a melhoria das condições de vida das maiorias. Não problematizar o crescimento implica a ideia de que qualquer crescimento é bom. É uma ideia suicida para as esquerdas. Por um lado, as direitas facilmente a aceitam (como já estão a aceitar, por estarem convencidas de que será o *seu* tipo de crescimento a prevalecer). Por outro lado, significa um retrocesso histórico grave em relação aos avanços das lutas ecológicas das últimas décadas, em que algumas esquerdas tiveram papel determinante. Ou seja, omite-se que o modelo de crescimento dominante é insustentável. Em pleno período preparatório da Conferência da ONU Rio+20, não se fala de sustentabilidade nem se questiona o conceito de economia verde, mesmo que, além da cor das notas de dólar, seja difícil imaginar um capitalismo verde.

Em contraste, na América Latina as esquerdas estão polarizadas como nunca sobre o modelo de crescimento e de desenvolvimento. A voracidade da China, o consumo digital sedento de metais raros e a especulação financeira sobre a terra, as matérias-primas e os bens alimentares estão a provocar uma corrida sem precedentes aos recursos naturais: exploração mineira de larga escala e a céu aberto, exploração petrolífera, expansão da fronteira agrícola. O crescimento econômico que essa corrida propicia choca-se com o aumento exponencial da dívida socioambiental: apropriação e contaminação da água, expulsão de muitos milhares de camponeses pobres e de povos indígenas de suas terras ancestrais, deflorestação, destruição da biodiversidade, ruína de modos de vida e de economias que até agora garantiram a sustentabilidade. Confrontadas com essa contradição, parte das esquerdas opta pela oportunidade extrativista, desde que os rendimentos que ela gera sejam canalizados para reduzir a pobreza e construir infraestruturas. A outra parte vê no novo extrativismo a fase mais recente da condenação colonial da América Latina a ser exportadora de natureza para os centros imperiais que saqueiam as imensas riquezas e destroem os modos de vida e a cultura dos povos. A confrontação é tão intensa que põe em risco a estabilidade política de países como a Bolívia ou o Equador.

O contraste entre as esquerdas europeias e latino-americanas reside no fato de que só as primeiras subscreveram incondicionalmente o "pacto colonial", segundo o qual os avanços do capitalismo valem por si, mesmo que tenham sido (e continuem a ser) obtidos à custa da opressão colonial dos povos extraeuropeus. Nada de novo na frente ocidental enquanto for possível fazer o *outsourcing* da miséria humana e da destruição da natureza.

Para superar esse contraste e iniciar a construção de alianças transcontinentais, seriam necessárias duas condições. As esquerdas europeias deveriam pôr em causa o consenso do crescimento que, ou é falso, ou significa uma cumplicidade repugnante com uma demasiado longa injustiça histórica. Deveriam discutir a questão da insustentabilidade, pôr em causa o mito do crescimento infinito e a ideia da inesgotável disponibilidade da natureza em que se assenta, assumir que os crescentes custos socioambientais do capitalismo não são superáveis com imaginárias economias verdes, defender que a prosperidade e a felicidade da sociedade dependem menos do crescimento do que da justiça social e da racionalidade ambiental, ter a coragem de afirmar que a luta pela redução da pobreza é uma burla para disfarçar a luta que não se quer travar contra a concentração da riqueza.

Por sua vez, as esquerdas latino-americanas deveriam discutir as antinomias entre o curto e o longo prazos, ter em mente que o futuro das rendas diferenciais geradas atualmente pela exploração dos recursos naturais está nas mãos de umas poucas empresas multinacionais e que, no final desse ciclo extrativista, os países podem estar mais pobres e dependentes do que nunca, reconhecer que o nacionalismo extrativista garante ao Estado receitas que podem ter uma importante utilidade social se, pelo menos em parte, forem utilizadas para financiar uma política da transição, que deve começar desde já, do extrativismo predador para uma economia plural em que o extrativismo só seja útil na medida em que for indispensável.

As condições para políticas de convergência global são exigentes, mas não são impossíveis e apontam para opções que não devem ser descartadas sob pretexto de serem políticas do impossível. A questão não está em ter de optar pela política do possível contra a política do impossível. Está em saber estar sempre no lado esquerdo do possível.

SÉTIMA (JUNHO DE 2012)
A MUDANÇA DE PARADIGMA

A que esquerdas me dirijo? Aos partidos e aos movimentos sociais que lutam contra o capitalismo, o colonialismo, o racismo, o sexismo e a homofobia e a todos os cidadãos que não se consideram organizados, mas partilham os objetivos e as aspirações daqueles que se organizam para lutar contra tais questões. É um público muito vasto, sobretudo porque inclui aqueles que têm práticas de esquerda sem se considerar de esquerda. No entanto, parece tão pequeno. Nas últimas semanas, as esquerdas tiveram a oportunidade de vivenciar a riqueza global das alternativas que oferecem e de identificar bem as forças de direita a que se opõem. Infelizmente, essa oportunidade foi desperdiçada. Na Europa, as esquerdas estavam avassaladas pelas crises e pelas urgências do imediato e, em outros continentes, a mídia ocultou o que de novo e de esquerda pairava no ar.

Refiro-me à Conferência da ONU Rio+20 e à Cúpula dos Povos, que se realizaram no Rio de Janeiro. A primeira, na Barra da Tijuca, e a segunda, no Aterro do Flamengo. Eram poucos os quilômetros que as separavam, mas havia um vasto oceano de distância política entre elas. Na Barra, estavam os governos e a sociedade civil bem comportada, incluindo as empresas multinacionais que cozinhavam os discursos e organizavam o cerco aos negociadores oficiais. Na Barra, a direita mundial deu um espectáculo macabro de arrogância e de cinismo ante os desafios incontornáveis da sustentabilidade da vida no planeta. Nenhum compromisso obrigatório para reduzir os gases do efeito estufa, nenhuma responsabilidade diferenciada para os países que mais têm poluído, nenhum fundo para o desenvolvimento sustentável, nenhum direito de acesso universal à saúde, nenhuma quebra de patentes farmacêuticas em situações de emergência e de pandemias. Em vez disso, a economia verde, o cavalo de Troia para o capital financeiro passar a gerir os bens globais e os serviços que a natureza nos presta gratuitamente. Qualquer cidadão menos poluído entende que não é vendendo natureza que a podemos defender e não acredita que os problemas do capitalismo se possam resolver com mais capitalismo. Mas foi isso o que a mídia levou ao mundo.

Ao contrário, a Cúpula dos Povos foi a expressão da riqueza do pensamento e das práticas que os movimentos sociais de todo o mundo estão a levar a cabo para permitir que as gerações vindouras usufruam do planeta em condições pelo menos iguais às de que dispomos. Milhares de pessoas, centenas de eventos, um conjunto inabarcável de práticas e de propostas de sustentabilidade. Alguns exemplos: defesa dos espaços públicos que, nas cidades, priorizem o pedestre, o convívio social, a vida associativa, com gestão democrática e participação popular, transportes coletivos, hortas comunitárias e praças sensoriais; economia cooperativa e solidária; soberania alimentar, agricultura familiar e educação para a alimentação sem produtos agrotóxicos; novo paradigma de produção-consumo que fortaleça as economias locais articuladas translocalmente; substituição do PIB por indicadores que incluam a economia do cuidado, a saúde coletiva, a sociedade decente e a prosperidade não assentada no consumo compulsivo; mudança na matriz energética baseada nas energias renováveis descentralizadas; substituição do conceito de capital natural pelo de natureza como sujeito de direitos; defesa de bens comuns, como a água e a biodiversidade, que apenas permitem direitos de uso temporários; garantia do direito à terra e ao território das populações camponesas e indígenas; democratização dos meios de comunicação; tributação penalizante das atividades extrativas e industriais contaminantes; direito à saúde sexual e reprodutiva das mulheres; reforma democrática do Estado, eliminando a pandemia da corrupção e travando a transformação em curso do Estado protetor em Estado predador; transferências de tecnologia que atenuem a dívida ecológica.

Se as esquerdas quiserem ter futuro, têm de adotar o futuro que está contido nessas propostas e transformá-las em políticas públicas.

OITAVA (AGOSTO DE 2012)
OS DIREITOS HUMANOS: AS ÚLTIMAS TRINCHEIRAS

Quem poderia imaginar há uns anos que partidos e governos considerados progressistas ou de esquerda abandonassem a defesa dos mais básicos direitos humanos, por exemplo, o direito à vida, ao trabalho e à liberdade de expressão e de associação, em nome dos imperativos do "desenvolvimento"? Acaso não foi por meio da defesa desses direitos que granjearam o apoio popular e chegaram ao poder? Que se passa para que o poder, uma vez conquistado, se vire tão fácil e violentamente contra quem lutou para que ele fosse poder? Por que razão, sendo um poder das maiorias mais pobres, é exercido em favor das minorias mais ricas? Porque, nesse domínio, é cada vez mais difícil distinguir entre os países do Norte e os países do Sul?

Os fatos

Nos últimos anos, os partidos socialistas de vários países europeus (Grécia, Portugal e Espanha) mostraram que podiam zelar tão bem pelos interesses dos credores e dos especuladores internacionais quanto qualquer partido de direita, não parecendo nada anormal que os direitos dos trabalhadores fossem expostos às cotações das bolsas de valores e, portanto, devorados por elas. Na África do Sul, a polícia a serviço do governo do ANC, que lutou contra o *apartheid* em nome das maiorias negras, mata 34 mineiros em greve para defender os interesses de uma empresa mineira inglesa. Bem perto, em Moçambique, o governo da Frelimo, que conduziu a luta contra o colonialismo português, atrai o investimento das empresas extrativistas com a isenção de impostos e a oferta da docilidade (a bem ou a mal) das populações afetadas pela mineração a céu aberto. Na Índia, o governo do partido do Congresso, que lutou contra o colonialismo inglês, faz concessões de terras a empresas nacionais e estrangeiras e ordena a expulsão de milhares e milhares de camponeses pobres, destruindo seus meios de subsistência e provocando um enfrentamento armado. Na Bolívia, o governo de Evo Morales, indígena levado ao poder pelo movimento indígena, impõe, sem consulta prévia e com uma sucessão rocambolesca de medidas e contramedidas, a construção de uma autoestrada em território indígena (Parque Nacional Tipnis) para escoar recursos naturais. No Equador, o governo de Rafael Correa, que corajosamente concede asilo político a Julian Assange, acaba de ser condenado pela Corte Interamericana de Direitos Humanos por não ter garantido os direitos do povo indígena Sarayaku em luta contra a exploração de petróleo em seus territórios – já em maio de 2003, a Comissão tinha solicitado ao Equador medidas cautelares a favor do povo Sarayaku, as quais não foram atendidas.

Em 2011, a Comissão Interamericana de Direitos Humanos (CIDH) solicita ao Brasil, mediante medida cautelar, que suspenda imediatamente a construção da barragem de Belo Monte (que, quando pronta, será a terceira maior do mundo) até que sejam adequadamente consultados os povos indígenas por ela afetados. O Brasil protesta contra a decisão, retira seu embaixador na Organização dos Estados Americanos (OEA), suspende o pagamento de sua cota anual à organização, retira seu candidato à CIDH e toma a iniciativa de criar um grupo de trabalho para propor a reforma da CIDH no sentido de diminuir seus poderes de questionar os governos sobre violações de direitos humanos. Curiosamente, a suspensão da construção da barragem acaba agora de ser decretada pelo Tribunal Regional Federal da 1ª Região (Brasília) com base na falta de estudos de impacto ambiental.

Os riscos

Para responder às questões com que comecei essa crônica, vejamos o que há de comum entre todos esses casos. Todas as violações de direitos humanos estão relacionadas com o neoliberalismo, a versão mais antissocial do capitalismo nos últimos cinquenta anos. No Norte, o neoliberalismo impõe a austeridade às grandes maiorias e o resgate dos banqueiros, substituindo a proteção social dos cidadãos pela proteção social do capital financeiro. No Sul, o neoliberalismo impõe sua avidez pelos recursos naturais, sejam os minérios, o petróleo, o gás natural, a água, seja a agroindústria. Os territórios passam a ser terra, e as populações que nelas habitam, obstáculos ao desenvolvimento, os quais é necessário remover quanto mais rápido melhor. Para o capitalismo extrativista, a única regulação verdadeiramente aceitável é a autorregulação, que inclui, quase sempre, a autorregulação da corrupção dos governos. Honduras oferece neste momento um dos mais extremos exemplos de autorregulação da atividade mineira, onde tudo se passa entre a Fundação Hondurenha de Responsabilidade Social Empresarial (Fundahrse) e a embaixada do Canadá. Sim, o Canadá, que há vinte anos parecia ser uma força benévola nas relações internacionais e hoje é um dos mais agressivos promotores do imperialismo mineiro.

Quando a democracia concluir que não é compatível com esse tipo de capitalismo e decidir resistir a ele, pode ser demasiado tarde. Entretanto, pode o capitalismo ter já concluído que a democracia não é compatível com ele.

O que fazer?

Ao contrário do que pretende o neoliberalismo, o mundo só é o que é porque nós queremos. Pode ser de outra maneira, se a isso nos propusermos. A situação é de tal modo grave que se torna necessário tomar medidas urgentes, mesmo que sejam pequenos passos. Essas medidas variam de país para país e de continente para continente, ainda que a articulação entre elas, quando possível, seja indispensável. *No continente americano, a medida mais urgente é travar o passo à reforma da CIDH em curso.* Nessa reforma, estão particularmente ativos quatro países com quem sou solidário em múltiplos aspectos de governança: o Brasil, o Equador, a Venezuela e a Argentina. No caso da reforma da CIDH, estou firmemente ao lado dos que lutam contra a iniciativa desses governos e pela manutenção do estatuto atual da CIDH. Não deixa de ser irônico que os governos de direita, que mais hostilizam o sistema interamericano de direitos humanos, como é o caso da Colômbia, assistam deleitados ao serviço que os governos progressistas objetivamente lhes prestam.

Meu primeiro apelo é aos governos brasileiro, equatoriano, venezuelano e argentino para que abandonem o projeto da reforma. E o apelo é especialmente dirigido ao Brasil, dada a influência que tem na região. Se tiverem uma visão política de longo prazo, não lhes será difícil concluir que serão eles e as forças sociais que os têm apoiado que, no futuro, mais podem-se beneficiar do prestígio e da eficácia do sistema interamericano de direitos humanos. Aliás, a Argentina deve à CIDH e à Corte a doutrina que permitiu levar à justiça os crimes de violação dos direitos humanos cometidos durante a ditadura, o que muito acertadamente se converteu numa bandeira dos governos Kirchner na política dos direitos humanos.

Mas porque a cegueira do curto prazo pode prevalecer, apelo também a todos os ativistas de direitos humanos do continente e a todos os movimentos e as organizações sociais – que viram no Fórum Social Mundial e na luta continental contra a Alca a força da esperança organizada – que se juntem na luta contra a reforma da CIDH em curso. Sabemos que o sistema interamericano de direitos humanos está longe de ser perfeito, quanto mais não seja porque os dois países mais poderosos da região nem sequer subscreveram a Convenção Americana de Direitos Humanos (Estados Unidos e Canadá). Também sabemos que, no passado, tanto a Comissão quanto a Corte revelaram debilidades e seletividades politicamente enviesadas. Mas também sabemos que o sistema e suas instituições têm se fortalecido, atuando com mais independência e ganhando prestígio por meio da eficácia com que têm condenado muitas violações de direitos humanos. Desde os anos 1970 e 1980, em que a Comissão levou a cabo missões em países como Chile, Argentina e Guatemala e publicou relatórios denunciando as violações cometidas pelas ditaduras militares, até as missões e as denúncias depois do golpe de Estado das Honduras em 2009, para não falar nas reiteradas solicitações para o encerramento do centro de detenção de Guantánamo. Por sua vez, a recente decisão da Corte no caso "Povo Indígena Kichwa de Sarayaku *versus* Equador", de 27 de julho de 2012, é um marco histórico de direito internacional não só no nível do continente, como em nível mundial. Tal como a sentença "Atala Riffo y niñas *versus* Chile", envolvendo a discriminação em razão da orientação sexual. E como esquecer a intervenção da CIDH sobre a violência doméstica no Brasil, que conduziu à promulgação da Lei Maria da Penha?

Os dados estão lançados. À revelia da CIDH e com fortes limitações na participação das organizações de direitos humanos, o Conselho Permanente da OEA prepara um conjunto de recomendações a ser apresentado para aprovação na Assembleia Geral Extraordinária, no mais tardar até março de 2013 (até 30 de setembro, os Estados apresentarão suas propostas). Do que se sabe, todas as recomendações vão no sentido de limitar o poder da CIDH para interpelar os Estados em matéria de violação de direitos humanos. Por exemplo, dedicar mais recursos à promoção dos direitos humanos e menos à investigação de violações; encurtar de tal modo os prazos de investigação que tornam impossível uma análise cuidada; eliminar do relatório anual a referência a países cuja situação dos direitos humanos merece atenção especial; limitar a emissão e a extensão de medidas cautelares; acabar com o relatório anual sobre a liberdade de expressão; impedir pronunciamentos sobre violações que pairam como ameaças, mas ainda não foram concretizadas.

Cabe agora aos ativistas de direitos humanos e a todos os cidadãos preocupados com o futuro da democracia no continente travar esse processo.

Nona (fevereiro de 2013)
A conjuntura e as esquerdas europeias

O ano de 2013 na Europa será um desastre no plano social e imprevisível no plano político. Conseguirão os governos europeus criar a estabilidade que lhes permita terminar o mandato ou ocorrerão crises políticas que os obriguem a convocar eleições antecipadas? Digamos que cada uma dessas hipóteses tem 50% de chances de se realizar. Assim sendo, é necessário que os cidadãos tenham certeza de que a instabilidade política que possa surgir é o preço a pagar para que haja uma alternativa de poder, não apenas uma alternância no poder. Poderão as esquerdas construir tal alternativa? Sim, mas só se se transformarem e se unirem, o que é exigir muito em pouco tempo.

Ofereço meu contributo para a configuração de tal alternativa. Primeiro, as esquerdas devem centrar-se no bem-estar dos cidadãos, não nas possíveis reações dos credores. A história mostra que o capital financeiro e as instituições multilaterais (FMI, BCE, BM, Comissão Europeia) só são rígidos na medida em que as circunstâncias não os forçarem a ser flexíveis. Segundo, o que historicamente une as esquerdas é a defesa do Estado social forte: educação pública obrigatória gratuita; serviço nacional de saúde tendencialmente gratuito; segurança social sustentável com sistema de pensões baseado no princípio da repartição, não no de capitalização; bens estratégicos ou monopólios naturais (água, correios) nacionalizados.

As diferenças entre as esquerdas são importantes, mas não ofuscam essa convergência de base – e foi ela que sempre determinou as preferências eleitorais das classes populares. É certo que a direita também contribuiu para o Estado social (basta lembrar Bismark na Prússia), mas o fez sempre pressionada pelas esquerdas e recuou sempre que essa pressão baixou, como é o caso, há trinta anos, na Europa. A defesa do Estado social forte deve ser a prioridade das prioridades e, portanto, condicionar todas as outras.

O Estado social não é sustentável sem desenvolvimento. Nesse sentido, haverá divergências sobre o peso da ecologia, da ciência ou da flexissegurança no trabalho, mas o acordo de fundo sobre o desenvolvimento é inequívoco, e essa é, portanto, a segunda prioridade a unir as esquerdas, já que, como a salvaguarda do Estado social é prioritária, tudo tem de ser feito para garantir o investimento e a criação de emprego.

Aqui entra a terceira prioridade que deverá unir as esquerdas. Se, para garantir o Estado social e o desenvolvimento, é preciso renegociar com a *troika* e os restantes credores, então tal renegociação tem de ser feita com determinação. Ou seja, a hierarquia das prioridades torna claro que não é o Estado social que deve adaptar-se às condições da *troika*, mas, ao contrário, que devem ser estas a adaptar-se à prioridade em manter o Estado social. Eis uma mensagem que tanto os cidadãos como os credores entenderão bem, ainda que por razões diferentes.

Para que a unidade assim criada entre as esquerdas tenha êxito político, há que se considerar três fatores: risco, credibilidade e oportunidade. Quanto ao risco, é importante mostrar que os riscos não são superiores aos que os cidadãos europeus já estão a correr: os do sul, empobrecer acorrentados à condição de periferia, fornecendo mão de obra barata à Europa desenvolvida; e todos em geral, perda progressiva de direitos em nome da austeridade, aumento do desemprego, privatizações, democracias reféns do capital financeiro. O risco da alternativa é um risco calculado destinado a pôr à prova a convicção com que o projeto europeu está a ser salvaguardado.

A credibilidade reside, por um lado, na convicção e na seriedade com que se formula a alternativa e no apoio democrático com que ela conta e, por outro lado, no fato de o país ter mostrado que é capaz de fazer sacrifícios de boa-fé (Grécia,

Irlanda e Portugal são exemplo disso). Não aceita sacrifícios impostos de má-fé, sacrifícios impostos como máximos apenas para abrir caminho para outros maiores.

A oportunidade está aí para ser aproveitada.

A indignação generalizada e expressa massivamente nas ruas, nas praças, nas redes sociais, nos centros de saúde e de estudos, entre outros espaços, não se plasmou num bloqueio social à altura dos desafios presentes. O atual contexto de crise requer uma nova política de frentes populares à escala local, estatal e europeia, formadas por uma pluralidade heterogênea de sujeitos, movimentos sociais, ONGs, universidades, instituições públicas, governos, entre outros atores que, unidos em sua diversidade, sejam capazes, mediante formas de organização, articulação e ação flexíveis, de lograr uma unidade firme de ação e propósitos.

O objetivo é unir as forças das esquerdas em alianças democráticas estruturalmente semelhantes às que constituíram a base das frentes antifascistas do entreguerras, com o qual existem semelhanças perturbadoras. Menciono apenas duas: a profunda crise financeira e econômica e as desanimadoras patologias da representação (crise generalizada dos partidos políticos e sua incapacidade para representar os interesses das classes populares) e da participação (o sentimento de que votar não muda nada). O perigo do fascismo social e seus efeitos, cada vez mais sentidos, torna necessária a formação de frentes capazes de lutar contra a ameaça fascista e mobilizar as energias democráticas adormecidas da sociedade. No início do século XXI, essas frentes devem emergir de baixo, de uma politização mais articulada com a indignação que flui nas ruas.

Esperar sem esperança é a pior maldição que pode cair sobre um povo. A esperança não se inventa, constrói-se com inconformismo, rebeldia competente e alternativas realistas à situação presente.

DÉCIMA (DEZEMBRO DE 2013)
DEMOCRACIA OU CAPITALISMO?

No início do terceiro milênio, as esquerdas debatem-se com dois desafios principais: a relação entre democracia e capitalismo e o crescimento econômico infinito (capitalista ou socialista) como indicador básico de desenvolvimento e de progresso. Nesta carta, centro-me no primeiro desafio.

Ao contrário do que o senso comum dos últimos cinquenta anos pode nos fazer pensar, a relação entre democracia e capitalismo foi sempre uma relação tensa, senão de contradição. Foi-o certamente nos países periféricos do sistema mundial, o que durante muito tempo foi chamado Terceiro Mundo e hoje se designa por

Sul Global. Mas mesmo nos países centrais ou desenvolvidos, a mesma tensão e contradição esteve sempre presente. Basta lembrar os longos anos do nazismo e do fascismo.

Uma análise mais detalhada das relações entre capitalismo e democracia obrigaria a distinguir entre tipos de capitalismo e sua dominância em diferentes períodos e regiões do mundo e entre tipos e graus de intensidade de democracia. Nesta carta, concebo o capitalismo sob sua forma geral de modo de produção e faço referência ao tipo que tem dominado nas últimas décadas, o capitalismo financeiro. No que diz respeito à democracia, centro-me na democracia representativa, tal como foi teorizada pelo liberalismo.

O capitalismo só se sente seguro se governado por quem tem capital ou se identifica com suas "necessidades", enquanto a democracia é idealmente o governo das maiorias que não têm capital nem razões para se identificar com as "necessidades" do capitalismo, bem pelo contrário. O conflito é, no fundo, um conflito de classes, pois as classes que se identificam com as necessidades do capitalismo (basicamente, a burguesia) são minoritárias em relação às classes (classes médias, trabalhadores e classes populares em geral) que têm outros interesses cuja satisfação colide com as necessidades do capitalismo.

Sendo um conflito de classes, afirma-se social e politicamente como um conflito distributivo: por um lado, a pulsão para a acumulação e a concentração da riqueza por parte dos capitalistas e, por outro, a reivindicação da redistribuição da riqueza criada em boa parte pelos trabalhadores e por suas famílias. A burguesia teve sempre pavor de que as maiorias pobres tomassem o poder e usou o poder político que as revoluções do século XIX lhe concederam para impedir que isso ocorresse. Concebeu a democracia liberal de modo a garantir isso mesmo por meio de medidas que mudaram no tempo, mas mantiveram o objetivo: restrições ao sufrágio, primazia absoluta do direito de propriedade individual, sistema político e eleitoral com múltiplas válvulas de segurança, repressão violenta de atividade política fora das instituições, corrupção dos políticos, legalização dos lóbis. E sempre que a democracia se mostrou disfuncional, manteve-se aberta à possibilidade do recurso à ditadura, o que aconteceu muitas vezes.

No imediato pós-Segunda Guerra Mundial, bem poucos países tinham democracia, vastas regiões do mundo estavam sujeitas ao colonialismo europeu que servira para consolidar o capitalismo euro-norte-americano, a Europa estava devastada por mais uma guerra provocada pela supremacia alemã, e no Leste consolidava-se o regime comunista visto como alternativa ao capitalismo e à democracia liberal.

Foi nesse contexto que surgiu na Europa mais desenvolvida o chamado capitalismo democrático, um sistema de economia política baseado na ideia de que, para ser compatível com a democracia, o capitalismo deveria ser fortemente regulado, o que implicava a nacionalização de setores-chave da economia, a tributação progressiva, a imposição da negociação coletiva e até, como aconteceu na então Alemanha Ocidental, a participação dos trabalhadores na gestão das empresas. No plano científico, Keynes representava então a ortodoxia econômica, e Hayek, a dissidência. No plano político, os direitos econômicos e sociais (direitos trabalhistas, educação, saúde e segurança social garantidos pelo Estado) foram o instrumento privilegiado para estabilizar as expectativas dos cidadãos e defendê-las das flutuações constantes e imprevisíveis dos "sinais dos mercados".

Essa mudança alterava os termos do conflito distributivo, mas não o eliminava. Pelo contrário, tinha todas as condições para o acirrar logo que abrandasse o crescimento econômico que se seguiu nas três décadas seguintes. E assim sucedeu.

Desde 1970, os Estados centrais têm gerido o conflito entre as exigências dos cidadãos e as exigências do capital, recorrendo a um conjunto de soluções que gradualmente deram mais poder ao capital. Primeiro, foi a inflação (1970-1980), depois, a luta contra a inflação acompanhada do aumento do desemprego e do ataque ao poder dos sindicatos (1980-), medida complementada com o endividamento do Estado em resultado da luta do capital contra a tributação, da estagnação econômica e do aumento das despesas sociais decorrentes do aumento do desemprego (meados de 1980-) e, logo depois, com o endividamento das famílias, seduzidas pelas facilidades de crédito concedidas por um setor financeiro finalmente livre de regulações estatais, para iludir o colapso das expectativas a respeito do consumo, da educação e da habitação (meados de 1990-).

Até que a engenharia das soluções fictícias chegou ao fim, com a crise de 2008, e ficou claro quem tinha ganho o conflito distributivo: o capital. Prova disso: a conversão da dívida privada em dívida pública, o disparar das desigualdades sociais e o assalto final às expectativas de vida digna da maioria (os trabalhadores, os pensionistas, os desempregados, os imigrantes, os jovens em busca de emprego) para garantir as expectativas de rentabilidade da minoria (o capital financeiro e seus agentes). A democracia perdeu a batalha e só não perderá a guerra se as maiorias perderem o medo, caso se revoltem dentro e fora das instituições e forcem o capital a voltar a ter medo, como sucedeu há sessenta anos.

Nos países do Sul Global que dispõem de recursos naturais, a situação é, por agora, diferente. Em alguns casos, como em vários países da América Latina, pode-se dizer até que a democracia está a vencer o duelo com o capitalismo, e não é por acaso que em países como a Venezuela e o Equador se tenha começado a discutir o tema do socialismo do século XXI, mesmo que a realidade esteja longe dos discursos. Há muitas razões para isso, mas talvez a principal tenha sido a conversão da China ao neoliberalismo, o que provocou, sobretudo a partir da primeira década do século XXI, uma nova corrida aos recursos naturais.

O capital financeiro encontrou aí e na especulação com produtos alimentares uma fonte extraordinária de rentabilidade. Isso tornou possível que governos progressistas, entretanto chegados ao poder no seguimento das lutas e dos movimentos sociais das décadas anteriores, pudessem proceder a uma redistribuição da riqueza muito significativa e, em alguns países, sem precedente.

Por essa via, a democracia ganhou uma nova legitimação no imaginário popular. Mas, por sua própria natureza, a redistribuição de riqueza não pôs em causa o modelo de acumulação baseado na exploração intensiva dos recursos naturais, antes o intensificou. Isso esteve na origem de conflitos, que se têm agravado, com os grupos sociais ligados à terra e aos territórios onde se encontram os recursos naturais, os povos indígenas e os camponeses.

Nos países do Sul Global com recursos naturais, mas sem democracia digna do nome, o *boom* dos recursos não acarretou nenhum ímpeto para a democracia, apesar de, em teoria, a mais fácil resolução do conflito distributivo facilitar a solução democrática, e vice-versa. A verdade é que o capitalismo extrativista obtém melhores condições de rentabilidade em sistemas políticos ditatoriais ou de democracia de baixíssima intensidade (sistemas de quase partido único), em que é mais fácil a corrupção das elites, por meio de seu envolvimento na privatização das concessões e das rendas extrativistas. Não é, pois, de esperar nenhuma profissão de fé na democracia por parte do capitalismo extrativista, até porque, sendo global, não reconhece problemas de legitimidade política.

Por sua vez, a reivindicação da redistribuição da riqueza por parte das maiorias não chega a ser ouvida, por falta de canais democráticos e por não poder contar com a solidariedade das restritas classes médias urbanas que vão recebendo as migalhas do rendimento extrativista. As populações mais diretamente afetadas pelo extrativismo são os camponeses em cujas terras estão a jazidas de minérios ou nas quais se pretende implantar a nova economia de plantação, agroindustrial. São expulsas de suas terras e sujeitas ao exílio interno. Sempre que resistem, são violentamente reprimidas, e sua resistência é tratada como caso de polícia. Nesses países, o conflito distributivo não chega sequer a existir como problema político.

Dessa análise, conclui-se que o futuro da democracia atualmente posto em causa no sul da Europa é a manifestação de um problema muito mais vasto que está a aflorar em diferentes formas nas várias regiões do mundo. Formulado assim, o problema pode ocultar uma incerteza bem maior do que a que expressa. Não se trata apenas de questionar o futuro da democracia. Trata-se também de questionar a democracia do futuro.

A democracia liberal foi historicamente derrotada pelo capitalismo, e não me parece que a derrota seja reversível. Portanto, não há que ter esperança em que o capitalismo volte a ter medo da democracia liberal, se alguma vez teve. Esta última sobreviverá na medida em que o capitalismo global se puder servir dela. A luta daqueles e daquelas que veem na derrota da democracia liberal a emergência de um mundo repugnantemente injusto e descontroladamente violento tem de centrar-se na busca de uma concepção de democracia mais robusta, cuja marca genética seja o anticapitalismo.

Depois de um século de lutas populares que fizeram entrar o ideal democrático no imaginário da emancipação social, seria um erro político grave desperdiçar essa experiência e assumir que a luta anticapitalista tem de ser também uma luta antidemocrática. Pelo contrário, é preciso converter o ideal democrático numa realidade radical que não se renda ao capitalismo. E, como o capitalismo não exerce seu domínio senão servindo-se de outras formas de opressão – nomeadamente, do colonialismo e do patriarcado –, tal democracia radical, além de anticapitalista, tem de ser também anticolonialista e antipatriarcal.

Pode chamar-se "revolução democrática" ou "democracia revolucionária" – o nome pouco importa –, mas é necessariamente uma democracia pós-liberal, que não aceita ser descaracterizada para se acomodar às exigências do capitalismo. Pelo contrário, assenta-se em dois princípios: o aprofundamento da democracia só é possível à custa do capitalismo; em caso de conflito entre capitalismo e democracia, é a democracia real que deve prevalecer.

Décima primeira (dezembro de 2013)
Ecologia ou extrativismo?

Na décima carta às esquerdas, afirmei que as esquerdas se debatem no início do terceiro milênio com dois desafios principais: a relação entre democracia e capitalismo e o crescimento econômico infinito (capitalista ou socialista) como indicador básico de desenvolvimento e progresso. Nesta carta, centro-me no segundo desafio.

Antes da crise financeira, a Europa era a região do mundo onde os movimentos ambientalistas e ecológicos tinham mais visibilidade política e onde a narrativa da necessidade de complementar o pacto social com o pacto natural parecia ter uma grande aceitação pública. Surpreendentemente ou não, com o eclodir da crise, tanto esses movimentos como essa narrativa desapareceram da cena política, e as forças políticas que mais diretamente se opõem à austeridade financeira reclamam crescimento econômico como única solução e só excepcionalmente fazem uma ressalva algo cerimonial à responsabilidade ambiental e à sustentabilidade. E, de fato, os investimentos públicos em energias renováveis foram os primeiros a ser sacrificados às políticas de ajustamento estrutural.

Ora, o modelo de crescimento que estava em vigor antes da crise era o principal alvo da crítica dos movimentos ambientalistas e ecológicos precisamente por ser insustentável e produzir mudanças climáticas que, segundo os dados da ONU, seriam irreversíveis em um prazo muito curto – segundo alguns, a partir de 2015. Esse desaparecimento rápido da narrativa ecológica mostra que o capitalismo tem precedência não só sobre a democracia, como também sobre a ecologia e o ambientalismo.

Pois bem, é hoje evidente que, no limiar do século XXI, o desenvolvimento capitalista toca os limites de carga do planeta Terra. Em meses recentes, diversos recordes de perigo climático foram ultrapassados nos Estados Unidos, na Índia, no Ártico, e os fenômenos climáticos extremos repetem-se com cada vez maior frequência e gravidade. Aí estão as secas, as inundações, a crise alimentar, a especulação com produtos agrícolas, a escassez crescente de água potável, o desvio de terrenos agrícolas para os agrocombustíveis, o desmatamento das florestas. Paulatinamente, constata-se que os fatores de crise estão cada vez mais articulados e são, afinal, manifestações da mesma crise, a qual, pelas dimensões, se apresenta como crise civilizatória.

Tudo está ligado: a crise alimentar, a crise ambiental, a crise energética, a especulação financeira sobre *commodities* e recursos naturais, a grilagem e a concentração de terra, a expansão desordenada da fronteira agrícola, a voracidade da exploração dos recursos naturais, a escassez de água potável e a privatização da água, a violência no campo, a expulsão de populações de suas terras ancestrais para abrir caminho a grandes infraestruturas e megaprojetos, as doenças induzidas pelo meio ambiente degradado dramaticamente evidentes na incidência de cancro mais elevada em certas zonas rurais do que em zonas urbanas, os organismos geneticamente modificados, os consumos de agrotóxicos etc. A Conferência das Nações Unidas sobre o Desenvolvimento Sustentável realizada em junho de 2012, Rio+20, foi um fracasso rotundo devido à cumplicidade mal disfarçada entre as elites do Norte Global e as dos países emergentes para dar prioridade aos lucros de suas empresas à custa do futuro da humanidade.

Em vários países da América Latina, a valorização internacional dos recursos financeiros permitiu uma negociação de novo tipo entre democracia e capitalismo.

O fim (aparente) da fatalidade da troca desigual (as matérias-primas sempre menos valorizadas que os produtos manufaturados), que acorrentara os países da periferia do sistema mundial ao desenvolvimento dependente, permitiu que as forças progressistas, antes vistas como "inimigas do desenvolvimento", se libertassem desse fardo histórico, transformando o *boom* numa ocasião única para realizar políticas sociais e redistribuição do rendimento. As oligarquias e, em alguns países, setores avançados da burguesia industrial e financeira altamente internacionalizados perderam boa parte do poder político governamental, mas em troca viram aumentado seu poder econômico. Os países mudaram sociológica e politicamente, a ponto de alguns analistas verem neles a emergência de um novo regime de acumulação, mais nacionalista e estatista, o neodesenvolvimentismo, tendo como base o neoextrativismo.

Seja como for, esse neoextrativismo tem em sua base a exploração intensiva dos recursos naturais e, portanto, levanta o problema dos limites ecológicos (para não falar nos limites sociais e políticos) dessa nova (velha) fase do capitalismo. Isso é tanto mais preocupante quanto é certo que esse modelo de "desenvolvimento" é flexível na distribuição social, mas rígido em sua estrutura de acumulação. As locomotivas da mineração, do petróleo, do gás natural, da fronteira agrícola são cada vez mais potentes, e tudo o que lhes surge no caminho e impede o trajeto tende a ser trucidado enquanto obstáculo ao desenvolvimento. Seu poder político cresce mais do que seu poder econômico, a redistribuição social de rendimento confere-lhes uma legitimidade política que o modelo de desenvolvimento anterior nunca teve ou só teve em condições de ditadura.

De tão atrativas, essas locomotivas são exímias em transformar os sinais cada vez mais perturbadores do imenso débito ambiental e social que criam num custo inevitável do "progresso". Por outro lado, privilegiam uma temporalidade que é afim à dos governos: o *boom* dos recursos não dura sempre, e, por isso, há que aproveitá-lo ao máximo no mais curto espaço de tempo. O brilho do curto prazo ofusca as sombras do longo prazo. Enquanto o *boom* configurar um jogo de soma positiva, quem se lhe interpõe no caminho é visto como ecologista infantil, camponês improdutivo ou indígena atrasado e é muitas vezes objeto de suspeição enquanto "populações facilmente manipuláveis por ONGs sabe-se lá a serviço de quem".

Nessas condições, torna-se difícil acionar princípios de precaução ou lógicas de longo prazo. O que vai acontecer quando o *boom* dos recursos terminar? Quando for evidente que o investimento nos recursos naturais não foi devidamente compensado com o investimento em recursos humanos? Quando não houver dinheiro para políticas compensatórias generosas e o empobrecimento súbito criar um ressentimento difícil de gerir em democracia? Quando os níveis de doenças ambientais forem inaceitáveis e sobrecarregarem os sistemas públicos de saúde a ponto de torná-los insustentáveis? Quando a contaminação das águas, o empobrecimento das terras e a destruição das florestas forem irreversíveis? Quando as populações indígenas, quilombolas e ribeirinhas expulsas de suas terras cometerem suicídio coletivo ou deambularem pelas periferias de cidades reclamando um direito à cidade que lhes será sempre negado?

Essas perguntas são consideradas pela ideologia econômica e política dominante como cenários distópicos exagerados ou irrelevantes, fruto do pensamento crítico treinado para maus augúrios. Em suma, um pensamento muito pouco convincente e de nenhuma atração para a grande mídia.

Nesse contexto, só é possível perturbar o automatismo político e econômico desse modelo mediante a ação de movimentos e organizações sociais, suficientemente corajosos para dar a conhecer o lado destrutivo desse modelo sistematicamente ocultado, dramatizar sua negatividade e forçar a entrada dessa denúncia na agenda política. A articulação entre os diferentes fatores de crise deverá levar urgentemente à articulação entre os movimentos sociais que lutam contra eles. É um processo lento, em que o peso da história de cada movimento conta mais do que devia, mas são já visíveis articulações entre lutas por direitos humanos, soberania alimentar, contra os agrotóxicos, contra os transgênicos, contra a impunidade da violência no campo, contra a especulação financeira com produtos alimentares, por reforma agrária, direitos da natureza, direitos ambientais, direitos indígenas e quilombolas, direito à cidade, direito à saúde, economia solidária, agroecologia, taxação das transações financeiras internacionais, educação popular, saúde coletiva, regulação dos mercados financeiros etc.

Tal como acontece com a democracia, só uma consciência e uma ação ecológica robusta, anticapitalista, pode fazer frente com êxito à voragem do capitalismo extrativista. Ao "ecologismo dos ricos", é preciso contrapor o "ecologismo dos pobres" baseado numa economia política não dominada pelo fetichismo do crescimento infinito e do consumismo individualista e, antes, baseada nas ideias de reciprocidade, solidariedade, complementaridade vigentes tanto nas relações humanas como nas relações entre humanos e a natureza.

Décima segunda (janeiro de 2016)
As esquerdas: pactos, Constituição e hegemonia

O futuro da esquerda não é mais difícil de prever que qualquer outro fato social. A melhor maneira de abordá-lo é fazer o que designo por "sociologia das emergências". Consiste em dar atenção especial a alguns sinais do presente por ver neles tendências, embriões do que pode ser decisivo no futuro. Neste texto, dou especial atenção a um fato que, por ser incomum, pode sinalizar algo de novo e importante. Refiro-me aos pactos entre diferentes partidos de esquerda. A família das esquerdas não tem uma forte tradição de pactos. Alguns ramos dessa família têm mais tradição de pactos com a direita do que com outros ramos da família. Dir--se-ia que as divergências internas na família das esquerdas são parte de seu código genético, tão constantes têm sido ao longo dos últimos duzentos anos. Por razões óbvias, as divergências têm sido mais extensas ou mais notórias em democracia. A polarização se dá por vezes a ponto de um ramo da família nem sequer reconhecer que o outro ramo pertence à mesma família. Pelo contrário, em períodos de ditadura têm sido frequentes os entendimentos, ainda que terminem tão logo se encerre o período ditatorial. À luz dessa história, merece uma reflexão o fato de em tempos recentes termos assistido a um movimento pactista entre diferentes ramos das esquerdas em países democráticos. O sul da Europa é um bom exemplo: a unidade em volta do Syriza na Grécia, apesar de todas as vicissitudes e as dificuldades; o governo liderado pelo Partido Socialista em Portugal, com o apoio do Partido Comunista e do Bloco de Esquerda, no rescaldo das eleições de 4 de outubro de 2015; alguns governos autônomos na Espanha, saídos das eleições de 2015; e, no momento em que escrevo, a discussão sobre a possibilidade de um pacto em nível nacional entre o Partido Socialista, o Podemos e outros partidos de esquerda, em resultado das eleições legislativas de 6 de dezembro de 2015. Há sinais de que em outros espaços da Europa e na América Latina possam surgir num futuro próximo pactos semelhantes. Duas questões se impõem. Por que esse impulso pactista em democracia? Qual é sua sustentabilidade?

A primeira pergunta tem uma resposta plausível. No caso do sul da Europa, a agressividade da direita (tanto a nacional como a que veste a pele das "instituições europeias") no poder nos últimos cinco anos foi tão devastadora para os direitos de cidadania e para a credibilidade do regime democrático que as forças de esquerda começam a se convencer de que as novas ditaduras do século XXI vão surgir sob a forma de democracias de baixíssima intensidade. Serão ditaduras que se apresentam como ditamoles ou democraduras, a governabilidade possível ante a iminência do suposto caos nos tempos difíceis que vivemos, o resultado técnico dos imperativos do mercado e da crise que explica tudo sem precisar ser, ela própria, explicada. O pacto resulta de uma leitura política de que o que está em causa é a sobrevivência de uma democracia digna do nome e de que as divergências sobre o que isso significa têm agora menos premência do que salvar o que a direita ainda não conseguiu destruir.

A segunda pergunta é mais difícil de responder. Como dizia Espinosa, as pessoas (e, eu diria, também as sociedades) regem-se por duas emoções fundamentais, o medo e a esperança. O equilíbrio entre elas é complexo, mas sem uma delas não sobreviveríamos. O medo domina quando as expectativas de futuro são negativas ("isto está mau, mas o futuro pode ser pior"); por sua vez, a esperança domina quando as expectativas de futuro são positivas ou quando, pelo menos, o inconformismo com a suposta fatalidade das expectativas negativas é amplamente partilhado. Trinta anos depois do assalto global aos direitos dos trabalhadores; da promoção da desigualdade social e do egoísmo como máximas virtudes sociais; do saque sem precedentes dos recursos naturais e da expulsão de populações inteiras de seus territórios e da destruição ambiental que isso significa; do fomentar da guerra e do terrorismo para criar Estados falhos e tornar as sociedades indefesas perante a espoliação; da imposição mais ou menos negociada de tratados de livre comércio totalmente controlados pelos interesses das empresas multinacionais; da supremacia total do capital financeiro sobre o capital produtivo e sobre a vida das pessoas e das comunidades; depois de tudo isso, combinado com a defesa hipócrita da democracia liberal, é plausível concluir que o neoliberalismo é uma máquina imensa de produção de expectativas negativas para que as classes populares não saibam as verdadeiras razões de seu sofrimento, se conformem com o pouco que ainda têm e sejam paralisadas pelo pavor de perdê-lo.

O movimento pactista no interior das esquerdas é produto de um tempo, o nosso, de predomínio absoluto do medo sobre a esperança. Significará isso que os governos saídos dos pactos serão vítimas de seu êxito? O êxito dos governos pactados à esquerda irá traduzir-se na atenuação do medo e no devolver de alguma esperança às classes populares, ao mostrar, por meio de uma governança pragmática e inteligente, que o direito a ter direitos é uma conquista civilizacional irreversível. Será que, no momento em que voltar a luzir a esperança, as divergências voltarão à superfície e os pactos serão deitados ao lixo? Se isso acontecer, será fatal para as classes populares, que rapidamente voltarão ao silenciado desalento perante um fatalismo cruel, tão violento para as grandes maiorias quanto benévolo para as pequeníssimas minorias. Mas será também fatal para as esquerdas em conjunto

200 REINVENTAR AS ESQUERDAS

porque ficará demonstrado durante algumas décadas que as esquerdas são boas para remendar o passado, mas não para construir o futuro. Para que isso não aconteça, dois tipos de medidas têm de ser levados a cabo durante a vigência dos pactos. Duas medidas que não se impõem pela urgência da governança corrente e que, por isso, têm de resultar de vontade política bem determinada. Chamo às duas medidas: Constituição e hegemonia.

A Constituição é o conjunto de reformas constitucionais ou infraconstitucionais que reestruturam o sistema político e as instituições de maneira a prepará-los para possíveis embates com a ditamole e o projeto de democracia de baixíssima intensidade que ela leva consigo. Consoante os países, as reformas serão diferentes, como serão diferentes os mecanismos utilizados. Se em alguns casos é possível reformar a Constituição com base nos parlamentos, em outros será necessário convocar assembleias constituintes originárias, dado que os parlamentos seriam o obstáculo maior a qualquer reforma constitucional. Pode também acontecer que, em certo contexto, a "reforma" mais importante seja a defesa ativa da Constituição existente mediante uma renovada pedagogia constitucional em todas as áreas de governança. Mas haverá algo comum a todas as reformas: tornar o sistema eleitoral mais representativo e mais transparente; reforçar a democracia representativa com a democracia participativa. Os mais influentes teóricos liberais da democracia representativa reconheceram (e recomendaram) a coexistência ambígua entre duas ideias (contraditórias) que garantem a estabilidade democrática: por um lado, a crença dos cidadãos de que têm capacidade e competência para intervir e participar ativamente da política; por outro, um exercício passivo dessa competência e dessa capacidade mediante a confiança nas elites governantes. Em tempos recentes, e como mostram os protestos que abalaram muitos países a partir de 2011, a confiança nas elites tem-se deteriorado sem que, no entanto, o sistema político (por seu desenho ou sua prática) permita aos cidadãos recuperar sua capacidade e sua competência para intervir ativamente na vida política. Sistemas eleitorais enviesados, partidocracia, corrupção, crises financeiras manipuladas, eis algumas das razões para a dupla crise de representação ("não nos representam") e de participação ("não merece a pena votar, são todos iguais e nenhum cumpre o que promete"). As reformas constitucionais visarão a um duplo objetivo: tornar a democracia representativa mais representativa, perdoe-se o pleonasmo; complementar a democracia representativa com a democracia participativa. De tais reformas resultará que a formação da agenda política e o controle do desempenho das políticas públicas deixam de ser um monopólio dos partidos e passam a ser partilhados pelos partidos e por cidadãos independentes organizados democraticamente para o efeito.

O segundo conjunto de reformas é o que designo por hegemonia. Trata-se do conjunto de ideias sobre a sociedade e interpretações do mundo e da vida que, por serem altamente partilhadas, inclusivamente pelos grupos sociais que são prejudicados por elas, permitem que as elites políticas, ao apelar para tais ideias e interpretações, governem mais por consenso do que por coerção, mesmo quando governam contra os interesses objetivos de grupos sociais maioritários. A ideia de que os pobres são pobres por culpa própria é hegemônica quando é defendida não apenas pelos ricos, mas também pelos pobres e pelas classes populares em geral. Nesse caso são, por exemplo, menores os custos políticos das medidas que visam a eliminar ou restringir drasticamente o rendimento social de inserção. A luta pela hegemonia das ideias de sociedade que sustentam o pacto entre as esquerdas é fundamental para a sobrevivência e a consistência dele. Essa luta trava-se na educação formal e informal, na comunicação social, na investigação científica, na atividade cultural, nas organizações sociais, na opinião pública e na opinião publicada. Por meio dela, constroem novos sentidos e critérios de avaliação da vida social e da ação política que tornam mais difícil a contrarreforma dos ramos reacionários da direita, os primeiros a irromper num momento de fragilidade do pacto. Para que essa luta tenha êxito, é preciso impulsionar políticas que, a olho nu, são menos urgentes e menos compensadoras. Se isso não ocorrer, a esperança não sobreviverá ao medo.

DÉCIMA TERCEIRA (JUNHO DE 2016)
MANIFESTO INCOMPLETO

1) Em seu processo de refundação, as esquerdas devem partir de uma leitura rigorosa do tempo presente. Está a consolidar-se globalmente um regime de acumulação capitalista com base na financeirização do capital, na concentração da riqueza, na exploração intensiva dos recursos naturais, na redução ou na eliminação dos direitos sociais, qualquer que seja o grau de inclusão social que permitem. Esse regime de acumulação torna mais evidente do que nunca que a acumulação primitiva violenta e ilegal é parte constitutiva de seu dinamismo. Correspondentemente, a articulação que sempre existiu entre capitalismo, colonialismo (racismo, colonialismo interno etc.) e patriarcado (sexismo, violência sexual etc.) é hoje particularmente insidiosa. Esse regime de acumulação está em rota de colisão com a democracia, mesmo com a democracia de baixa intensidade que é característica das sociedades capitalistas, colonialistas e patriarcais. Daí o fortalecimento de pulsões fascistas. Temos de distinguir dois tipos de fascismo, o social e o político. O fascismo social ocorre no nível das relações sociais sempre que a parte mais forte nessas

relações tem um poder tão superior ao da parte mais fraca que lhe permite dispor de um direito não oficial de veto sobre os desejos, as necessidades ou as aspirações de vida digna da parte mais fraca. Esse direito despótico de veto faz com que a parte mais fraca não possa realisticamente invocar de modo eficaz nenhuma proteção jurídica para lutar contra a opressão. A mulher vítima de violência doméstica, o trabalhador sujeito a condições análogas ao trabalho escravo e o jovem afro-brasileiro das periferias das grandes cidades vivem muitas vezes em situação de fascismo social. Vivemos em sociedades politicamente democráticas e socialmente fascistas. Quanto mais se restringirem os direitos sociais e econômicos e quanto menos eficaz for a ação judicial contra as violações dos direitos existentes, maior será o campo do fascismo social.

O fascismo político é um regime político ditatorial nacionalista, racista, sexista, xenófobo. Em certas circunstâncias, pode ser a solução preferida pelas classes dominantes quando a prática democrática afeta significativamente seus interesses. Em sociedades de matriz colonial, o fascismo político pode ser uma tentação sempre que a senzala se aproxima demasiado da casa-grande. As classes trabalhadoras podem também ser seduzidas pela proposta fascista quando se sentem ameaçadas em seu nível de vida por grupos sociais colocados abaixo deles, sobretudo se estes forem estrangeiros ou de cor escura ou mais escura. Até agora, a memória social das atrocidades cometidas nas guerras europeias do século XX e nas ditaduras latino-americanas da segunda metade do século XX têm mantido o fascismo político fora da agenda política. Por sua vez, a convivência da democracia política com o fascismo social tem tornado dispensável o recurso ao fascismo político. É, no entanto, perturbador que, enquanto movimento opositor, o fascismo político ganhe peso tanto na Europa como nas Américas e também na Índia. Na Europa tem muito a ver com o racismo, a imigração, os refugiados e a xenofobia. Na América Latina, pode ser o reverso do fracasso das políticas de esquerda da última década, combinado com os sempre presentes racismo, colonialismo interno e sexismo. Uma vez frustradas as expectativas de mobilidade social ascendente criadas entre as classes populares pelos governos democráticos de esquerda, a frustração pode plasmar-se numa opção política pelo fascismo, sobretudo se a frustração for vivida muito intensamente, se for acirrada pela mídia reacionária, se houver à mão bodes expiatórios, estrangeiros ou estratos sociais historicamente vítimas de racismo e de sexismo. O crescimento dos movimentos fascistas é funcional aos governos de direita reacionária na medida em que lhe permite legitimar mais autoritarismo e mais cortes nos direitos sociais e econômicos, mais criminalização do protesto social em nome da defesa da democracia.

2) A esquerda vai certamente continuar a ser uma pluralidade de esquerdas, mas a pluralidade tem de saber ultrapassar a fragmentação e articular-se no respeito da diferença, ainda que maximizando convergências e minimizando divergências. O fortalecimento do fascismo social com fachada política democrática vai exigir um esforço adicional na busca de consensos que permitam um novo tipo de frente democrática, mas com a mesma abrangência das frentes populares na Europa dos anos 1930 ante a ameaça do fascismo enquanto regime político (e não "apenas" enquanto regime social, como acontece atualmente). É trágico que, em tempos recentes, tenha sido mais fácil a forças importantes de esquerda (em geral, de orientação social-democrática ou de centro-esquerda) realizar alianças com forças de direita do que com outras forças de esquerda. Mas as dificuldades na concretização de articulações de esquerda não são, em geral, da responsabilidade de apenas um setor da esquerda. Infelizmente, o sectarismo tem-se distribuído generosamente. As teses seguintes falam de esquerda no singular para designar o campo de consensos práticos que devem subjazer às alianças entre as esquerdas.

3) A refundação da esquerda exige uma refundação da política concebida enquanto teoria e prática do exercício e da transformação do poder em seu sentido mais amplo. O poder é sempre expressão de relações desiguais que permitem a quem o tem representar o mundo como seu e transformá-lo de acordo com suas necessidades, seus interesses e suas aspirações, seja esse mundo a família, a empresa, a comunidade, a escola, o mercado, a cidadania, seja ele o globo terrestre. O poder só é democrático quando é exercido para ampliar e aprofundar a democracia. Em seu sentido mais amplo, a democracia é todo o processo de transformação de relações desiguais de poder em relações de autoridade partilhada. Por isso não há sociedades democráticas; há sociedades que, quando governadas pela esquerda, estão em processo de democratização e, quando governadas pela direita, em processo de fascistização. Governar à esquerda é ampliar a democracia tanto nas relações políticas como nas relações sociais. Governar à direita é restringir a democracia nessas mesmas relações.

4) Tanto na oposição como no poder, a esquerda deve manter a coerência entre os meios e os fins. Não há fins honrosos quando os meios para obtê-los são vergonhosos. A mesma coerência é exigida entre estar na oposição e estar no governo. Nas sociedades dominadas pelo capitalismo, o colonialismo e o patriarcado, a zona de conforto da esquerda é a oposição. Quando no governo, o desconforto do poder exercido na sociedade tem de ser o espelho do poder do desconforto no interior da esquerda. Quando confortável no governo, a esquerda engana quem nela confia e engana-se ao confiar em quem nunca deveria.

5) Nas condições atuais, governar à esquerda significa governar contra a corrente, isto é, governar sem dominar os parâmetros gerais do poder que domina nas relações econômicas, sociais, políticas, culturais e internacionais. É um governo que, para não ser frágil, tem de ser duplamente forte: seguro nas raízes e musculado nas asas. É um governo que, para ser sustentável, não pode apoiar-se apenas nas instituições políticas e jurídicas. Deve saber relacionar-se organicamente com os movimentos e as organizações sociais e mesmo com a ação direta e pacífica dos cidadãos e das cidadãs. Deve, sobretudo, saber que as novas forças de direita procurarão essa mesma relação, pelo que a mobilização social e a ação direta não são monopólio da esquerda. Pelo contrário, podem ser as armas mais eficazes contra a esquerda. Por isso, a esquerda suicida-se sempre que desperdiça ou negligencia a confiança que em si depositam os movimentos e as organizações sociais. A confiança fortalece-se com a proximidade solidária assentada no respeito da autonomia; enfraquece-se com a distância arrogante e a voracidade do controle.

6) No Brasil, o atual regime político não permite que se governe à esquerda de modo coerente. A prioridade da esquerda deve ser a reforma política, não o regressar ao governo a todo custo ou o mais rápido possível. Não vale a pena ter ganhos no curto prazo, se eles rapidamente se transformam em perdas de longo prazo. A reforma política pode exigir a convocação de uma Assembleia Constituinte originária. Tal exigência terá de enfrentar a poderosa contrarreforma liderada pelo sistema judicial e pela mídia. A reforma política deve ser orientada para permitir uma revolução cultural e social que, em certo prazo, a sustente e a defenda da persistente contrarreforma política.

7) A reforma política deve ser orientada por três ideias: a democracia representativa perdeu a capacidade de se defender das forças antidemocráticas; para que a democracia prevaleça, é necessário inventar novas institucionalidades que permitam articular, nas diferentes escalas de governança, a democracia representativa e a democracia participativa; em sociedades dominadas por relações capitalistas, colonialistas e patriarcais, a democracia, tal como a esquerda, está sempre em risco; só uma vigilante economia de cuidado lhes permite sobreviver e florescer.

8) Ao contrário do que aconteceu no tempo em que havia uma separação clara entre ditadura e democracia, as forças antidemocráticas têm hoje meios de ganhar influência dentro dos partidos democráticos, inclusive dos que se designam de esquerda. No atual contexto, são antidemocráticas as forças que apenas respeitam a democracia na medida em que ela respeita seus interesses econômicos ou outros, não admitindo que tais interesses possam ser reconfigurados ou afetados negativamente em resultado da competição democrática, nomeadamente quando

esta procura atender a interesses de outros grupos ou classes sociais. A debilidade da democracia representativa reside na facilidade com que hoje minorias sociais se convertem em maiorias políticas e, paralelamente, na facilidade com que maiorias sociais se convertem em minorias políticas.

9) Articular a democracia representativa (os cidadãos elegem os decisores políticos) com a democracia participativa (os cidadãos e as comunidades organizam-se para tomar decisões políticas) exigirá uma refundação do sistema político como um todo (novas instituições), não apenas do regime político (sistema de partidos, sistema eleitoral etc.). Pressupõe que os cidadãos possam organizar-se por outras formas que não em partidos para intervir ativamente na política, via eleições ou referendos. Pressupõe que os partidos políticos de esquerda existentes sejam refundados, de modo que eles próprios sejam internamente organizados por meio de articulações entre democracia representativa e democracia participativa (assembleias e ou círculos de cidadãos e cidadãs simpatizantes). Esta última deve ter um papel central em três áreas: definição da agenda política; seleção de candidatos aos órgãos da democracia representativa; vigilância sobre cumprimento dos termos dos mandatos. Os novos partidos terão a forma de partido-movimento e saberão viver com o fato de não terem o monopólio da representação política. Não há cidadãos despolitizados; há cidadãos que não se deixam politizar pelas formas dominantes de politização, sejam partidos, sejam movimentos da sociedade civil organizada. A esmagadora maioria dos cidadãos não tem condições nem interesse para aderir a partidos ou participar de movimentos. Mas quando vem para a rua só surpreende as elites políticas que perderam o contato com "as bases".

10) Dado que a democracia representativa está muito mais consolidada que a participativa, a articulação entre as duas terá sempre de ter presente esse desequilíbrio. O pior que pode acontecer à democracia participativa é ter todos os defeitos da democracia representativa e nenhuma de suas virtudes.

11) A reforma política não vale por si. Seu objetivo é facilitar a revolução democrática nas relações econômicas, sociais, culturais e internacionais. Por sua vez, essa revolução tem por objetivo diminuir gradual e sustentadamente as relações de poder desigual e as consequentes injustiças provocadas pelas três formas de dominação moderna: capitalismo, colonialismo e patriarcado. Essas três formas de dominação operam articuladamente. Tanto o colonialismo como o patriarcado existiram muito antes do capitalismo moderno, mas foram profundamente reconfigurados por este para servir aos objetivos da expansão do capitalismo. O patriarcado foi reconfigurado para desvalorizar o trabalho das mulheres na família e na reconstituição da força de trabalho. Apesar de ser um

trabalho iminentemente produtivo porque produz a própria vida e foi falsamente concebido como trabalho reprodutivo. Essa desvalorização abriu caminho para a desvalorização do trabalho assalariado das mulheres. O patriarcado continua vigente, apesar de todas as lutas e todas as conquistas dos movimentos feministas e de mulheres. Por sua vez, o colonialismo, baseado na inferioridade natural de certos grupos humanos, foi crucial para justificar a pilhagem e a despossessão, o genocídio e a escravatura em que se assentou a chamada acumulação primitiva. Acontece que essas formas de acumulação capitalista particularmente violentas, longe de corresponder a uma fase do desenvolvimento capitalista, são um componente constitutivo dele. Por isso, o fim do colonialismo histórico não significou o fim do colonialismo enquanto forma de sociabilidade e continua hoje vigente nas formas de colonialismo interno, discriminação racial, violência policial, trabalho escravo etc. O patriarcado e o colonialismo são os fatores que alimentam e reproduzem o fascismo social nas sociedades que o capitalismo vê interessadamente como politicamente democráticas. Nas condições atuais em que domina a forma mais antissocial de capitalismo (capitalismo financeiro), a dominação capitalista mais do que nunca exige a dominação colonialista e sexista. É por isso que as conquistas contra a discriminação racial ou sexual são tão prontamente revertidas quando necessário.

12) O drama das lutas contra a dominação da época moderna foi terem-se centrado numa das formas de dominação, negligenciando ou mesmo negando a existência das outras formas. Assim, a esquerda política tem sido em seu melhor anticapitalista, mas quase sempre racista e sexista. Não podemos esquecer que a social-democracia europeia, que permitiu regular o capitalismo e criar sociedades mais justas por meio da universalização dos direitos sociais e econômicos, foi possível pela exploração violenta das colônias europeias e, mais tarde, pela subordinação neocolonialista do mundo não europeu. A fragilidade e a reversibilidade das conquistas sociais residem no fato de que as formas de dominação negadas minam por dentro as conquistas contra a dominação reconhecida. Assim, uma luta de esquerda orientada para dar um rosto mais humano ao capitalismo, mas que despreze a existência de racismo, de colonialismo e de sexismo, pode não só causar imenso sofrimento humano, como acabar fortalecendo o capitalismo que quis controlar e deixar-se derrotar ingloriamente por ele.

Isso explica em parte que os governos progressistas da América Latina da última década tenham tão facilmente minimizado os "danos colaterais" da exploração desenfreada dos recursos naturais causada pelo consenso das *commodities* e aparentemente nem se tenham dado conta de que o neoextrativismo representava a continuidade mais direta com o colonialismo histórico contra o qual sempre se manifestaram. Tais danos envolveram a expulsão de camponeses e indígenas de suas terras e seus territórios ancestrais, o assassinato de líderes sociais por sicários a mando de empresários sem escrúpulos e num contexto de total impunidade, expansão da fronteira agrícola para além de toda a responsabilidade ambiental, o envenenamento de populações do campo sujeitas à pulverização aérea de herbicidas e pesticidas, alguns deles proibidos internacionalmente. Tudo isso aparentemente valeu a pena apenas porque a alma da esquerda era bem pequena.

13) A política de esquerda tem de ser conjuntamente anticapitalista, anticolonialista e antisexista, sob pena de não merecer nenhum desses atributos.

14) Obviamente as diferentes lutas sociais não podem lutar todas contra as diferentes formas de dominação da mesma maneira e ao mesmo tempo. O fato de as três formas de dominação não poderem, em geral, reproduzir-se isoladamente umas das outras não significa que em certos contextos a luta contra uma delas não esteja mais próxima ou seja mais urgente. O importante é que, por exemplo, ao conduzir uma luta contra o colonialismo, tenha-se presente nas bandeiras e nas articulações de luta que a dominação colonialista não existe sem a dominação capitalista e sexista.

15) A esquerda do futuro tem de ser intercultural e se organizar com base na prioridade da articulação das lutas contra as diferentes dominações como condição necessária da eficácia das lutas. Como as diferentes tradições de luta criaram as culturas oposicionais específicas (histórias fundadoras, narrativas e linguagens próprias, bandeiras específicas de luta agregadora), a articulação entre lutas/movimentos/organizações envolverá em maior ou menor medida algum trabalho de tradução intercultural.

16) A interculturalidade irá introduzir na agenda política duas formas dominação-satélite que fornecem ao capitalismo, ao colonialismo e ao patriarcado o óleo que lhes permite funcionar com maior legitimidade social: a dominação da natureza e a dominação causada pelo conhecimento acadêmico dominante em nossas universidades e nossos centros de pesquisa. Com isso, duas outras dimensões de injustiça se tornarão visíveis: a injustiça ecológica e a injustiça cognitiva. Somadas às restantes, essas formas de injustiça obrigarão a uma revolução cultural e cognitiva com impacto específico nas políticas de saúde e de educação. Será, então, tão possível valorizar os conhecimentos populares nascidos na luta contra a dominação como deixar de festejar como heróis de nossa história homens brancos responsáveis por genocídios, tráfico de escravos, roubo de terras. No plano teórico, o marxismo, que continua a ser tão importante para analisar as sociedades atuais, terá de ser descolonizado e despatriarcalizado para nos ajudar a imaginar e a desejar uma sociedade mais justa e mais digna do que esta que nos está dada a viver no tempo presente.

EPÍLOGO
Para ler em 2050: uma reflexão sobre a utopia ou sobre a sociologia das ausências das esquerdas

Quando um dia se puder caracterizar a época em que vivemos, o espanto maior será que se viveu tudo sem antes nem depois, substituindo a causalidade pela simultaneidade, a história pela notícia, a memória pelo silêncio, o futuro pelo passado, o problema pela solução. Assim, as atrocidades puderam ser atribuídas às vítimas, os agressores foram condecorados por sua coragem na luta contra as agressões, os ladrões foram juízes, os grandes decisores políticos puderam ter uma qualidade moral minúscula quando comparada com a enormidade das consequências de suas decisões. Foi uma época de excessos vividos como carências; a velocidade foi sempre menor do que devia ser; a destruição foi sempre justificada pela urgência em construir. O ouro foi o fundamento de tudo, mas estava fundado numa nuvem. Todos foram empreendedores, até provar-se o contrário, mas essa prova em contrário foi proibida pelas provas a favor. Houve inadaptados, mas a inadaptação mal se distinguia da adaptação, tantos foram os campos de concentração da heterodoxia dispersos pela cidade, pelos bares, pelas discotecas, pelo Facebook. A opinião pública passou a ser igual à privada de quem tinha poder para publicitá-la. O insulto tornou-se o meio mais eficaz de um ignorante ser intelectualmente igual a um sábio. Desenvolveu-se o modo de as embalagens inventarem seus próprios produtos e de não haver produtos para além delas. Por isso, as paisagens converteram-se em pacotes turísticos e as fontes e as nascentes tomaram a forma de garrafa. Mudaram os nomes às coisas para as coisas se esquecerem do que eram. Assim, desigualdade passou a chamar-se mérito; miséria, austeridade; hipocrisia, direitos humanos; guerra civil descontrolada, intervenção humanitária; guerra civil mitigada, democracia. A própria guerra passou a chamar-se paz para poder ser infinita. Também *Guernica* passou a ser apenas um quadro de Picasso para não estorvar o futuro do eterno presente. Foi uma época que começou com uma catástrofe, mas que logo conseguiu transformar catástrofes em entretenimento. Quando uma catástrofe a sério sobreveio, parecia apenas uma nova série.

Todas as épocas vivem com tensões, mas essa época passou a funcionar em permanente desequilíbrio, quer no nível coletivo, quer no nível individual. As virtudes foram cultivadas como vícios, e os vícios, como virtudes. O enaltecimento das virtudes ou da qualidade moral de alguém deixou de residir em qualquer critério de mérito próprio para passar a ser o simples reflexo do aviltamento, da degradação ou da negação das qualidades ou das virtudes de outrem. Acreditava-se que a escuridão iluminava a luz, não o contrário. Operavam três poderes em simultâneo, nenhum deles democrático: capitalismo, colonialismo e patriarcado; servidos por vários subpoderes, religiosos, midiáticos, geracionais, étnico-culturais, regionais. Curiosamente, não sendo nenhum democrático, eram o sustentáculo da democracia realmente existente. Eram tão fortes que se tornava difícil falar de quaisquer deles sem incorrer na ira da censura, na diabolização da heterodoxia, na estigmatização da diferença. O capitalismo, que se assentava nas trocas desiguais entre seres humanos supostamente iguais, disfarçava-se tão bem de realidade que o próprio nome caiu em desuso. Os direitos dos trabalhadores eram considerados pouco mais que pretextos para não trabalhar. O colonialismo, que se baseava na discriminação contra seres humanos que apenas eram iguais de modo diferente, tinha de ser aceito como algo tão natural como a preferência estética. As supostas vítimas de racismo e de xenofobia eram sempre provocadoras antes de ser vítimas. Por sua vez, o patriarcado, que assentava na dominação das mulheres e na estigmatização das orientações não heterossexuais, tinha de ser aceito como algo tão natural como uma preferência moral sufragada por quase todos. Às mulheres, aos homossexuais e aos transsexuais haveria que impor limites se elas e eles não soubessem manter-se em seus limites. Nunca as leis gerais e universais foram tão impunemente violadas e seletivamente aplicadas, com tanto respeito aparente pela legalidade. O primado do direito vivia em ameno convívio com o primado da ilegalidade. Era normal desconstituir as constituições em nome delas.

O extremismo mais radical foi o imobilismo e a estagnação. A voracidade das imagens e dos sons criava turbilhões estáticos. Viveram obcecados pelo tempo e pela falta de tempo. Foi uma época que conheceu a esperança, mas a certa altura achou-a muito exigente e cansativa. Preferiu, em geral, a resignação. Os inconformados com tal desistência tiveram de emigrar. Foram três os destinos que tomaram: iam para fora, onde a remuneração econômica da resignação era melhor e, por isso, se confundia com a esperança; iam para dentro, onde a esperança vivia nas ruas da indignação ou morria na violência doméstica, na raiva silenciada das casas, das salas de espera das urgências, das prisões, dos ansiolíticos e dos antidepressivos; o terceiro grupo ficava entre dentro e fora, em espera, onde a esperança e a falta dela alternavam como as luzes nos semáforos. Pareceu estar tudo à beira da explosão, mas nunca explodiu porque foi explodindo, e quem sofria com a explosões ou estava morto, ou era pobre, subdesenvolvido, velho, atrasado, ignorante, preguiçoso, inútil, louco – em qualquer caso, descartável. Era a grande maioria, mas uma insidiosa ilusão de óptica tornava-a invisível. Foi tão grande o medo da esperança que a esperança acabou por ter medo de si própria e entregou seus adeptos à confusão. Com o tempo, o povo transformou-se no maior problema, pelo simples fato de haver gente a mais. A grande questão passou a ser o que fazer de tanta gente que em nada contribuía para o bem-estar dos que o mereciam. A racionalidade foi tão levada a sério que se preparou meticulosamente uma solução final para os que menos produziam, ou seja, os velhos. Para não violar os códigos ambientais, sempre que não foi possível eliminá-los, eles foram biodegradados. O êxito dessa solução fez com que depois fosse aplicada a outras populações descartáveis, como os imigrantes.

A simultaneidade dos deuses com os humanos foi uma das conquistas mais fáceis da época. Para isso, bastou comercializá-los e vendê-los nos três mercados celestiais existentes, o do futuro além da morte, o da caridade e o da guerra. Surgiram muitas religiões, cada uma delas parecida com os defeitos atribuídos às religiões rivais, mas todas coincidiam em ser o que mais diziam não ser: mercado de emoções. As religiões eram mercados, e os mercados eram religiões.

É estranho que uma época que começou como só tendo futuro (todas as catástrofes e as atrocidades anteriores eram a prova da possibilidade de um novo futuro sem catástrofes nem atrocidades) tenha terminado como só tendo passado. Quando começou a ser excessivamente doloroso pensar o futuro, o único tempo disponível era o passado. Como nunca nenhum grande acontecimento histórico foi previsto, também essa época terminou de modo que colheu todos de surpresa. Apesar de ser geralmente aceito que o bem comum não podia deixar de assentar-se no luxuoso bem-estar de poucos e no miserável mal-estar das grandes maiorias, havia quem não estivesse de acordo com tal normalidade e se rebelasse. Os inconformados dividiam-se em três estratégias: tentar melhorar o que havia, tentar romper com o que havia, tentar não depender do que havia. Visto hoje, a tanta distância, era óbvio que as três estratégias deviam ser utilizadas articuladamente, ao modo da divisão de tarefas em qualquer trabalho complexo, uma espécie de divisão do trabalho do inconformismo. Mas, na época, isso não foi possível, porque os rebeldes não viam que, sendo produto da sociedade contra a qual lutavam, teriam de começar por rebelar-se contra si mesmos, transformando-se eles próprios antes de quererem transformar a sociedade. Sua cegueira fazia-os dividir-se a respeito do que os deveria unir e unir-se a respeito do que os devia dividir. Por isso, aconteceu o que aconteceu. Quão terrível foi está bem inscrito no modo como vamos tentando curar as feridas da carne e do espírito, ao mesmo tempo que reinventamos uma e outro. Por que teimamos, depois de tudo? Porque estamos a reaprender a alimentar-nos da erva daninha que a época passada mais radicalmente tentou erradicar, recorrendo para isso aos mais potentes e destrutivos herbicidas mentais – a utopia.

BIBLIOGRAFIA

AGLIETTA, Michel. *Régulation et crises du capitalisme*. Paris, Calmann-Levy, 1976.

_____; BRENDER, Anton. *Les métamorphoses de la société salariale*. Paris, Calmann-Levy, 1984.

ALBER, Jens. Continuities and Changes in the Idea of the Welfare State, *Politics and Society*, n. 16, v. 4, 1988.

ALONSO, Aurelio. Una mirada rápida al debate sobre el futuro de Cuba, *La Jiribilla*, maio 2006.

_____. Continuidad y transición: Cuba en el 2007, *Le Monde Diplomatique*, Bogotá, abr. 2007

_____. Sociedad civil en Cuba: un problema de geometria? Entrevista con el sociólogo cubano Aurelio Alonso. *Enfoques*, n. 23, dez. 2008.

ALVAREZ, Sonia; DAGNINO, Evelina; ESCOBAR, Arturo. *Cultures of Politics, Politics of Cultures*: Re-Visioning Latin American Social Movements. Boulder, Westview, 1998.

APPADURAI, Arjun. Disjuncture and Difference in the Global Cultural Economy. *Public Culture*, n. 2, v. 2, 1990.

ARRIGHI, Giovanni; DRANGEL, Jessica. The Stratification of the World-Economy. An Exploration of the Semiperipheral Zone. *Review*, n. 10, v. 1, 1986.

AVRITZER, Leonardo. *Democracy and the Public Space in Latin America*. Princeton, Princeton University Press, 2002.

BOBBIO, Norberto. *O futuro da democracia*. São Paulo, Paz e Terra, 1986.

BOYER, Robert. *La théorie de la régulation*. Une analyse critique. Paris, La Découverte, 1986.

BROUÉ, Pierre. *Révolution en Allemagne (1917-1923)*. Paris, Minuit, 1971.

CAMPOS, António Correia; PATRÃO, Luciano; CARVALHO, Rogério de. A privatização de um sistema público: o caso das tecnologias de diagnóstico e terapêutica em Portugal. *VI Jornadas de Economia de la Salud*, Valência, 1986.

CARAPINHEIRO, Graça; PINTO, Margarida. Políticas de saúde num país em mudança: Portugal nos anos 70 e 80. *Sociologia, Problemas e Práticas*, 1987.

DAHL, Robert Alan. *A Preface to Democratic Theory*. Chicago, University of Chicago Press, 1956.

_____. *Polyarchy*: Participation and Opposition. New Haven, Yale University Press, 1971.

_____. *Democracy and its Critics*. New Haven, Yale University Press, 1991.

DOWNS, Anthony. *An Economic Theory of Democracy*. Nova York, Harper, 1956.

FORTUNA, Carlos. Desenvolvimento e sociologia histórica: acerca da teoria do sistema mundial capitalista e da semiperiferia. *Sociologia, Problemas e Práticas*, n. 3, 1987.

_____. O desenvolvimento por um fio: Portugal colonial, os têxteis de algodão e a economia-mundo. In: SANTOS, Boaventura de Sousa (org.). *Portugal*: um retrato singular. Porto, Afrontamento, 1993, p. 59-90.

GALANTER, Marc. Direito em abundância: a actividade legislativa no Atlântico Norte. *Revista Crítica de Ciências Sociais*, n. 36, 1993.

GERMANI, Gino. *Política y sociedad en una época de transición*. De la sociedad tradicional a la sociedad de masas. Buenos Aires, Paidós, 1971.

HESPANHA, María José Ferros. O corpo, a doença e o médico. Representação e práticas sociais numa aldeia. *Revista Crítica de Ciências Sociais*, n. 23, 1987.

HESPANHA, Pedro. *Com os pés na terra*: práticas fundiárias da população rural portuguesa. Porto, Afrontamento, 1994.

HIRSCHMAN, Albert. Confissões de um dissidente; a estratégia de desenvolvimento reconsiderada. *Pesquisa e Planejamento Econômico*, n. 13, 1983.

HUNTINGTON, Samuel P. Harvard University. Center for International Affairs, *Political Order in Changing Societies*. New Haven, Yale University Press, 1969.

_____. *The Third Wave*. Democratization in the Late Twentieth Century. Oklahoma, University of Oklahoma Press, 1991.

JELIN, Elizabeth; HERSHBERG, Eric. *Constructing Democracy*: Human Rights, Citizenship, and Society in Latin America. Boulder, Westview, 1996.

JESSOP, Bob. Regulation Theories in Retrospect and Prospect. *Economy and Society*, n. 19, 1990.

KELSEN, Hans. Essência e valor da democracia. In: *A democracia*. São Paulo, WMF Martins Fontes, [1929] 2000.

KLUG, Heinz. *Constituting Democracy*: Law, Globalism and South Africa's Political Reconstruction. Nova York/Cambridge, Cambridge University Press, 2000.

LENIN, Vladimir Ilitch Ulianov. *Selected Works in Three Volumes*. Moscou, Progress, 1960.

LIJPHART, Arend. *Democracies*. Patterns of Majoritarian and Consensus Government in Twenty-One Countries. New Haven, Yale University Press, 1984.

LIPIETZ, Alain. *Choisir l'audace*. Une alternative pour le XXIe siècle. Paris, La Découverte, 1989.

MACPHERSON, Crawford Brough. *The Real World of Democracy*. Nova York/Oxford, Oxford University Press, 1966.

MARQUES, Maria Manuel L. *Subcontratação e autonomia empresarial*: um estudo sobre o caso português. Porto, Afrontamento, 1992.

MARTIN, William. Introduction: the Challenge of the Semiperiphery. In: _____ (org.). *Semiperipheral States in the World Economy*. Nova York, Greenwood, n. 3, 1990.

MATEUS, Augusto. Economias semiperiféricas e desenvolvimento desigual na Europa (reflexões a partir do caso português). *Economia e Socialismo*, n. 72-73, 1987, p. 41-62.

_____. "1992": A realização do mercado interno e os desafios da construção de um espaço social europeu. *Pensamiento Iberoamericano*, n. 15, 1989.

MAUSS, Marcel. *Essai sur le don*. Paris, PUF, 1950.

MICHELS, Robert. *Political Parties*. Glencoe, Free Press, 1949.

MOORE, Barrington. *Social Origins of Dictatorship and Democracy; Lord and Peasant in the Making of the Modern World*. Boston, Beacon, 1966.

NAMORADO, Rui. As relações entre as cooperativas e o Estado em Portugal: do Estado paralelo ao Estado heterogéneo. In: SANTOS, Boaventura de Sousa (org.). *Portugal*: um retrato singular. Porto, Afrontamento, 1993, p. 339-72.

O'CONNOR, James. *The Fiscal Crisis of the State*. Nova York, St. Martin's, 1973.

O'DONNELL, Guillermo. *Modernization and Bureaucratic-authoritarianism*. Studies in South American Politics. Berkeley, Institute of International Studies/University of California, 1973.

_____; SCHMITTER, Philippe C.; WHITEHEAD, Laurence. *Transitions from Authoritarian Rule*: Prospects for Democracy. Baltimore, Johns Hopkins University Press, 1986.

PRZEWORSKI, Adam. *Capitalism and Social Democracy*. Cambridge/Nova York, Cambridge University Press, 1985.

QUESADA, Ricardo Alarcón de. *Nature Society, and Thought*, v. 19, 2006.

REIS, José. Modos de industrialização, força de trabalho e pequena agricultura: para uma análise da articulação entre a acumulação e a reprodução. *Revista Crítica de Ciências Sociais*, n. 15-17, 1985.

_____. *Os espaços da indústria*: a regulação económica e o desenvolvimento local numa sociedade semiperiférica. Porto, Afrontamento, 1992.

RIBEIRO JR., Amaury. *A privataria tucana*. São Paulo, Geração Editorial, 2011.

RODRIGUES, Maria João. *O sistema de emprego em Portugal*: crise e mutações. Lisboa, Dom Quixote, 1988.

ROSANVALLON, Pierre. *La crise de l'État-providence*. Paris, Seuil, 1981.

_____. Beyond the Welfare State. *Politics and Society*, n. 16, v. 4, 1988.

216 A DIFÍCIL DEMOCRACIA

ROUSSEAU, Jean-Jacques. *O contrato social.* Mem Martins, Publicações Europa-América, [1762] 1989.

RUIVO, Fernando. Estado e poder relacional: a intervenção informal dos governos locais em Portugal. In: SANTOS, Boaventura de Sousa (org.). *Portugal:* um retrato singular. Porto, Afrontamento, 1993, p. 407-37.

SANTOS, Boaventura de Sousa. *O Estado e a sociedade em Portugal (1974-1988).* Porto, Afrontamento, 1990.

_____. Por uma concepção multicultural de direitos humanos. *Revista Crítica de Ciências Sociais,* n. 48, 1997.

_____. *Reinventar a democracia.* Lisboa, Gradiva, 1998.

_____. *Democracia e participação:* o caso do orçamento participativo de Porto Alegre. Porto, Afrontamento, 2002.

_____ (org.). *Democratizar a democracia.* Os caminhos da democracia participativa. Rio de Janeiro, Civilização Brasileira, 2002.

_____ (org.). *Reconhecer para libertar:* os caminhos do cosmopolitanismo multicultural. Rio de Janeiro, Civilização Brasileira, 2003.

_____. *Fórum Social Mundial:* manual de uso. São Paulo, Cortez, 2005.

_____. *Refundación del Estado en América Latina.* Perspectivas desde una epistemología del Sur. Bogotá, Siglo del Hombre, 2010.

_____. *Portugal:* ensaio contra a autoflagelação. São Paulo, Cortez, 2011.

_____ et al. *Os tribunais nas sociedades contemporâneas* – o caso português. Porto, Afrontamento, 1996.

_____; VILLEGAS, Maurício García (orgs.). *El caleidoscopio de las justicias en Colombia.* Bogotá, Universidad de los Andes/Siglo del Hombre, 2001 (2. ed. 2004).

SCHMITT, Carl. *The Crisis of Parliamentary Democracy.* Cambridge, MIT Press, 1926.

SCHUMPETER, Joseph. *Capitalism, Socialism, and Democracy.* Nova York/Londres, Harper & Brothers, 1942.

SEERS, Dudley. Pour une nouvelle orientation des recherches sur le développement. *Economie et Humanisme,* 1977.

SEN, Amartya. Democracy as a Universal Value. *Journal of Democracy,* v. 10, n. 3, 1999.

STREECK, Wolfgang. The Social Dimension of the European Economy. *Meeting of the Andrew Shonfield Association,* Florença, 1989.

TEAGUE, Paul. Constitution or Regime? The Social Dimension to the 1992 Project. *British Journal of Industrial Relations,* n. 27, 1989.

TROTSKI, Leon. *The Basic Writings of Trotsky.* Nova York, Schocken, [1963] 1976.

WALLERSTEIN, Immanuel. *The Modern World-System*. Nova York, Academic, 1974 [ed. port.: *O sistema mundial moderno*. Porto, Afrontamento, 1990].

_____. *The Politics of the World-Economy*. Cambridge, Cambridge University Press, 1984.

_____. Democracy, Capitalism and Transformation. In: *Documenta 11*, Viena, 16 mar. 2001.

WEBER, Max. *Economy and Society*. Berkeley, University of California Press, [1919] 1978.

WOOD, Ellen Meiksins. *Democracy Against Capitalism*. Cambridge, Cambridge University Press, 1996.

SOBRE O AUTOR

Boaventura de Sousa Santos nasceu em Coimbra, a 15 de novembro de 1940. É doutor em sociologia do direito pela Universidade de Yale (1973), além de professor catedrático jubilado da Faculdade de Economia da Universidade de Coimbra e *distinguished legal scholar* da Universidade de Wisconsin-Madison. Foi também *global legal scholar* da Universidade de Warwick e professor visitante do Birkbeck College da Universidade de Londres.

É diretor do Centro de Estudos Sociais da Universidade de Coimbra e coordenador científico do Observatório Permanente da Justiça Portuguesa.

Dirige atualmente o projeto de investigação "Alice – Espelhos estranhos, lições imprevistas: definindo para a Europa um novo modo de partilhar as experiências o mundo", financiado pelo Conselho Europeu de Investigação (ERC), um dos mais prestigiados e competitivos financiamentos internacionais para a investigação científica de excelência em espaço europeu.

Autor reconhecido e premiado em diversas partes do mundo, tem escrito e publicado extensivamente nas áreas de sociologia do direito, sociologia política, epistemologia e estudos pós-coloniais, sobre movimentos sociais, globalização, democracia participativa, reforma do Estado e direitos humanos, além de fazer trabalho de campo em Portugal, no Brasil, na Colômbia, em Moçambique, em Angola, em Cabo Verde, na Bolívia e no Equador. Seus textos encontram-se traduzidos em espanhol, inglês, italiano, francês, alemão e chinês. De sua vasta obra, destacamos: *Um discurso sobre as ciências* (1988), *Pela mão de Alice: o social e o político na pós-modernidade* (1994), *Reinventar a democracia* (1998), *Democracia e participação: o caso do orçamento participativo de Porto Alegre* (2002), *Se Deus fosse um ativista dos direitos humanos* (2013), *A cor do tempo quando foge: uma história do presente – crônicas 1986-2013* (2014),

O direito dos oprimidos (2014), *A justiça popular em Cabo Verde* (2015) e, pela Boitempo, *Esquerdas do mundo, uni-vos!* (2018).

É também poeta. A escrita de poesia foi sempre acompanhando o labor do acadêmico e intelectual público, tendo estreado com *Antologia de poesia universitária* (1962). Publicou em seguida *O rosto quotidiano* (1966), *Têmpera* (1980), *Madison e outros lugares* (1989), *Viagem ao centro da pele* (1995), *Escrita INKZ – anti-manifesto para uma arte incapaz* (2004), *Janela presa no andaime* (2009); *Rap global* (2010), *Falta de ar em plena estação* (2012), *Pomada em pó: poemas epigramáticos* (2013) e *139 epigramas para sentimentalizar pedras* (2015).

OUTRAS PUBLICAÇÕES DA BOITEMPO

Brasil: neoliberalismo versus democracia
ALFREDO SAAD FILHO E LECIO MORAIS
Orelha de **Lena Lavinas**

Crise e golpe
ALYSSON LEANDRO MASCARO
Orelha de **Gilberto Bercovici**
Quarta capa de **Carlos Rivera-Lugo**

Duas revoluções: Rússia e China
PERRY ANDERSON E WANG CHAOHUA
Textos adicionais de **Luiz Gonzaga Belluzzo e Rosana Pinheiro Machado**
Tradução de **Beto Mader e Pedro Davoglio**
Orelha de **Luis Fernandes**

Feminismo para os 99%: um manifesto
CINZIA ARRUZZA, TITHI BHATTACHARYA E NANCY FRASER
Tradução de **Heci Regina Candiani**
Prefácio de **Talíria Petrone**
Orelha de **Joênia Wapichana**

A loucura da razão econômica
DAVID HARVEY
Tradução de **Artur Renzo**
Orelha de **Amélia Luisa Damiani**

Resgatar o Brasil
JESSÉ SOUZA E RAFAEL VALIM (COORDS.)
Com textos de **André Horta, Gilberto Maringoni, Jessé Souza,
Ladislau Dawbor, Luis Nassif, Maria Lucia Fattorelli e Rafael Valim**

A revolta dos intelectuais na Hungria
ISTVÁN MÉSZÁROS
Tradução de **João Pedro Alves Bueno**
Revisão técnica de **Claudinei Cássio de Rezende**
Apresentação de **Antonio Rago Filho**
Orelha de **Maria Orlanda Pinassi**

Rosa Luxemburgo: pensamento e ação
PAUL FRÖLICH
Tradução de **Nélio Schneider e Erica Ziegler**
Prólogo de **Diana Assunção**
Posfácio de **Isabel Loureiro**
Orelha de **Michael Löwy**

Tempo comprado
WOLFGANG STREECK
Tradução de **Marian Toldy, Teresa Toldy e Luiz Felipe Osório (prefácio)**
Orelha de **Pedro Paulo Zahluth Bastos**

ARSENAL LÊNIN

Cadernos filosóficos: Hegel
VLADÍMIR ILITCH LÊNIN
Revisão da tradução de **Paula Vaz de Almeida**
Orelha de Gianni Fresu

BIBLIOTECA LUKÁCS

O jovem Hegel
GYÖRGY LUKÁCS
Tradução e notas de **Nélio Schneider**
Revisão técnica e notas de **José Paulo Netto e Ronaldo Vielmi Fortes**
Orelha de **Bernard H. Hess**

COLEÇÃO TINTA VERMELHA

O ódio como política
ESTHER SOLANO GALLEGO (ORG.)
Com textos de **Camila Rocha, Edson Teles, Esther Dweck, Fernando Penna, Ferréz, Flávio Henrique Calheiros Casimiro, Henrique Vieira, Lucas Bulgarelli, Lucia Mury Scalco, Luis Felipe Miguel, Márcio Moretto Ribeiro, Pedro Rossi, Rosana Pinheiro Machado, Rubens Casara, Silvio Luis de Almeida e Stephanie Ribeiro**
Quarta capa de **Vladimir Safatle**

COLEÇÃO MARX-ENGELS

Escritos ficcionais
KARL MARX
Tradução de **Claudio Cardinali, Flávio Aguiar e Tercio Redondo**
Orelha de **Carlos Eduardo Ornelas Berriel**

COLEÇÃO ESTADO DE SÍTIO

Coordenação de Paulo Arantes

Tecnopolíticas da vigilância
FERNANDA BRUNO, BRUNO CARDOSO, MARTA KANASHIRO,
LUCIANA GUILHON E LUCAS MELGAÇO (ORGS.)
Orelha de **Giselle Beiguelman**
Quarta capa de **Laymert Garcia dos Santos**

COLEÇÃO MARXISMO E LITERATURA

Coordenação de Michael Löwy

A estrela da manhã
MICHAEL LÖWY
Tradução de **Eliana Aguiar**
Apresentação de **Leandro Konder**
Orelha de **Alex Januário**
Apêndice de **Sergio Lima**

COLEÇÃO MUNDO DO TRABALHO
Coordenação de Ricardo Antunes

O privilégio da servidão
RICARDO ANTUNES
Prefácio de **Tatau Godinho**
Orelha de **Michael Löwy**
Quarta capa de **Ursula Huws e Pietro Basso**

COLEÇÃO CLÁSSICOS BOITEMPO

Tempos difíceis
CHARLES DICKENS
Tradução de **José Baltazar Pereira Júnior**
Orelha de **Daniel Puglia**
Ilustrações de **Harry French**

LITERATURA

A transparência do tempo
LEONARDO PADURA
Tradução de **Monica Stahel**
Orelha de **Ricardo Lísias**

SELO BARRICADA
Conselho editorial Gilberto Maringoni e Luiz Gê

Marx: uma biografia em quadrinhos
ANNE SIMON E CORINNE MAIER
Tradução de **Mariana Echalar**
Letras de **Lilian Mitsunaga**

SELO BOITATÁ

O urso que não era
FRANK TASHLIN
Tradução de **Thaisa Burani**

Publicado em outubro de 2016, cerca de dois meses após o *impeachment* que, em 31 de agosto, consolidou o golpe de Estado que usurpou a presidência da República à Dilma Rousseff e o voto aos 54,5 milhões de eleitores que a reelegeram em 2014, este livro foi composto em Adobe Garamond, corpo 10,5/14,6, e reimpresso em papel Avena 80 g/m² pela gráfica Rettec para a Boitempo, em março de 2019, com tiragem de 1.500 exemplares.